그림책
인성 놀이 50

따뜻한 마음과 바른 가치를 키우는
그림책 인성 놀이 50

그림책사랑교사모임 지음

학토재

들어가며

그림책 읽고 놀이를 즐기면서
인성이 자란다

인성은 자신의 감정을 이해하고 조절하는 데 도움을 준다

인성교육이란 자신의 내면을 바르고 건전하게 가꾸고 타인·공동체·자연과 더불어 살아가는 데 필요한 인간다운 성품과 역량을 기르는 것을 목적으로 하는 교육이다. 인성교육을 위해 인성교육진흥법과 같은 국가적 차원의 노력도 중요하지만, 그것이 단지 구호가 아닌 실질적으로 학생들의 인성 형성과 변화를 이끌어 내기 위해서는 학교 교실에서 교육과정과 어우러지는 수업에서의 적용이 가장 중요하다.

인성교육은 학교뿐만 아니라 가정교육도 중요하다. 요즘은 맞벌이 부모와 형제, 자매 없이 혼자 크는 아이들이 증가하면서 가정 내에서 인성교육이 잘 이루어지지 못하고 있다. 학교에서도 학생들이 입시 경쟁으로 내몰려 친구들과 서로 어울리는 기회가 적다. 갈수록 자기중심적이고 공동체 의식과 공감 능력이 부족하다. 입에 담기 어려운 욕을 하는 학생들도 많다. 집단따돌림이나 신체 폭력 같은 심각한 학교폭력은 사회적인 문제로까지 이어진다. 인성이 갖추어지지 않은 학생들이 점점 많아지고 있다. 국어, 영어, 수학 실력보다 더 먼저 갖추어야 할 실력은 인성이다. 내면이 바르고 건강하며 다른 사람들과 더불어 잘 살아갈 수 있는 인성교육이 필요한 때다.

인성은 자기중심적인 사고에서 벗어나 타인의 시선에서 사고할 수 있는 능력을 갖추게 해준다. 이는 상호 존중과 배려를 통해 다양한 사람들과 원활하게 상호작용할 수 있는 기반을 제공한다. 우리는 삶 속에서 항상 평온한 상황만을 경험하지 않는다. 갈등은 불가피하게 발생하는데, 인성이 뛰어난 사람은 그 상황을 원만하게 해결하고 협력을 통해 자기 성장의 기회로 만들어 낸다.

인성은 자신의 감정을 이해하고 조절하는 데 도움을 준다. 감정을 제대로 조절하지 못하면, 이성적인 문제 해결 능력이 감정에 휘둘릴 수 있다. 또한 갈등 상황에서 감정이 지배적일 경우 상대방과의 신뢰를 구축하기 어렵다. 따라서 감정을 이해하고 조절하는 능력은 개인의 심리적 안정과 평온을 유지하는 데 도움이 되며, 상황에 대한 긍정적인 시각을 유지하는 데 기여한다.

이렇게 인성은 우리의 사고와 행동을 지배하는 중요한 특성으로, 타인과의 관계 형성과 유지에 큰 영향을 미친다. 이는 우리의 삶을 더 풍요롭게 만들고, 갈등을 원만하게 해결하며, 자기 성장과 심리적 안정을 촉진한다. 따라서 우리는 인성 함양을 통해 더 나은 인간관계와 더 의미 있는 삶을 창조할 수 있다.

제대로 놀아야 건강하고 조화로운 사람으로 자랄 수 있다

잘 노는 아이가 잘 자란다는 말이 있다. 잘 놀아 본 경험으로 공부나 일을 할 때 힘을 얻어 더 잘할 수 있다는 뜻이다. 요즘 아이들은 놀이에서 즐거움을 찾지 못한다. 그들은 하교 후 학원을 오가고 늦은 시간에 귀가하곤 한다. 잠시 휴식 시간이 생겨도 스마트폰으로 영상을 보거나 게임을 하는 것이 대부분이다. 또래 친구들과 어울려 놀이할 시간이 없고, 같이 놀 친구들도 많지 않다. 놀이를 해도 놀이 경험이 부족하여 놀이 과정에서 다툼이 일어나는 경우가 많다.

놀이는 여러 사람이 모여서 즐겁게 노는 일이며, 이때 일정한 규칙과 방법에 따라야 한다. 인간 생활에서 중요한 역할을 하는 놀이 활동은 인간의 삶에서 중요한 부분을 차지한다. 영아에서부터 노인에 이르기까지 다양한 연령층에서 학습과 발달뿐만 아니라 삶의 질을 향상시키는 데 도움을 준다.

놀이는 남녀노소 누구나 참여할 수 있다. 놀이하는 것이 그저 노는 것처럼 단순해 보이지만, 자세히 들여다보면 그 속에서 여러 가지 요소가 어우러져 있다. 놀이 과정에는 규칙을 지키는 것, 같은 팀끼리 협력하는 것, 배려, 양보나 희생, 소통, 몰입 등 여러 가지 요소가 필요하다. 놀이를 반복하면 이러한 요소가 몸에 배고, 다른 사람들과 함께 일상생활을 할 때 자연스럽게 드러난다. 또한 아이들은 놀이를 통해 조화로운 성장을 이룰 수 있다. 편해문이 쓴 『아이들은 놀이가 밥이다』에도 아이는 제대로 놀아야 건강하고 조화로운 사람으로 자랄 수 있다고 한다. 놀이 경험이 적은 요즘 아이들에게 놀이를 통해 발달하고 성장하는 것이 필요하다.

그림책을 읽으며 도덕적인 선택과 행동을 배운다

그림책은 아이들에게 전하는 마법 같은 선물이다. 그림책 속에는 아이들의 언어와 상상력, 감정 표현, 도덕적인 가치가 함께 어우러져 있다. 그림과 텍스트의 조화로 이루어진 그림책은 아이들에게 즐거운 독서 경험을 선사한다. 또한, 다양한 주제와 장르를 다루며, 아이들의 상상력을 자유롭게 펼칠 수 있는 영감을 주는 공간을 만들어 준다. 주인공의 모험과 감정은 아이들에게 새로운 아이디어와 시각을 선사하며, 문제 해결과 창의적 사고를 유도한다. 더불어 그림책 속 인물의 경험과 감정을 통해 아이들은 다양한 감정을 체험하고 이해하는 기회를 얻는다. 이러한 체험은 아이들이 자신의 감정을 표현하고, 다른 사람의 감정을 공감하는 능력을 키워 준다.

그림책은 도덕적 가치와 사회적 이해를 전달하는 데도 큰 역할을 한다. 이야기와 캐릭터들을 통해 아이들은 도덕적인 선택과 행동을 배우며, 자신과 타인을 존중하는 능력을 기를 수 있다. 그림책을 함께 읽고 이야기를 나누는 특별한 시간은 가족과 교사, 어른들과 아이들이 서로의 관심과 애정을 나누며 세상에 연결된 존재로서 가치를 빛내는 소중한 공유 경험을 선사하기도 한다.

그림책을 공부하다 보니 주변 선생님들로부터 이런 질문을 자주 받는다.

"우리 반에 문제 행동을 자주 하는 아이가 있는데, 어떤 그림책을 읽어 주면 좋을까요?"

물론 그림책 한 권을 읽어 준다고 그 아이의 행동이 바로 달라지지는 않는다. 하지만 자신의 안녕을 바라는 선생님이 읽어 준 그림책 한 권은 아이의 마음에 남을 것이다. 그리고 그 그림책은 아이의 삶에 긍정적 영향을 줄 것이다.

이처럼 그림책과 놀이는 아동 청소년기 인성을 발달시키는 가장 좋은 매체이다. 그림책과 놀이를 각각 하는 것도 좋지만, 그림책 놀이를 함께 하는 것은 그 효과가 훨씬 좋다. 그림책을 읽고 놀이를 즐기는 과정에서 아이들의 인성은 자연스럽게 함양된다. 조벽 교수는『인성이 실력이다』에서 "성공하고 행복하게 살아가기 위해서 모든 사람이 갖추어야 할 최고의 실력은 인성이다."라고 말한다. 학교에서 아이들이 행복했으면 좋겠다. 그림책 놀이를 통해 몸과 마음이 튼튼하고 타인과 더불어 살아가는 인성을 갖춘 멋진 사람으로 성장했으면 좋겠다.

그림책을 사랑하는 마음을 담아
그림책사랑교사모임

목차

들어가며 그림책 읽고 놀이를 즐기면서 인성이 자란다 … **4**

그림책 인성 놀이 1~10

감사	1, 2, 3 손가락을 접어라	… **12**
격려	나만 찬성, 나도 찬성	… **17**
경청	가라사대 놀이	… **23**
공감	나도 나만 줄넘기	… **29**
공평	공평한 바둑알	… **34**
공정	감정 이름 공 파도	… **40**
꿈	꿈 너머 꿈!	… **46**
끈기	배를 띄워라!	… **51**
나눔	나눔 마켓	… **55**
노력	꽃피워 봐!	… **61**

그림책 인성 놀이 11~20

다름·존중	모두 다른 순간 포착!	… **68**
다양성	3×3 모둠 빙고	… **74**
도움	산을 넘고 강을 건너라	… **79**
도전	우아한 중심 잡기	… **84**
몰입	실팽이 돌리기	… **89**
믿음	꼬마 곰아 기다려	… **94**
배려	윷놀이	… **99**
사랑	이웃 사랑 놀이	… **105**
성실	성실한 거미	… **110**
성찰	Guess Who?	… **115**

그림책 인성 놀이 21~30		
소통	이사 온 친구를 소개합니다	… 122
양보	양보 술래잡기	… 128
양심	양심 나무 만들기	… 133
열정	빵을 찾아라!	… 139
예절	색색이 예절 카드 퀴즈	… 144
용기	용기 낙하산을 날리자!	… 149
용서	괜찮아!	… 154
우정	친구 모셔 오기	… 159
유머	그게 뭐야? 말도 안 돼!	… 164
인정	당연하지	… 169

그림책 인성 놀이 31~40		
자기 긍정	불만 낙엽 놀이	… 176
자기 조절	화풀이 테이크아웃	… 182
자기 주도성	눈물이 나도 괜찮아	… 188
자신감	그림자 찾기	… 193
자존감	꾸물꾸물 장점 댄스	… 198
절제	욕망의 풍선 터트리기	… 203
정의	정의의 주사위를 굴려라!	… 208
정직	진진가 놀이	… 214
존중	TOR(A Tree Of Respect)	… 221
즐거움	동물 이어달리기	… 226

그림책 인성 놀이 41~50		
지혜	정전이 되면?	… 234
창의성	토크(talk) 박스	… 239
책임	책임공 패스 패스!	… 244
친절	친절 끼리끼리	… 249
평온	천천히 천천히 더 천천히	… 254
평화	싸움은 안 돼	… 259
행복	종족 번식 놀이	… 264
협력	함께 컵 쌓기	… 270
호기심	열 고개 수수께끼	… 275
효	덕분에 고마워요	… 281

그림책 인성 놀이 1~10

- **감사** 1, 2, 3 손가락을 접어라
- **격려** 나만 찬성, 나도 찬성
- **경청** 가라사대 놀이
- **공감** 나도 나만 줄넘기
- **공평** 공평한 바둑알
- **긍정** 감정 이름 공 파도
- **꿈** 꿈 너머 꿈!
- **끈기** 배를 띄워라!
- **나눔** 나눔 마켓
- **노력** 꽃피워 봐!

감사

1, 2, 3 손가락을 접어라

그런데, 어쩌면 말이야

투비아 가드 오르 글 | 메나헴 할버스타트 그림 | 김인경 옮김 | 책과콩나무

오리와 고슴도치가 바람 빠진 바퀴를 고치러 자전거 가게에 가는 길이었다. 길목에서 만난 고양이는 흙먼지 바람을 일으키며 지나가고, 염소 아저씨는 커다란 바위로 길을 막아 버린다. 여우 아주머니는 산딸기를 몽땅 따 가 버리기까지 한다. 오리는 친구들의 무례한 행동에 잔뜩 화가 났다. 그런데 그때마다 고슴도치가 말한다. 친구에게도 그럴 만한 사정이 있을 거라고. 고슴도치의 말은 모두 사실이었다. 염소 아저씨는 길 한복판에 생긴 큰 구멍 때문에 누군가 다치지 않을까 걱정하여 돌을 놔둔 거였고, 여우 아주머니는 산딸기로 만든 주스를 모두에게 나눠 준다. 『그런데, 어쩌면 말이야』는 서로의 입장을 조금만 헤아린다면 모두 사이좋게 지낼 수 있음을 일깨우며, 생각의 전환을 통해 일상에 대한 감사의 가치를 전한다.

· 인성 만나기 ·

감사란?

감사는 우리가 가지고 있는 것에 대한 인정과 고마워하는 마음을 표현하는 덕목이다. 우리는 주변 사람들의 도움을 받으며, 그들이 베풀어 준 친절로 살아간다. 이때 먼저 감사의 마음을 전한다면 서로의 마음을 따뜻하게 나누는 기회가 된다. 우리는 종종 일상적인 것들을 당연하게 여기지만, 사실 그것이 삶에 큰 영향을 줄 수 있다. 따라서 작은 것이라도 감사를 표현하며 그 가치를 느낄 수 있어야겠다. 우리는 감사함으로써 자신에게 주어진 것을 가치 있게 여길 수 있고, 더욱 행복한 삶을 살아갈 수 있다. 또한, 일상에서 먼저 감사를 표현한다면, 상대방과 친밀한 관계를 형성하며 유지할 수 있다.

· 놀이 즐기기 ·

1, 2, 3 손가락을 접어라

지루하고 불평 가득한 일상 속에서 조금만 생각을 바꾸면 작은 것에도 감사할 수 있다. '1, 2, 3 손가락을 접어라' 놀이를 통해 감사를 표현할 수 있다. 일상적으로 반복되는 학교생활에서 감사의 표현이 인색했다면 이 놀이를 통해 소중함을 느껴 보자.

※**준비물**: 벌집 보드 판, 보드 마커펜

1단계 그림책 읽고 이야기 나누기

그림책을 함께 읽은 후 제목의 의미를 생각한다. 일상에서는 "그런데, 어쩌면 말이야."라는 말을 잘 쓰지는 않지만, 그림책 내용처럼 불편하거나 부정적인 상황에서 긍정적인 생각의 전환을 도와주는 힘이 있다. 또한 같은 상황에서도 타인의 처지를 이해하는 힘을 주거나, 서로 연결되어 있다는 관계성을 확인할 수 있다. 이를 통해 마음의 여유를 가지게 되며, 일상의 소소한 것에서도 감사하게 된다. 학교에서 가장 많은 시간을 보내는 아이들이 언제, 어떤 감사함을 느끼는지 떠올려 보며 이야기를 나눈다.

2단계 1, 2, 3 손가락을 접어라

❶ 앞서 감사에 대한 브레인스토밍을 통해 떠오른 사례들을 생각하며, 내가 학교에서 느끼는 감사를 보드 판에 5개씩 적는다. 구체적인 사례를 한 문장으로 적도록 한다.

❷ 학생 4~5명이 1개 모둠을 구성한다. 인원이 많아 소란스러울 수 있으므로 친구가 발표할 때는 경청해야 한다는 사이드 코칭을 한다.

❸ 가위바위보로 순서를 정하고 완성된 보드 판을 가지고 '1, 2, 3 손가락을 접어라'를 놀이한다.

❹ 모둠원끼리 마주 보고, 작성한 보드 판을 가지고 대기한다. 모둠원 모두가 한쪽 손바닥을 펼친 뒤, 손바닥을 가슴 높이까지 든다. 선생님이 "시작." 하고 말하면, 학생들은 순서대로 돌아가며 평소 학교에서 도움받았던 친구나 선생님과의 경험을 말한다. 그리고 "감사하면 손가락 접어!"를 외친다.

❺ 이야기를 듣고 감사함을 표현한 사례가 자신의 보드 판에 적은 것과 같은 내용이 있다면, 해당 학생은 "하나 접어."라고 외치며 손가락 하나를 접는다. 가장 먼저 다섯 손가락을 모두 접은 학생이 "감사!"를 외치면 우승한다. 감사할 대상과 감사한 일을 자연스럽게 떠올리며 자기 자신, 주변 사람과 사물, 여러 상황에 감사한 마음을 공유하는 시간이 된다.

예시 아이들이 쓴 감사

- 친절하게 수업해 주시는 선생님께 감사하다.
- 오늘 점심 급식을 맛있게 만들어 주신 조리사님께 감사하다.
- 교실에서 건강하게 숨 쉬게 해 주는 공기 청정기에 감사하다.
- 학교를 마치고 집에까지 데려다주는 스쿨버스가 있어서 감사하다.
- 나랑 항상 놀아 주고 즐거움을 주는 ○○에게 감사하다.

3단계 "감사는 ○○이다." 한 줄 쓰며 가치 나누기

놀이를 하면서 학교 일상의 작은 부분에서 찾아낸 다양한 감사의 말이 나온다. '이런 것도 감사할 일이구나.'라고 느끼게 된다. 당연하게 여기기 쉽지만, 사실 그것들이 우리 삶에 큰 영향을 줄 수 있다. 학생들은 작은 것에도 감사를 표현하며

그 가치를 깨달을 수 있게 된다. 이어서 보드 판에 "감사는 ○○이다."와 그 이유를 쓰며, 가치를 내면화한다. 우리는 감사함으로써 자신에게 주어진 것들을 더욱 가치 있게 여길 수 있고, 더욱 행복한 학교생활을 이어갈 수 있다.

> **예시** 감사는 ○○다.
> - 감사는 가족이다. 가족처럼 항상 있으니까.
> - 감사는 행복이다. 감사를 받으면 행복하기 때문이다.
> - 감사는 선물이다. 선물을 받을 때 고마움을 느끼니까.
> - 감사는 일상이다. 일상에서 감사하지 않은 것은 없다.
> - 감사는 사람이다. 사람에게 감사함을 느끼기 때문이다.
> - 감사는 물건이다. 다른 사람에게 주는 것이니까.
> - 감사는 아이스크림이다. 아이스크림 사줄 때 감사를 느끼기 때문이다.

추가 놀이: 감사 눈치 놀이

주변에서 감사한 사례를 찾아 보드 판에 작성하고, 모둠별로 숫자를 겹치지 않게 외치며 일어나 발표 순서를 획득하는 감사 눈치 놀이를 한다. 눈치를 보다가 1명씩 1, 2, 3과 같이 오름 순서로 숫자를 외치고 일어난다.

이 놀이는 다른 학생과 외치는 숫자가 겹치지 않게 눈치를 살피며, 빨리 숫자를 외치고 자리에서 일어나야 한다. 숫자 외침에 성공한 학생은 보드 판에 적은 감사 내용을 발표할 기회를 얻는다. 2명 이상이 같은 숫자를 동시에 외치고 일어나면 그 학생들은 아웃된다. 모두 기립에 성공한 모둠은 점수를 주고, 보드 판에 다른 감사 사례를 찾아 적고 다음 라운드를 시작한다.

2~3회 놀이 후 모둠별 획득 점수에 따라 보상을 준다. 쑥스러워 발표를 꺼리는 학생도 모둠별로 경쟁적으로 발표하다 보면 즐겁고 활발한 분위기에서 적극적으로 발표할 수 있다. 눈치 놀이이기 때문에 상대방의 발표가 끝나길 기다리고 일어나야 하므로 다른 학생이 발표하는 것도 경청하는 기회가 된다.

같이 읽으면 좋은 그림책

감사해요
이정원 글, 임성희 그림,
걸음동무

고마워, 고마워요, 고맙습니다
일레인 비커스 글,
서맨사 코터릴 그림, 장미란 옮김,
책읽는곰

내가 고마운 이유는 말이야
에일린 스피넬리 글,
아치 프레스턴 그림, 김율희 옮김,
예키즈

격려

나만 찬성, 나도 찬성

또 또 찬성!
미야니시 타츠야 글·그림 | 김난주 옮김 | 시공주니어

그림책 속 늑대 형제들은 각자 자기가 하고 싶은 것을 잘 이야기한다. 그런데 바루는 자신의 의견을 말하지 못하는 소심한 성격을 가지고 있다. 이런 바루의 의견에 찬성하고 다 같이 즐겁게 놀이를 한다. 술래잡기가 돼지잡기로 변질되고 그 과정에서 다시 바루가 기죽어 하는 모습을 보고 자신들이 애써 잡은 것을 포기하고 다시 즐겁게 술래잡기를 하는 이야기가 펼쳐진다. '찬성'의 사전적 의미는 "어떤 행동이나 견해, 제안 따위가 옳거나 좋다고 판단하여 수긍함. 또는 어떤 일을 도와서 이루어지도록 하는 것"이다. 결국 이야기 속 찬성에는 격려가 포함되어 있다. 어떤 행동이나 견해 속에 숨은 바루의 마음을 헤아리고 흩어진 마음을 하나로 모으는 늑대들의 모습은 상대에 대한 배려와 세심함으로 더욱 빛나며, 어떤 상황에서도 사회적 약자를 품는 모습이 공감과 격려를 잘 보여 준다. 형제들이 의기소침하고 자신감이 부족한 바루의 마음에 깊이 공감하고 그가 용기를 낼 수 있도록 기다려 주고 격려하는 모습에서 진정한 격려가 무엇인지 알게 해 준다.

· 인성 만나기 ·

격려란?

격려는 의욕이나 기운이 생기도록 기운을 북돋아 주는 것이다. 격려를 뜻하는 'encouragement'에는 용기를 끌어내 준다는 의미가 들어있다. 격려는 낙담하고 좌절한 사람에게 용기를 북돋워 주어 자신의 목표를 향해 달려갈 힘과 가능성을 부여해 준다.

'칭찬'이 결과에 대한 것으로 개인의 그 자체에 대한 비교와 평가라면, '격려'는 개인의 고유성에 기반하여 과정에 관점을 두고 행동 그 자체에 대해 말하는 것이다. 격려는 결과가 긍정적일 때뿐만 아니라 부정적일 때도 상대방을 북돋워 주어 용기를 내서 다시 도전할 수 있게 도와주기 때문에 칭찬을 포함한다. 즉, 격려는 수평적 관계에서 불완전한 인간의 모습을 그대로 수용하고 존중하여 자기 모습을 받아들이고 성장하게 하는 원동력을 갖게 한다.

· 놀이 즐기기 ·

나만 찬성, 나도 찬성

'나만 찬성, 나도 찬성' 놀이를 통해 격려받음의 중요성을 재미있고 유의미하게 가르칠 수 있다. 자신이 경험한 것을 말하면 그 의견에 동의하거나 지지하는 사람들의 수를 확인하는 놀이이다. 이를 통해 자신이 경험한 것을 용기 내서 말하고 같은 경험이 있는 친구들의 반응을 들으면서 격려받고 지지받는 것이 어떤 느낌인지 체험해 본다. 사람의 생김새만큼이나 다른 생각과 경험을 가지고 있다. 저마다 가지고 있는 다른 생각에 공감해 주고 술래를 위해 "찬성!"을 외치게 한다. '나만 찬성, 나도 찬성' 놀이는 다른 사람의 마음을 헤아리고 개인의 실익이나 욕심을 따져 자신의 의견을 고집하기보다 다른 사람을 격려하고 지지하는 마음을 함께 모으는 것의 의미를 생각하도록 한다.

*준비물: 둥글게 모여 앉을 의자

1단계 그림책 읽고 이야기 나누기

의자를 둥글게 놓고 둘러앉는다. 그림책을 읽고 아래와 같이 아이들에게 물어본다. 지원자부터 돌아가며 이야기하게 한다. 순번이 다 돌아간 뒤에 한 번 더 돌아가며 모두의 이야기를 듣는다.

- 주인공 바루의 모습은 어떤가요? 바루를 보면서 어떤 생각이나 느낌이 드나요?
- 바루와 같은 경험(하고 싶은 것이 있었는데 말하지 못한 경험 등)을 한 적이 있나요?
- 늑대 형제들처럼 내 이득과 상관없이(또는 손해를 보면서) 다른 사람의 입장에서 온전히 지지해 주고 한마음으로 찬성해 본 경험(격려받은 경험 등)이 있나요?

2단계 나 이런 거 해봤다고 말하기

둥글게 앉아 있는 상태에서 시작한다. 교사가 놀이를 설명하면서 술래로 먼저 시범을 보인다. 술래는 "원의 맨 가운데에 서서 나는 이런 거 해봤다." 또는 "나는 이런 거 하고 싶다."라고 큰 소리로 말한다. 예를 들어, "나는 비 오는 날, 유령기차놀이를 하고 싶다."라든지 "나는 소설책을 읽느라고 밤을 새 본 적이 있다."라고 말하고 원의 한가운데에 서 있는다.

놀이를 처음 한다면 말할 주제를 단계로 나누어 실시한다. 1단계 "나는 이런 거 해봤다."를 먼저 하고, 2단계 "나는 이런 거 하고 싶다."라고 말한다. 원 전체 구성원들이 술래가 되도록 한다. 한 걸음씩 나와서 말하게 하면 학생들이 더 적극적으로 참여한다. 단계로 나누어 진행할지, 주제를 섞어서 진행할지는 학급 상황에 맞춰 정한다.

"나는 이런 거 해봤다(또는 하고 싶다)."라고 말할 때, 맨 처음 술래는 지원자를 받아서 시작한다. 첫 지원자가 큰 소리로 이야기를 시작하면 놀이의 운영이 매끄럽고 어떻게 이야기할지 다음 지원자에게 생각할 여유가 주어지기 때문이다. 자기 차례가 되었을 때 기억이 나지 않는다면 "패스."라고 외치고 다음 순서에 이야기하면 된다고 말하면 학생들이 좀 더 편안하게 놀이를 즐길 수 있다.

3단계 나도 나도, 나도 찬성하기

술래가 말한 것과 같은 경험(나는 ~것 해봤다)이 있을 때는 큰 소리로 "나도 나도."라고 말하면서 의자에서 일어나 한 걸음 앞으로 나간다. 술래가 하고 싶은 것을 말했을 때(나는 ~것 해보고 싶다.)는 술래가 말한 의견에 동의한다면 의자에서 일어나 큰 소리로 "나도 찬성." 하고 외치면서 한 걸음 앞으로 나간다. 이때 손을 X 로 만들어 가슴에 대고 손으로 자기 어깨를 토닥토닥 두드리면서 나간다. 자기 자신과 친구들을 각자 격려하기 위한 손 모양이다. 일어나는 사람이 많으면 술래를 중심으로 작은 원을 만들어 손을 잡고 선다. 술래는 자신의 의견에 찬성하는 사람이 얼마나 많은지 둘러본다. 확인이 끝나면 술래와 찬성자는 자리로 돌아가고, 순서를 다음 사람에게 넘긴다.

술래가 '나는 이런 거 해봤다/하고 싶다.' 말하기

나도 찬성 모습

나도 찬성 원 만들기

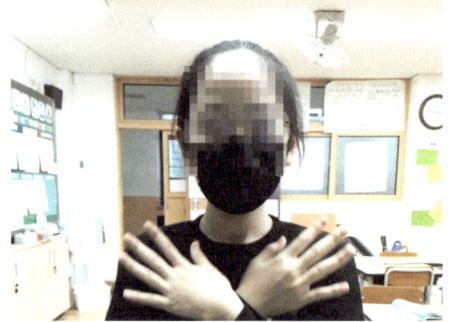
나만 찬성 손 모양(토닥토닥)

4단계 나만 찬성하기

원에 있는 친구들은 술래가 말한 것과 같은 경험을 하지 못했거나 술래의 의견에 찬성하지 않을 때는 의자에 앉아 있는다. 만약 술래 앞에 나온 학생이 아무도 없다면 술래는 자신의 손으로 자신의 어깨를 감싸안고 토닥이며 큰 소리로 "나만 찬성, 좋아 좋아." 하고 스스로를 격려한다. 그리고 자기 자리로 돌아가고 진행 방향의 다음 사람에게 넘긴다.

5단계 전체 다 말하기

2~4단계를 학급 전체 친구들이 모두 말하도록 반복하여 진행한다. 이때 패스한 학생도 빠뜨리지 않고 말할 기회를 준다. 모두 다 참여했으면 이 놀이를 통해 알게 된 사실이나 느낌 등을 공유하고 이야기를 나눈다.

> **예시 소감 나누기**
> - 내 의견에 동의하고 찬성하며 다가오니 부담스럽지만 그 느낌이 좋아서 재미있었다.
> - 가운데 서 있는데 아이들이 와 줘서 고마웠다.
> - 아이들이 술래 가까이 오는 것을 구경하는 것도, 나오는 것도 재미있었다.
> - 내가 말했을 때 여러 명이 나와서 '나도 찬성.'이라고 해 주니까 기분이 좋았다.

내가 무엇을 말했을 때 다른 사람이 "나도 찬성." 하고 말하면 격려받는 느낌이 들기 때문에 기분이 좋다. 다른 사람의 의견이 나와 달라도 공감이 되면 동의한다. 교사는 "상황을 바꿀 수 없고 격려받거나 동의받을 수 없는 상황 속에서도 스스로 속상해지지 말고 스스로를 격려하고 긍정적으로 다독이면 더 나은 삶이 되지 않을까?" 하고 놀이를 마무리한다.

· 추가 놀이: 동상이몽 격려 ·

'동상이몽 격려'는 격려의 말이 20개 정도 적혀 있는 A4 용지를 사용하여 술래가 마음에 들어하는 격려의 말을 찾는 놀이이다.

① 학생들은 원을 만들어 둥글게 선다. 이때 술래는 원 한가운데에 서 있는다.
② 술래는 자신의 경험이나 걱정, 마음을 표현할 것을 미리 생각해 둔다. 그리고 20개 정도의 격려의 말 중에서 듣고 싶은 격려의 말을 1개 선택한다.
③ 아이들이 지원자부터 시작해서 한 명씩 돌아가며 술래에게 격려의 말을 해 준다. 예를 들어, "같이 하자."라고 말한다면 술래는 자신이 생각한 격려의

말이라면 "격려받았습니다." 하고, 생각한 격려의 말이 아니라면 "고맙습니다."라고 말한다. 생각한 격려의 말이 나오든, 나오지 않든 원 한 바퀴를 모두 돌 때까지 진행한다.

❹ 한 바퀴를 다 돌고 나면 친구들은 다 같이 함께 술래가 듣고 싶은 격려의 말을 큰 소리로 3번 말해 준다.

❺ 놀이가 끝나면 술래는 소감을 말하면서 그 격려의 말을 선택한 상황과 이유를 설명하고 어떤 생각과 느낌이 들었는지 이야기한다. 친구들이 말하는 격려가 맞을 수도 있고 맞지 않을 수도 있지만, 격려의 말을 들으면서 용기를 얻을 수 있다.

· 같이 읽으면 좋은 그림책 ·

넘어
김지연 글 · 그림,
북멘토

괜찮을 거야
시드니 스미스 글 · 그림,
김지은 옮김,
책읽는곰

미스 럼피우스
바버러 쿠니 글 · 그림,
우미경 옮김,
시공주니어

경청

가라사대 놀이

가만히 들어주었어
코리 도어펠드 글·그림 | 신혜은 옮김 | 북뱅크

표지를 보면 '가만히 들어주었어'라는 글자, 그리고 아이와 토끼가 서로를 껴안고 있는 모습이 나온다. 여기에서 편안함, 수용, 위로라는 낱말이 떠오른다. 주인공 테일러는 블록으로 멋진 작품을 만들었는데, 갑자기 날아든 새들 때문에 블록이 모두 무너지고 만다. 여러 동물들이 차례로 등장해서 테일러를 도와주려고 한마디씩 하지만 도움이 되지 않는다. 맨 마지막에 등장한 토끼는 테일러의 곁에서 테일러가 이야기하고 싶을 때를 기다려서 가만히 들어준다.
이 책은 가만히 들어 주기, 즉 경청의 힘이 얼마나 강력한지를 잘 보여 준다. 토끼는 어떤 말도 하지 않지만 '지긋이 바라보기', '끄덕임', '안아 주기' 등 비언어적인 방법으로 적극적인 경청을 한다. 경청이 사람과의 관계에서 얼마나 중요한지, 백 마디 말보다 큰 위로가 된다는 것을 말해 준다.

· 인성 만나기 ·

경청이란?

경청은 단순한 듣기가 아니라 상대방과 원활한 대화를 하기 위해 여러 가지 사회적 기술을 사용하는 듣기를 말한다. 상대방과 의사소통을 하기 위해서 경청은 필요하며 사회성과 관련하여 중요한 덕목이다. 경청에는 상대방의 이야기를 수동적으로 듣는 소극적 경청과 피드백이나 재구성, 요약 등을 하며 듣는 적극적 경청으로 나뉜다. 경청은 초·중·고 교과서에서 모두 다룰 정도로 중요한 기본적 소양으로 다른 사람과 관계 맺기를 할 때 꼭 필요하다.

· 놀이 즐기기 ·

가라사대 놀이

'가라사대 놀이'는 참여자가 진행자의 말을 귀 기울여 잘 들어야 성공할 수 있는 놀이이다. 학생들은 평소 학교생활을 하며 교사뿐만 아니라 친구의 이야기를 잘 들어야 의사소통이 가능하다. '가라사대 놀이'를 통해 학생들은 자연스럽게 경청의 중요성과 필요성에 대해 깨달을 수 있다. 학생들은 이 놀이를 하면서 집중과 경청의 태도를 몸으로 익히게 된다. 몸으로 익힌 것은 머리로 배운 것보다 훨씬 오래 기억에 남는다.

※**준비물**: 마이크, 청기, 백기

1단계 그림책 읽고 이야기 나누기

경청이라는 덕목을 기르기 위한 그림책이므로 선생님이 읽어 주는 그림책을 잘 듣도록 한다. 그림책을 읽고, 내가 테일러라면 어떤 동물의 위로 방식이 마음에 들었는지 이야기를 나눈다. 토끼가 한 위로의 방식이 마음에 들었다고 하면, 어떤 점이 특히 좋았는지 묻는다. "토끼는 테일러가 말하는 것에 귀 기울여 들어 주었어요."라고 말하면 귀 기울이는 것을 '경청'이라고 한다고 알려 준다. 이 그림책처럼 내가 다른 사람의 이야기를 경청했거나 다른 사람이 내 이야기를 경청한 경험을 떠올려 보고, 그때 어떤 기분과 감정을 느꼈는지 이야기를 나눈다.

> **예시** 누구의 방식이 가장 마음에 드나요?
>
> - **저는 곰의 위로 방식이 마음에 들었어요.**
>   - 왜냐하면 화가 났겠다고 내 감정을 정확하게 읽어 주었기 때문이에요.
>   - 친구가 제 발을 밟고 그냥 가서 화났을 때 다른 친구가 제 이야기를 듣더니, "나라도 화났을 거야." 하고 화난 감정을 공감해 줬어요.
>
> - **저는 코끼리의 위로 방식이 마음에 들었어요.**
>   - 망가진 성을 다시 만드는 걸 도와주려고 했으니까요.
>   - 친구가 지나가면서 나를 치는 바람에 그림을 망쳤는데 짝이 내 이야기를 듣고는 다시 그리는 것을 도와줬어요.
>
> - **저는 토끼의 위로 방식이 마음에 들었어요.**
>   - 테일러를 재촉하지 않고 끝까지 기다려 주어서요.
>   - 아빠는 제가 속상해하면 제 옆에 가만히 있어 주세요.
>
> - **저는 토끼가 가장 고마웠어요.**
>   - 자기가 하고 싶은 말을 하는 게 아니라 테일러가 하는 이야기를 잘 들어 주어서요.
>   - 평소에 언니는 제 이야기를 잘 들어줘요.

2단계 놀이 방법 정하기

가라사대 놀이는 특별한 준비물 없이 할 수 있어서 수업을 시작할 때 주의 집중을 목적으로 많이 하는 놀이이다.

❶ 놀이는 학급 전체를 대상으로 하고, 먼저 가라사대 놀이 규칙을 알려 준다.
  - 놀이 진행자가 여러 가지 움직임을 지시한다.
    예) "가라사대 뒤로 돌아!", "가라사대 오른팔 들어!"
  - '가라사대'라는 말을 했을 때만 움직임을 실행한다.
  - '가라사대'라는 말을 하지 않고 움직임을 요구할 때 행동하면 안 된다.

❷ 놀이 규칙을 설명하고 빠진 부분이나 더 정해야 할 부분이 있는지 물어본다. 학년이 높거나 놀이를 경험해 본 학생들은 놀이에 대한 팁을 알려 준다. 학생

들이 탈락 등의 벌칙을 원한다면 학생들과 함께 정한다.
❸ 맨 처음에는 연습의 의미로 탈락이나 벌칙 없이 하고, 두 번째부터 틀린 학생은 자기 자리에 앉기 등으로 탈락이나 벌칙을 정한다.

3단계 '가라사대 놀이' 하기

앞에서 설명한 방법대로 놀이를 진행한다. 학생들은 진행자의 말을 잘 듣기 위해 자연스럽게 조용히 한다. 학생들이 놀이 규칙을 정확히 이해하고 있으면 진행자는 지시의 말을 좀 더 빠르게 하거나 지시를 좀 더 복잡하게 한다. 교실에서 책상과 의자가 있는 자기 자리에서 놀이를 진행하면 지시할 수 있는 움직임이 한정된다. 따라서 복도나 놀이 공간에서 진행하면 훨씬 다양한 움직임을 지시할 수 있다. 먼저 선생님이 진행자를 했다면, 두 번째는 학생이 나와서 진행을 맡는다. 넓은 공간에서 할 때는 마이크를 사용하여 참여자가 진행자의 지시를 잘 들을 수 있도록 한다. 주어진 시간에 따라 진행자를 바꾸며 반복해서 놀이를 진행한다. 진행자를 달리해 보면, 진행자마다 지시하는 움직임이 달라서 놀이에 변화가 생겨 더욱 재미있었다.

가라사대 놀이를 좀 더 재미있게 하기 위해 진행자가 재치를 발휘할 수 있다. 예를 들어, "놀이 끝. 자리에 앉아."와 같이 참여자를 속이는 말을 하는 것이다. 가라사대 놀이와 비슷한 놀이로는 청기 백기 놀이가 있다. 청기 백기 놀이는 청기와 백기를 들고 진행자의 지시에 따르게 하는 놀이이다. 규칙은 매우 간단하다. 진행자가 시키는 대로 청기나 백기를 올리거나 내리면 된다. "백기 올~~~리지 말고 청기 올려!"라고 말하기 때문에 진행자의 말을 끝까지 들어야 한다.

교실에서 자기 책상과 의자에 앉은 채로 놀이할 수 있다는 장점이 있다. 그리고 청기와 백기를 들고 있기 때문에 움직임이 맞는지 틀렸는지 바로 알 수 있다. 또한, 청기와 백기도 젓가락과 종이 등을 이용하여 간단하게 놀이 준비물을 만들 수 있다.

가라사대 놀이하기

학생들과 가라사대 놀이를 한 느낌을 나눈다. 선생님이 읽어 준『가만히 들어주었어』와 이 놀이의 연관성을 생각해 보고, 이 놀이를 하는 데 경청이라는 덕목이 어디에 쓰였는지 얘기한다.

> **예시** 소감 나누기
> - 다른 사람의 말을 잘 들어야겠다.
> - 경청을 놀이로 배우니 경청이 왜 중요한지 잘 알게 되었다.
> - 가라사대가 붙었는지 안 붙었는지 헷갈렸지만 재미있었다.
> - 놀이 설명을 잘 듣지 않아서 처음에 놀이에 참여하는 게 어려웠다.
> - 친구 목소리가 작아서 무슨 말인지 못 알아들어서 움직이는 게 어려웠다.

• 추가 놀이: 달팽이 집 빠져나오기 •

❶ 먼저 두 사람씩 짝을 이룬다.
❷ A4 용지에 달팽이 집 모양으로 나선을 긋는다. 나선의 간격이 좁을수록 놀이의 수준이 높아진다. 따라서 처음에는 굵은 나선으로 시작한다.
❸ 먼저 한 명이 달팽이 집 한가운데에 연필 끝을 세우고 눈을 감는다. 눈을 감은 사람은 짝의 말을 듣고 연필로 선을 그으며 달팽이 집을 빠져나온다. 눈을 감은 사람이 짝의 말에 귀를 기울여야 성공할 수 있다. 이때 이미 그어진 달

팽이 집에 연필 선이 닿아서는 안 된다.

❹ 시간의 여유가 있다면, 좁은 나선으로 달팽이 집을 그려 놀이를 한 번 더 해 볼 수 있다.

· 같이 읽으면 좋은 그림책 ·

귀
피레트 라우드 글·그림,
신형건 옮김, 보물창고

당나귀 덩키의 경청
이영숙 글, 김도윤 그림,
좋은나무성품학교

고민 해결사 펭귄 선생님
강경수 글·그림,
시공주니어

공감

나도 나만 줄넘기

함께 줄넘기
진수경 글·그림 | 봉개울

『함께 줄넘기』는 서로 믿고 마음을 하나로 모아 줄넘기를 뛰어넘는 동물들의 이야기이다. 내용을 보기 전에는 서로 협력하여 줄넘기를 넘는 이야기 같지만, 등장인물들을 살펴보면 사연 없는 동물은 없다는 것을 알게 된다. 특히 그런 각자의 이야기는 함께 줄넘기를 하기 위해 모인 이유가 된다. 등장인물들은 서로의 상황에 대해 이야기를 나누고 상대의 기분을 공감하면서 함께 줄넘기에 성공한다. 그 모습을 보며 서로에 대한 공감이 공동 목표를 이루는 데 큰 도움이 된다는 점을 알게 된다. 그림책을 읽고 공감에 대해 생각해 보고 놀이를 통해 공감의 의미를 배우며 생활 속에서 공감하는 태도를 내면화함으로써 조화로운 관계를 맺으며 생활하도록 한다.

· 인성 만나기 ·

공감이란?

공감은 '다른 사람의 상황을 알고, 상대방의 기분을 이해한다.'는 뜻이다. 다른 사람의 상황이나 기분을 같이 느낄 수 있는 능력을 말한다. 이렇게 타인의 마음을 이해하는 능력이 발달한다면 다른 사람의 입장을 배려할 줄 아는 마음이 더 커지고, 학교뿐 아니라 사회에서 다른 사람과 더불어 조화로운 관계를 맺으며 살아갈 수 있다.

· 놀이 즐기기 ·

나도 나만 줄넘기

'나도 나만 줄넘기'는 이름에서 알 수 있듯이 함께 줄넘기를 넘는 놀이이다. 몸으로 신나게 놀이를 즐기면서 학생들이 공감의 의미를 생각해 볼 수 있다. 친구들의 다양한 고민을 듣고 자신의 고민도 함께 나누며 공감하는 활동을 즐겁게 실천하는 놀이이다.

※**준비물**: 긴 줄넘기, 팀 조끼, 붙임 종이

1단계 **그림책 읽고 이야기 나누기**

학급 학생들을 5~6명씩 모둠을 구성한다. 모둠 구성원들이 모둠별로 이야기를 나누고 놀이 활동을 적절하게 하도록 모둠을 구성한다. 그림책 속 등장인물의 이야기를 한 명씩 역할을 나누어 읽는다.

책을 읽고 난 후, 나의 고민을 포스트잇에 적는다. 돌아가며 자신의 고민을 발표하고 엄지손가락을 내민다. 이때 그 고민에 나도 같은 마음이 들면 "나도." 하면서 엄지손가락에 자신의 손을 올린다. 이때 고민을 말한 친구에게 공감 표시가 없는 경우에는 먼저 고민을 말한 학생이 자신의 엄지손가락을 세우며 "나만." 하고 말한다. 서로 돌아가며 자신의 고민을 말하고, 공감을 표현하는 활동을 이어 간다.

예를 들어 '나는 영어학원 숙제가 너무 많아서 고민이야. 레벨 테스트를 통과 못할 때마다 속상해.'라고 적은 내용을 말하면 그 고민에 동감하는 친구들이 다 같이 "나도."라고 말하며 엄지손가락 탑을 쌓는다. 이때 학생들은 자연스럽게 자신의 이야기를 더해서 서로 같은 고민에 공감하는 활동을 이어 나간다. 이때 너무 흥분하거나 큰 소리로 말하기도 하는데, 서로 고민을 나누며 공감하는 활동에 집중하는 것이 중요함을 알리고, 학생들과 규칙을 정해 자연스러운 분위기에서 고민을 나누며 공감하도록 한다.

포스트잇에 고민 쓰기

나도 나만 공감 표현하기

2단계 나도 나만 줄넘기 준비하기

'나도 나만 줄넘기' 놀이는 다 같이 하는 줄넘기 놀이이다. 따라서 놀이 전에 줄을 잘 넘기고 같이 줄넘기를 하는 기능이 필요하다. 이 놀이는 교실에서 책상을 밀고 할 수도 있지만, 자유롭게 활동할 수 있는 운동장이나 강당처럼 공간이 넓을수록 좋다. 또한 긴 줄을 넘기는 학생 2명의 역할이 매우 중요하므로 연습하는 시간을 넉넉하게 주도록 한다.

먼저 2조로 나누어 긴 줄을 넘기는 학생들을 충분히 연습하게 한 후, 한 명씩 줄에 들어가 넘고 나오는 활동을 한다. 이 활동에 익숙해지면 줄을 넘기는 역할을 돌아가면서 한다. 이때 줄을 잘 넘기는 학생이 있으면 그 역할을 하도록 한다. 함께하는 긴 줄넘기는 모둠원 간의 균형과 조화가 필요하므로 그 과정을 통해 서로 유대감과 상호 이해하는 경험을 쌓으면서 존중하는 마음을 갖는다.

3단계 나도 나만 줄넘기 놀이하기

❶ 놀이 준비 및 규칙에 대해 충분히 연습하고 나면 본격적으로 '함께 줄넘기' 놀이를 한다. 우선 모둠별로 긴 줄을 나누어 주고 모둠원이 활동할 수 있는 넓은 공간을 확보한다.

❷ 2명이 긴 줄을 천천히 속도를 맞추어 돌린다. 남은 모둠원들은 순서를 정하여 줄넘기 옆에 선다.

❸ 1단계에서 자신이 붙임 종이에 적은 고민을 한 명씩 크게 말한다. 예를 들어 "나는 발표할 때 가슴이 두근거려. 자신감 있게 발표하고 싶어." 하고 고민을 말하면서 줄을 넘는다. 고민을 말한 친구에게 공감하는 경우 "나도". 하고 외치며 줄을 넘는다.

❹ 한 명씩 '나도'를 외치며 줄을 함께 넘는다. 줄에 걸리는 경우 다시 기회를 준다. 이때 줄을 넘는 횟수는 모둠에서 정하게 한다. 예를 들어 3~5번을 함께 넘는 경우 미션 성공으로 정하게 할 수 있다. 돌아가며 고민을 말하며 줄을 넘으면 공감하는 친구들이 따라서 함께 줄을 넘는다.

> **참고** 줄을 넘는 방법을 모둠별로 협의할 수 있다. 다 같이 서서 함께 동시에 줄을 넘는 방법도 있고, 한 명씩 들어가서 넘고 나오게 할 수 있다.
> 저학년의 경우 줄을 넘기는 기능이 어려울 수 있으므로 이때는 교사가 그 역할을 하고 모둠별로 돌아가면서 줄넘기를 한다. 한 모둠이 줄을 넘는 동안 다른 모둠은 질서 있게 앉아서 다른 모둠의 활동 모습을 지켜보게 하는 것도 좋다.

한 명씩 들어가서 순서대로 줄넘기

모두 함께 다 같이 줄넘기

· 추가 놀이: 너랑 나랑 함께 줄넘기 ·

저학년의 경우 긴 줄을 돌리는 데 어려움이 있을 수 있다. '너랑 나랑 함께 줄넘기'는 친구와 둘이 할 수 있는 쉽고 간단한 놀이이다. 두 사람이 서로 마주 보고 한 명은 줄을 넘기고 다른 한 명과 함께 줄은 넘는다. 나와 같은 고민을 가진 친구와 짝이 되어 서로 도와가며 함께 줄넘기를 해도 좋다.

· 같이 읽으면 좋은 그림책 ·

가만히 들어주었어
코리 도어펠드 글·그림,
신혜은 옮김, 북뱅크

그래요 정말 그래요!
아르멜 바르니에 글,
바네사 이에 그림, 박은영 옮김,
해솔

내 얘기를 들어주세요
안 에르보 글·그림,
이경혜 옮김,
한울림어린이

공평

공평한 바둑알

우리가 케이크를 먹는 방법

김효은 글·그림 | 문학동네

제목을 보면 케이크를 먹는 다양한 방법에 대해 다루는 그림책 같다. 그러나 그림책의 첫 장을 넘기며 등장하는 "우리는 다섯입니다. 그것은 이 케이크를 혼자서 다 먹을 수 없다는 얘기입니다."라는 문장을 통해 그림책이 케이크를 나누는 방법이 아닌 '어떻게 다섯 명에게 공평하게 나눌 수 있을까?'라는 생각을 하게 만든다. 우리 주변에는 자로 잰 듯 정확하게 나눌 수 있는 것도 있지만 그렇지 못한 것도 많다. 그것들을 우리는 어떻게 공평하게 나눌 수 있을까? 꼭 똑같이 나누는 것이 공평한 것인지 생각해 보는 그림책이다. 그림책을 읽고 공평에 대해 생각해 보고 놀이를 하며 학생들이 공평의 의미를 느끼고 생활 속에서 공평하게 나눌 줄 아는 태도를 배운다.

· 인성 만나기 ·

공평이란?

'공평'은 사회적, 경제적, 그리고 개인적인 관계에서 중요한 원칙 중 하나로, 모든 사람에게 공평한 기회와 대우를 제공하는 것을 의미한다. 이를 학생들이 이해하고 실천해 보게 함으로써 작은 사회인 학교생활 속에서 더욱 조화로운 생활을 할 수 있도록 돕게 된다. 더불어 공평에 대해 배움으로써 타인에 대한 이해는 물론 존중하는 태도를 함양하는 기회를 얻게 될 것이다.

· 놀이 즐기기 ·

공평한 바둑알

'공평한 바둑알'은 놀이의 이름에서 알 수 있듯이 바둑알을 공평하게 나누어 볼 수 있도록 하는 놀이이다. 놀이를 통해 학생들이 공평의 의미를 한 번 생각해 볼 수 있도록 카드 게임의 형식을 빌려 놀이를 구성하였다. 카드에 나오는 다양한 미션을 수행하면서 여러 상황 속에서 공평하게 나누는 것을 실천해 보자.

※**준비물**: 그림 카드, 놀이 카드(숫자 카드, 미션 카드, 생각 카드), 바둑알

1단계 그림책 읽고 이야기 나누기

그림책을 읽고 공평하게 나누는 방법에 대해 먼저 이야기를 한다.

❶ 학급 학생들을 4~5명씩 모둠을 구성한다. 모둠 구성원들이 이야기를 나눌 때 너무 많은 인원이 한 모둠에 있으면 다른 학생들의 이야기를 듣는 데 집중하기 어렵기 때문에 적절한 인원이 좋다.

❷ 모둠 책상 위에 그림책에 나온 물건들(솜사탕, 케이크, 치킨 등)이 담긴 그림 카드를 뒤집어 놓는다. 가위바위보를 하여 카드 뒤집는 순서를 정한다.

선풍기 바람   킥보드   치킨

그림 카드

❸ 카드를 뒤집어 나온 그림의 물건을 공평하게 나누는 방법에 대해 서로 돌아가며 이야기를 나눈다. 발표한 학생의 의견에 같은 생각이면 박수를 쳐서 자신의 생각이 같다는 것을 표현한다. 한 명씩 돌아가면서 같은 방법으로 물건에 따라 공평하게 나누는 방법에 관해 이야기를 나눈다.

공평하게 나누는 방법 이야기 나누기

2단계 공평한 바둑돌 놀이 방법

'공평한 바둑알'은 카드놀이이다. 따라서 놀이 전에 규칙을 이해하는 것이 무엇보다 중요하다. 규칙을 잘못 이해하면 놀이 흐름이 매끄럽지 않거나 학생들이 흥미를 잃을 수 있다. 규칙을 설명해도 놀이를 하면서 잊어버리므로 놀이 규칙 설명서를 모둠별로 나눠 주거나 칠판에 써서 참고하도록 한다.

❶ 모둠 학생들 1인당 바둑돌을 20개씩 나누어 갖는다. 그리고 놀이 카드를 가운데 놓는다. 놀이 카드는 숫자 카드(9장), 미션 카드(4장), 생각 카드(5장)로 구성되어 있다.

❷ 숫자 카드에는 1부터 3까지의 숫자가 쓰여 있다. 숫자 카드를 뽑을 경우 해당하는 숫자만큼 주변 친구들에게 바둑돌을 나눠 줘야 한다. 예를 들어 숫자 카드를 뽑았을 때 3이 나온다면 자신이 가지고 있는 3개의 바둑돌을 주변 친구들에게 공평하게 나눠 준다.

생각 카드에는 여러 가지 물건 그림들이 그려져 있다. 생각 카드를 뽑으면 카드에 있는 물건을 공평하게 나눠 주는 방법을 친구들에게 설명하면 보너스 바둑돌을 한 개 받을 수 있다. 미션 카드에는 여러 가지 미션들이 있다. 그 미션을 수행하면 보너스 바둑돌을 한 개 받을 수 있다. 미션 카드의 미션을 수행하지 못하면 "패스."라고 말할 수 있으며, 이때는 보너스 바둑돌을 받을 수 없다.

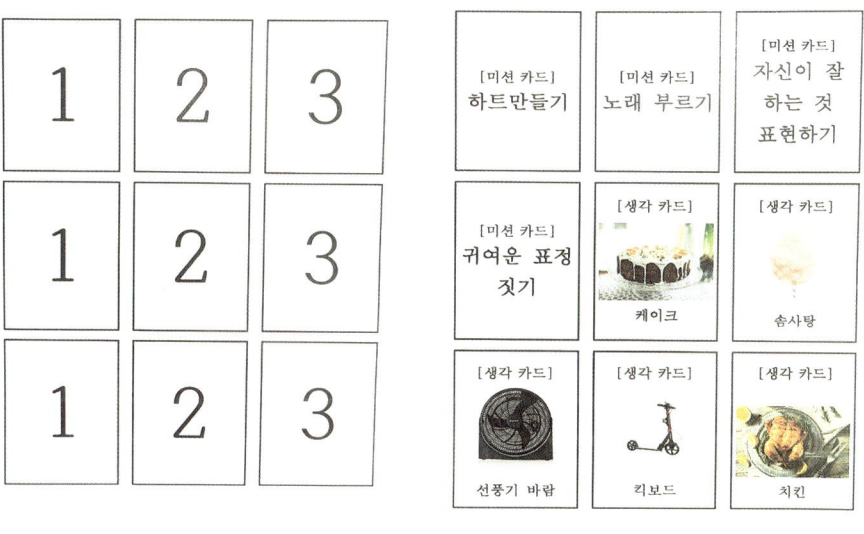

숫자 카드 · 생각 카드 · 미션 카드

3단계 공평한 바둑돌 놀이하기

❶ 가위바위보를 하여 놀이의 순서를 정한다. 교실에 주사위가 있다면 주사위를 굴려 가장 큰 숫자가 나온 순서대로 놀이 순서를 정해도 좋다.

❷ 가운데에 놓인 카드를 뒤집어 어떤 카드를 선택했는지 모둠 친구들에게 보여 준다. 숫자 카드를 선택했을 경우 자신이 갖고 있는 바둑돌을 친구들에게 공평하게 나누어 준다. 바둑돌을 나누어 줄 때 왜 그렇게 나누어 주는지에 대한 이유도 구체적으로 설명한다.

> **참고** 학생들은 숫자 카드가 나왔을 때 자신이 갖고 있는 바둑돌을 어떻게 나누는 것이 공평한지 진지하게 고민했다. 친구들의 바둑돌이 몇 개인지 확인하며 모든 친구가 공평하게 바둑돌을 가질 수 있도록 나누어 주었다.
> 생각 카드가 나왔을 때는 공평하게 나눌 수 있는 방법에 대해 자기만의 생각을 담아 논리적으로 표현하였다. 예를 들어, 킥보드가 나오면 킥보드를 처음 타는 친구에게 더 많은 기회를 주고, 다른 친구들에게는 똑같이 기회를 주겠다고 대답하였다.

❸ 놀이는 한 명의 바둑돌이 다 떨어지거나 카드를 모두 사용했을 때 끝이 난다. 놀이 후에는 학생들과 바둑돌을 공평하게 나눌 때 어떤 느낌이었는지 이야기를 나누면서 공평의 중요성과 놀이를 통한 경험을 공유한다.

숫자 카드

생각 카드 · 미션 카드

· 추가 놀이: 공평한 상자 ·

'공평한 상자'는 학생들에게 협력, 공평한 분배, 문제 해결 능력을 향상시키는 데 도움을 주는 놀이이다. 학생들은 상자 안에 무엇이 들어 있는지 알 수 없기에 물건을 꺼내기까지 어떤 물건이 나올지 큰 흥미를 느낀다. 물건을 꺼낸 뒤, 해당하는 물건을 친구들에게 공평하게 나눌 수 있는 방법을 말해야 하므로 자신만의 기준을 세워야 한다. 이 놀이를 하면서 학생들은 본인들이 평소에 자주 사용하는 물건들을 공평하게 분배해 보는 경험을 한다. 놀이 방법은 다음과 같다.

❶ 상자 안에 있는 물건이 보이지 않는 빈 상자를 준비한다. 빈 상자에는 놀이를 위한 여러 가지 물건들을 넣어 둔다. 이때 학생들이 평소에 자주 사용하는 물건이 좋으며 부피가 커서 상자 안에 넣을 수 없으면 그림이나 사진으로 대체

한다.
❷ 학생 중 한 명이 앞에 나와 상자에 있는 물건을 뽑아서 다른 학생들에게 보여 준다.
❸ 학생들은 물건을 보고 공평하게 나누는 방법과 그 이유를 발표한다. 발표하는 학생의 의견에 동의하거나 박수를 통해 자신의 공감을 표현한다.

· 같이 읽으면 좋은 그림책 ·

난 숨바꼭질이 제일 좋아
페니 해리스 글,
위니 저우 그림, 김정한 옮김,
썬더키즈

평등 씨는 공평해!
김성은 글, 박재현 그림,
책읽는곰

공평하지 않아!
스테파니 블레이크 글·그림,
김영신 옮김,
한울림어린이

긍정

감정 이름
공 파도

네 기분은 어떤 색깔이니?

최숙희 글·그림 | 책읽는곰

『네 기분은 어떤 색깔이니?』에서 주인공 아이의 기분을 색으로 표현하고, 그때 어떤 감정 상태이며 그런 기분을 느끼는 아이의 상황을 알 수 있다. 그리고 그때 아이의 표정과 행동, 색깔에서 에너지 값이 느껴진다. 아이는 하루 중에도 여러 상황에서 다양한 기분을 느낀다. 아이들이 학교생활을 하거나 친구와 관계를 맺을 때 누구에게나 일어날 수 있고, 충분히 공감되는 상황이 나와 있어서 아이들이 감정 이입하여 공감으로 받아들이기에 좋은 내용이다.

· 인성 만나기 ·

긍정이란?

긍정의 사전적 의미는 "그러하다고 생각하여 옳다고 인정하는 것"이다. 인성적 측면에서는 '부정적'이라는 표현의 반대말로, 사태나 상황에서 바람직한 행동(말)을 증가시키기 위한 정서(기분) 선택이 긍정이다. 긍정적 의식을 선택함으로써 태도와 감정(기분)을 긍정적인 에너지 값으로 변화시킬 수 있다. 일상을 살아가면서 자신에게 주어진 여러 상황의 부정적인 측면에 집중하여 불평, 불만을 표현하기보다는 긍정적인 상황으로 의식함으로써 높은 에너지 값을 선택하면, 아이들은 긍정적으로 말하고 행동한다. 이를 통해 학생들이 서로 긍정적인 영향을 주고받고, 학급은 긍정 에너지가 흐르는 공동체가 될 수 있다. 무심코 뱉은 부정적인 말과 행동은 강력하게 전파되어 불쾌감과 부정 에너지를 낳으므로 의식적으로 긍정 에너지를 선택할 수 있도록 연습해야 한다. 서로에게 긍정 에너지를 나누는 학교 만들기에 영향을 주면 좋겠다.

· 놀이 즐기기 ·

감정 이름 공 파도

'감정 이름 공 파도'는 의식 수준을 달리하여 친구의 이름을 불러 보는 놀이이다. 긍정의 의식 또는 부정의 의식을 선택해 부를 때, 느껴지는 몸과 마음의 상태가 어떻게 다른지 알아차리게 한다. 그때 느껴지는 에너지를 체험해 보고 '친구의 이름을 긍정의 감정(기분)으로 부르기' 미션을 수행하며 긍정 에너지를 퍼뜨리고, 다른 상황에서도 긍정을 선택하도록 한다.

※**준비물**: 탱탱볼(또는 부드러운 감촉의 공), 활동하기 넓은 장소

1단계 그림책 읽고 이야기 나누기

그림책을 읽기 전에 표지를 보며 이야기를 나눈다. 제목을 가리고 제목 맞히기 놀이로 시작한다. 또는 제목에서 의미 있는 부분인 '기분'과 '색깔'을 가리고 그 속

에 들어갈 단어가 무엇인지 맞히는 놀이로 시작하면 아이들의 집중력을 더 높일 수 있다. 제목 맞히기 놀이를 했다면 눈을 감고 지금 자신의 몸과 마음의 상태를 알아차리는 활동을 한다.

학급의 인원수에 따라 모둠별 또는 전체로 진행한다. 따뜻한 기운과 차가운 기운이 느껴지는 색깔이 있다는 것을 알아차리게 하여 색깔에서 느껴지는 에너지나 기운에 대해 이야기 나누는 것도 의미 있다.

- 나의 몸과 마음은 어떤지 색깔로 표현한다면? 왜 그 색깔인가요?
- 그림책 속 상황이 자신에게 있었는지, 있었다면 그때의 기분은 어떠했나요? 책의 내용과 같은 기분이었나요? 다른 기분을 느꼈다면 어떤 기분이었나요?
- 화가 나는 기분에서 화를 냈거나 참은 일이 있나요?
- 화를 알아차리고 친구에게 표현한 적이 있나요?

2단계 몸과 마음, 의식의 연결 경험하기

몸과 마음, 생각(의식)이 연결되어 있다는 것을 경험하게 하는 놀이로 시작한다. "눈을 감고 선생님이 하는 말에 정신을 집중하고 그대로 상상해 보세요. 여러분은 집 거실에 있습니다. 자리에서 일어나서 부엌으로 갑니다. 부엌 냉장고 앞에 서서 냉장실 문을 엽니다. 우리 집 냉장고 야채 칸에는 노랗고 싱싱한 레몬이 많이 있습니다. 그중 가장 크고 싱싱한 레몬 하나를 꺼내어 손으로 만집니다. 레몬의 촉감을 손에 느껴 봅니다. 이제 레몬을 코로 가져가 냄새를 맡습니다. 상큼한 레몬 향이 코를 통해 내 몸으로 퍼집니다. 이때 내 얼굴의 근육은 어떠한가요? 코 안에 레몬 향이 느껴지나요? 레몬 향이 내 몸 어디까지 번지나요? 머릿속은 어떤가요? 이번에는 레몬의 가운데 부분을 반으로 자릅니다. 레몬 향이 강하게 퍼집니다. 레몬즙이 흐릅니다. 반으로 쪼개진 레몬을 입으로 가져가 앞니 여섯 개로 베어 물었습니다. 입안으로 레몬즙이 잔뜩 들어갑니다."

- 지금 입속은 어떻습니까?
- 여러분의 얼굴 표정은 어떻습니까?

- 기분은 어떻습니까? 몸은 어떤가요?

잠시 뒤에 눈을 뜨고, 느꼈거나 알아차린 것을 나눈다. 학생들은 실제로 레몬을 먹은 것은 아니지만 레몬을 만지고, 냄새 맡고, 입안에 침이 고이는 경험을 했다고 말한다. 교사의 안내에 따라 의식을 따라가는 것만으로도 몸과 감각(기분)에 변화가 생길 수 있음을 알고, 몸과 마음이 연결되어 있음을 경험한다.

레몬을 먹는 가이드 명상을 통해 몸과 마음, 의식 경험하기

3단계 의식된 감정 에너지로 친구 이름 부르기

❶ 동그랗게 둘러앉아 교사가 제시하는 감정 에너지로 친구의 이름을 부른다. 이때 학생들이 입으로 소리 낼 수 있는 것은 친구의 이름밖에 없다. 웃음소리나 울음소리 같은 소리를 보태지 않는다. 놀이하면서 자신의 몸과 마음에 무엇이 느껴지는지 주의를 기울인다. 진지하게 참여할 수 있도록 분위기를 조성한다. 감정에 에너지가 있어서 그 에너지가 교실과 우리에게 어떤 영향을 미치는지 느끼는 것이 놀이의 목표라는 점을 알려 준다. 앞서 몸과 마음이 연결되어 있다는 사실을 경험했기 때문에 더 잘 느낄 수 있다.

❷ 친구의 이름을 부를 때 감정을 각각 달리 실어 부른다. 첫째 다정하게 부르기, 둘째 슬프게 부르기, 셋째 신나게 부르기이다.

'다정하게 부르기'를 하기 전에 다정하다고 느낀 여러 가지 상황을 떠올리고 공유하여 그때의 에너지와 감정을 생각하며 부르면 좋다. 친구의 이름을 부르면서 공을 전달하는데, 이때 이름이 불린 친구는 선생님이 제시한 감정의 에너지로 자기 이름이 잘 불렸다고 생각되면 그 공을 받아 준다. 친구에게 공을 강제로 떠맡겨서는 안 된다. 그리고 친구가 부르지 않았는데 빼앗아 가서도 안 된다. 친구가 해당 감정으로 이름을 부르지 못하고 있다면 기다렸다가 다시 한번 더 불러야 하며 감정의 에너지로 불러야 함을 자세히 안내한다.

❸ 놀이를 하고 난 뒤 소감을 나눈다.

> **예시** 소감 나누기
> - 친구 이름을 슬프게 부르니 팔에도 힘이 없어지고 목소리가 작아지고, 말이 느려지며 가슴 한가운데가 찡해지며 눈물이 나올 것 같았다.
> - 친구를 신나게 부르려니 목소리도 커지고 힘도 생기고 팔에도 힘이 들어가며 친구에게 던지듯이 공을 전달하려고 하는 우리를 발견했다.
> - 두 번째 미션 때, 슬프게 부르다가 신나게 부르려고 하니 갑자기 에너지를 끌어올리기가 힘들었다.
> - 내가 감정 에너지를 선택할 수 있다는 것을 알 수 있었다. 짜증 나고 불편한 기분이 계속 들 때도 내 감정을 선택할 수 있으므로 긍정 에너지 값을 가진 감정을 선택할 수 있겠다.

의식된 감정으로 친구 이름 부르기

4단계 긍정 에너지로 인사 나누기

긍정 에너지를 선택하는 것이 우리에게 높은 에너지 파장을 일으킨다는 것을 알게 되었으니 이번에는 교실을 걸어 다니다 친구와 눈이 마주치면 그 감정의 에너지로 친구와 인사를 나눈다. 밝은 음악을 틀어 주고 선생님은 일정 시간 간격으로 긍정적인 감정을 큰 소리로 말한다.

"기쁨의 에너지로 걸어 보세요. 기쁜 마음으로 걷다가 친구를 만나면, "기쁘다." 하고 인사합니다.", "행복의 에너지로 걷겠습니다. 행복, 행복한 에너지가 우리 중에 퍼져 나갑니다. 지금 눈이 마주친 친구와 "행복해." 하고 인사합니다."

위와 같이 여러 가지 긍정적인 감정 단어를 말한다. 걷다가 눈이 마주친 친구를 만나면 감사한 마음, 즐거운 마음, 사랑스러운 마음, 친구를 존중하는 마음, 이해받았을 때의 마음, 서로 믿는 마음 등을 표현하는 말로 인사한다. 인사할 때 하이파이브를 하거나 교사가 부르는 신체 부위를 살짝 터치하는 것도 좋다. 교사의 말에 주의를 기울이며 걷다가 지시어(손바닥, 오른쪽 어깨, 왼쪽 발바닥, 왼쪽 무릎 등)

를 잘 듣고 터치하면서 인사를 나눈다. 주의를 기울여 활동에 집중한다면 긍정 에너지가 주는 파동도 느낄 수 있다.

긍정 에너지로 인사 나누기

· 추가 놀이: 하루 인사 미션 ·

긍정 의식으로 인사 나누기를 해봤다면 매일 하나씩 인사 미션을 정해서 하루 동안 그 방식으로 인사해 보는 것은 어떨까? 예를 들어, "오늘은 즐거운 마음으로 친구를 만나면 하이파이브 하며 '즐거운 하루.' 하고 인사하기."라고 인사 미션을 게시해 두고 하루 동안 실천하는 것이다. 미션은 선생님이 정하기보다는 아이들의 제안을 받아서 정한다.

인사 미션
- **의식:** 즐거움
- **말:** 즐거운 하루
- **행동:** 하이파이브

· 같이 읽으면 좋은 그림책 ·

괜찮아 아저씨
김경희 글 · 그림,
비룡소

줄무늬 없는 호랑이
제이미 윗브레드 글 · 그림,
김보람 옮김,
불의여우

오늘은 좋은 날? 안 좋은 날?
제프 맥 글 · 그림, 헤더 옮김,
에듀앤테크

꿈

꿈 너머 꿈!

내 꿈은 기적
수지 모건스턴 글 | 첸 지앙 홍 그림 | 최윤정 옮김 | 바람의아이들

이 이야기는 "이 담에 커서 뭐가 되고 싶니? 사람들은 이런 걸 너무 많이 물어본다."로 시작된다. 심드렁하게 "소방관, 경찰관, 재판관, 검찰관" 중에서 하나를 골라 대답하지만 아이는 사실 무슨 일이든 뜻대로 할 수 있고 불가능도 없고 무엇보다도 너그러운 신이 되고 싶다. 하지만 '꿈'이 단순히 자신의 욕망을 채우는 것으로 끝난다면 세상은 지금처럼 발전하지 못했을 것이다. 학생들이 '꿈'이라는 자아 성취를 뛰어넘어 누군가를 위할 때 더 큰 성취감을 느끼고 행복을 느낄 수 있다.

· 인성 만나기 ·

꿈(원대함)이란?

꿈은 실현하고 싶은 희망이나 이상을 말한다. 원대함은 계획이나 희망 따위의 장래성과 규모가 큰 것이다. 흔히 아이들에게 꿈이 무엇이냐고 물으면 하는 일, 즉 직업의 의미로 의사, 과학자, 변호사 등을 말한다. 공부하는 학생의 꿈은 좋은 대학에 들어가는 것이고, 좋은 대학에 들어가면 좋은 직장에 들어가는 것이 꿈이 된다. 좋은 직장에 들어가면 꿈을 이룬 걸까? 좋은 대학, 좋은 직장이 아니더라도 꿈꾸는 사람이 되어 다른 사람들과 이 세상에 선한 영향력을 미치는 꿈 너머 더 큰 꿈을 꾸는 원대함을 생각해 보는 시간을 가져 본다.

· 놀이 즐기기 ·

꿈 너머 꿈!

학생들이 되고 싶은 꿈을 적은 직업 카드를 모아 놓고 자신의 꿈을 찾아가는 놀이다. 자신의 꿈을 찾는 것으로 끝나는 것이 아니라, 자신의 꿈(장래 희망)을 이룬 다음, 하고 싶은 꿈 너머의 꿈을 이야기하는 놀이이다. 이 놀이를 통해 아이들은 꿈이 단순히 무엇이 되는 것이 아니라 '무엇이 되어 어떻게 살 것인가'에 관한 희망이라는 점을 생각해 보는 기회를 갖는다.

※**준비물**: 카드, 펜

1단계 그림책 읽고 이야기 나누기

『내 꿈은 기적』을 읽고 부모가 원하는 아이들의 꿈(직업)은 어떤 것이 있었는지 물어보았다. 판사, 변호사, 의사, 검사 등 주로 소위 부모의 욕망이 담긴 직업군이 나왔다. 반면 아이들에게 커서 뭐가 되고 싶은지, 어떤 일을 하고 싶은지 물었더니 요즘 인기 있는 웹툰 작가, 과학자, 축구 선수, 수의사, 아이돌, 제빵사, 크리에이터 등을 말했다. 아이들의 대답을 들은 후, 책 속의 주인공이 말하는 근사한 꿈은 무엇인지 물었다. 학생들은 돈을 많이 버는 것, 큰 건물을 사서 놀고먹는 것 등

대부분 경제적인 부와 관련된 내용이 많았다.

2단계 꿈 카드 만들기

돈이 많다고 행복할까? 아이들에게 하고 싶은 일을 하며 세상에 도움이 되는 일을 하는 것이 근사한 꿈이라고 말하는 주인공처럼, 우리도 되고 싶고, 하고 싶은 꿈을 이룬 후 어떻게 살고 싶은지 이야기를 나눈다.

허니컴보드나 8등분 한 A4 도화지로 카드를 만든다. 학생들에게 커서 뭐가 되고 싶은지, 무슨 일을 하고 싶은지 카드에 자신의 꿈을 쓰도록 한다. 다른 친구들이 보고 잘 읽을 수 있도록 마커펜으로 크게 쓴다. 학생들이 쓴 꿈 카드를 모아 교실 가운데 책상 위에 놓아두고 책상은 빼고 의자만으로 둥글게 앉는다.

꿈 카드 만들기

3단계 꿈 너머 꿈! 놀이하기

둥글게 앉아 카드에 쓴 자신의 꿈을 차례대로 발표한다. 발표할 때 앞사람에게 들은 꿈을 기억해서 말한 뒤 자신의 꿈을 발표하고 다음 사람이 이어 간다. "○○이의 꿈은 아이돌, ○○이의 꿈은 로봇공학자, 저의 꿈은 아이돌입니다."라고 말한다. 먼저 발표한 친구들의 꿈을 다 기억하지 못할 경우 바로 앞 친구의 꿈을 이야기하고 자신의 꿈을 발표해도 된다. 친구들이 자신의 꿈 발표를 마친 다음 꿈을 이룬 후 어떻게 살아갈 것인지, 꿈을 이룬 다음 어떻게 할 것인지에 대해 문장으로 발표하는 시간을 갖는다.

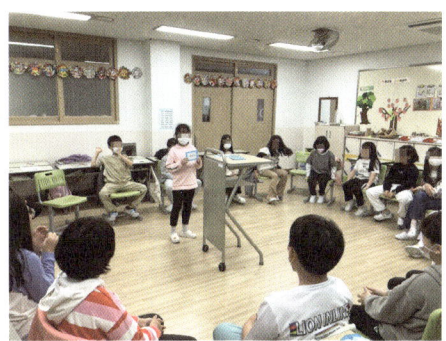 

꿈 발표하기

"내 꿈은 ○○○이야!"라고 외친 다음 카드에 적힌 꿈을 명사가 아닌 문장으로 말한다. 다른 친구들은 "네 꿈은 ○○○, 그런 다음?" 하고 외친다.

> **예시** 꿈을 이룬 다음 어떻게 할 거야?
>
> "내 꿈은 대장장이야!"
> "네 꿈은 대장장이, 그런 다음?"
> "세상에 모든 무기를 녹여 평화를 오게 할 대장장이다."
>
> "내 꿈은 제빵사야!"
> "네 꿈은 제빵사, 그런 다음?"
> "엄청나게 커다란 빵으로 세상의 배고픈 사람들과 나눠 먹을 빵집 주인이야."
>
> "내 꿈은 소아과 의사야!"
> "네 꿈은 소아과 의사, 그런 다음?"
> "아픈 사람들의 고통을 잊게 만드는 개그맨 같은 의사가 되는 거야."

자신이 되고 싶은 꿈과 문장을 말하면 모두 다 함께 "원대한 우리의 꿈! 꼭 이루어지길 응원해!"라고 외치고, 다음 학생이 놀이를 계속 이어 간다.

꿈 너머 꿈 펼치기

· 추가 놀이: 꿈 카드를 모두 찾아라! ·

자신이 되고 싶은 꿈을 카드 2장에 각각 적어 낸다. 이것을 모두 섞어서 무작위로 2장씩 나눠 준 다음 둘씩 만나 "내 꿈은 ○○○야?"라고 말하며 꿈을 찾아다닌다. 이때 자기가 말한 꿈을 친구가 가지고 있거나 친구가 말한 꿈을 자신이 가지고 있다면 친구의 꿈 카드와 자신의 카드를 바꾼다. 자신의 꿈 카드 2장을 모두 찾은 사람은 꿈을 문장으로 말하고 자리에 앉는다.

· 같이 읽으면 좋은 그림책 ·

내가 만약 어른이 되면
오아영 글·그림,
팜파스

커서 뭐가 될래?
고상한 그림책 연구소 글,
안경희 그림, 상상의집

꿈의 목록
밀랑 비노 글,
모드 로에지에 그림, 김수영 옮김,
시원주니어

끈기

배를 띄워라!

코끼리 아저씨와 100개의 물방울
노인경 글 · 그림 | 문학동네

『코끼리 아저씨와 100개의 물방울』은 100개의 물방울이 담긴 물동이를 인 코끼리 아저씨가 멀고 험한 길을 지나는 과정을 그렸다. 뜨겁게 내리쬐는 뙤약볕, 캄캄한 동굴을 지나고 절벽에서 떨어지는 사고를 당하면서도 단념하지 않고 집에서 기다리고 있을 아이들을 생각하며 끈기 있게 물동이를 나르는 이야기이다. 힘든 상황에서도 포기하지 않고 끈기 있게 최선을 다하는 코끼리 아저씨의 모습을 보고 '종이배'를 띄우는 미션에 도전해 봄으로써 포기하지 않고 꾸준히 하는 '끈기' 있는 태도를 배울 수 있다.

· 인성 만나기 ·

끈기란?

'끈기'란 쉽게 단념하지 않고 끈질기게 견디어 나가는 기운을 말한다. 힘들고 어려운 일이라도 중도에 포기하지 않고 묵묵히 견디면 만족감을 더 얻을 수 있다. 우리는 쉽게 얻은 것에는 별 감응을 얻지 못하지만, 고생한 후 받은 보상에는 큰 의미와 보람을 느낀다. 학생들도 마찬가지다. 한 가지 일에 끈기를 갖고 매달린다면 견뎌 낸 만큼 결과도 만족스러울 것이다.

· 놀이 즐기기 ·

 배를 띄워라!

친구들과 함께 작은 물방울을 모아 배를 띄우는 경험을 한다. 작은 물방울이 모여 배를 띄우는 것처럼 포기하지 않고 견뎌 냈을 때의 기쁨을 맛볼 수 있는 놀이이다.

※**준비물**: 종이배(1/4장 색종이로 접은 종이배, 또는 플라스틱 장난감), 투명한 수조, 숟가락(1회용 또는 스테인레스)

1단계 그림책 읽고 이야기 나누기

『코끼리 아저씨와 100개의 물방울』을 읽고 아이들과 다양한 질문을 만들고 대답해 본다.

"코끼리 아저씨에게 배울 점은 무엇인가요?"

"코끼리 아저씨에게 하고 싶은 말을 전해 볼까요?"

"나라면 어떻게 했을까요?"

> **예시** 학생들의 대답
> - 코끼리 아저씨는 어려운 상황에서도 포기하지 않았어요.
> - 더운데도 불평하지 않고 물동이의 물을 끝까지 나른 코끼리 아저씨를 본받아야 해요.
> - 코끼리 아저씨는 정말 대단해요. 꼼짝도 하기 싫은 무더운 날씨에 무거운 물동이를 이고 뜨거운 햇볕 아래 자전거를 타고 나르시다니요.
> - 저도 힘든 일이 있을 때 아저씨를 생각하고 참고 견뎌 끝까지 책임을 다해 볼게요.

2단계 구슬 나르기

❶ 두 팀으로 나누고 각 팀의 인원을 맞춘다.

❷ 각자 플라스틱 숟가락을 한 개씩 들고 한 줄로 선다. 각 팀 앞에 구슬이 담긴 그릇을, 각 팀 끝에 투명 수조를 준비한다.

❸ 숟가락으로 구슬을 하나씩 넣고 옮긴다. 이때 구슬을 물방울이라 생각하고 구슬이 떨어지지 않도록 조심조심 옮긴다.

❹ 각 팀의 맨 뒤에 있는 학생은 받은 구슬을 수조에 넣는다.

3단계 배를 띄워라!

❶ 각 팀 맨 앞사람이 물이 담긴 그릇에서 숟가락으로 물을 떠서 바로 뒤에 있는 사람에게 전달한다. 물을 전달할 때는 흘리지 않도록 조심해서 나르도록 한다. 배를 먼저 띄우려면 숟가락의 물을 옮길 때 흘리지 않는 것이 중요함을 안내한다.

❷ 각 팀의 마지막 사람은 전달받은 물을 자기 팀 수조에 넣는다. 이때 종이배에 물이 들어가지 않도록 조심히 넣는다.

❸ 계속해서 물을 이어 나르다가 각 팀의 수조에 있는 종이배가 떠오르면 "배 띄웠다!"라고 외친다. 배를 먼저 띄운 팀이 이긴다.

❹ 놀이를 마친 뒤 소감을 나눈다.

> **예시** 소감 나누기
> - 작은 숟가락으로 언제 물을 옮기고 배를 띄울까 했는데 나중에 물이 채워지고 배가 뜨니 신기했다.
> - 처음에 숟가락에 물이 조금 떠져서 걱정했는데 포기하지 않고 계속했더니 배가 떠서 기분이 좋았다.
> - 내가 뒷사람에게 물을 전달하자마자 앞사람까지 물을 전달해서 재미있었다.
> - 배를 띄우는 물을 한 방울 한 방울씩 모을 수 있어서 포기하지 않고 끈기 있게 하면 원하는 것을 이룰 수 있다는 것을 느꼈다.

넓은 수조에 있는 종이배를 띄우려면 작은 숟가락으로 수없이 많은 물을 나르는 수고가 필요하다. 힘들 때 "끈기!", "끈기!" 하고 서로 격려와 응원의 말을 주고받는다. 단순하면서도 반복되는 일을 하는 것은 지루하고 힘들게 느껴지지만 포기하지 않고 끈기 있게 계속하다 보면 마침내 원하는 바를 이룰 수 있다.

· 추가 놀이: 탁구공 릴레이 나르기 ·

'탁구공 릴레이 나르기'는 졸대나 두꺼운 도화지 1/2을 오목하게 만들어 탁구공을 이어서 나르는 놀이이다. 학급을 두 팀으로 나누어 경쟁하게 하거나 팀을 나누지 않고 학급 전체가 한 팀이 되어 목표를 달성하는 놀이로 해도 좋다. 학급 전체가 한 팀이 되어 놀이할 때는 시간을 단축시킬 수 있도록 하여 학생들의 성취 의욕을 높일 수 있다. 예를 들면 첫 번째 도전에서 2분에 탁구공을 20개 옮겼다면 두 번째 도전에서는 1분에 20개를 옮기는 것이다. 탁구공의 개수를 정해 두고 시간을 제한하는 방법으로 변형해도 좋다.

· 같이 읽으면 좋은 그림책 ·

돌을 다듬는 마음
코비 야마다 글,
엘리스 허스트 그림, 김여진 옮김,
상상의힘

점
피터 H. 레이놀즈 글,
김지효 옮김,
문학동네

끈기
자니 루이스 글,
미시 터너 그림, 김세실 옮김,
다산어린이

나눔

나눔 마켓

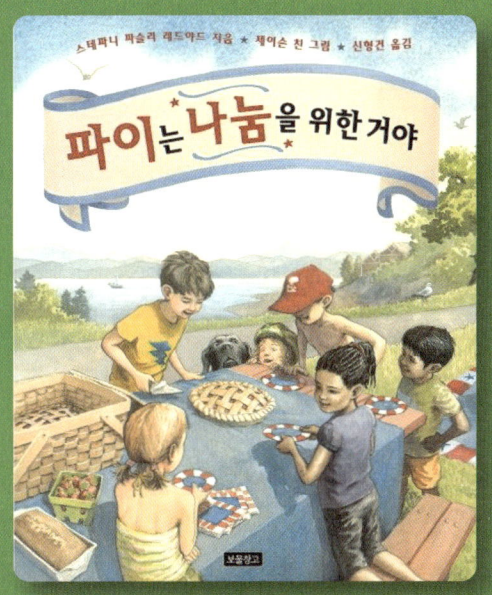

파이는 나눔을 위한 거야

스테파니 파슬리 레드야드 글 | 제이슨 친 그림 | 신형건 옮김 | 보물창고

언제부턴가 우리는 '나눔'이란 말에 '자원봉사'나 '기부' 같은 것을 떠올리게 되었다. 그러다 보니 우리 일상에서 언제든지 할 수 있는 소박한 나눔의 가치는 뒷전으로 밀려난 느낌이다. 이 그림책에서는 우리가 잊고 지내던 아주 작고 소박한 나눔의 목록들이 끝없이 펼쳐진다. 음식도 나누고, 자연도 나누고, 재능도 나누고 이 세상은 우리 모두 함께 나눌 수 있는 것이 많다. 나눔의 대상은 우리 일상 속에 있는 모든 것이다. 모든 것에 나눌 가치가 있다고 표현한 그림책이다.

· 인성 만나기 ·

나눔이란?

'나눔'은 대가를 받지 않고 자신의 물건이나 서비스를 제공하는 것을 의미한다. 많이 가졌다고 해서 반드시 많이 나눌 수 있는 것은 아니다. 물질적으로 현재 가진 것이 없다고 생각하는 사람들은 좀 더 형편이 나아지면 나눠 주겠다고 한다. 그러나 물질적인 것뿐만 아니라 감정이나 마음까지 다양한 것을 주변 사람과 나누면서 행복감을 느끼는 것이 진정한 나눔이다. 이 진정한 나눔을 실천하는 사람은 겉으로 보기에는 자신의 것을 나눠 줬다고 생각할 수 있으나 실제로는 얻고 배우는 것이 더 많다.

· 놀이 즐기기 ·

나눔 마켓

나에게 필요한 물건이지만 더 필요한 다른 사람에게 나눠 주는 놀이다. 나눔의 경험은 쌓이면 쌓일수록 타인에게 도움이 되는 삶의 귀중한 가치를 깨닫게 도와준다. 이런 나눔의 가치를 알고 실천하는 즐거움을 주는 놀이이며 나에게 나누어 줄 수 있는 게 많다는 것을 알게 되는 놀이다. 나눔의 보답으로 돈이 아닌 마음의 메시지를 받으면서 행복감을 주는 시간이 된다.

※**준비물**: 다양하게 갖고 온 물건(인형, 문구류, 스티커, 책 등), 나눔 카드, 감정 카드

1단계 그림책 읽고 이야기 나누기

그림책을 읽고 내가 알게 된 나눔의 종류를 이야기한다. 이전에 우리가 생각했던 돈, 물건, 자원봉사가 아닌 더 다양한 나눔에 대해 말하도록 이끈다.

> **예시** 어떤 나눔이 있을까?
> - 스티커, 공책, 연필, 지우개 등 물건을 나눌 수 있다.
> - 피아노 연주, 댄스, 축구, 농구 등 재능을 나눌 수 있다.
> - 햇빛, 바람 등은 나눌 수 있다는 생각을 못 했는데 자연도 친구와 함께 나눌 수 있음을 알게 되었다.

2단계 물건 모으고 첫 번째 나눔 카드 작성하기

❶ 사전에 나눔 마켓을 알리고 자신에게 필요 없지만 다른 사람에게는 필요할 만한 물건을 가지고 오도록 한다.

❷ 그림책에서 나온 나눔의 종류 중 물건을 나누는 시간이다. 전체 학생이 갖고 온 나눔 물건은 한곳에 모아 놓는다.

❸ 첫 번째 나눔 카드를 나눠 준다. 나눔을 받는 친구에게 줄 나눔 카드이다. 나눔을 주고받을 때 나의 감정에 대해 작성하고 친구에게 하고 싶은 말을 작성한다. 작성한 카드는 친구에게 보여 주지 말고 갖고 있어야 한다. 자신의 감정을 단어로 표현하기 어려운 학생은 감정 카드에서 감정 표현을 찾아 작성할 수 있다.

물건 모으기

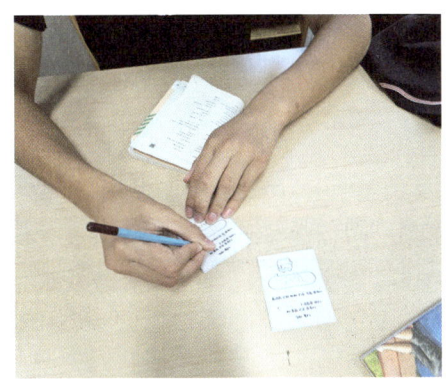

나눔 카드 작성하는 모습

작성한 나눔 카드(나눔 받는 친구에게)

3단계 두 번째 나눔 카드 작성하고 필요한 물건 선택하기

일렬로 줄을 지어 나에게 필요한 친구들의 물건을 살펴본 후 제자리에 앉는다. 내가 나눔을 받을 수 있는 물건은 1개이다. 두 번째 나눔 카드를 나눠 준다. 두 번째 나눔 카드에 나눔을 받는 친구에게 전하는 메시지를 쓴다. 작성한 나눔 카드를 들고 내가 나눔 받고 싶은 물건 위에 올려놓는다.

4단계 새로운 물건 주인 만나기

물건에 나눔 카드가 1개 올려져 있으면 나눔 카드를 작성한 사람이 물건을 받는다. 물건을 주는 사람과 받는 사람은 서로 나눔 카드를 교환한다. 물건에 나눔 카드가 2개 이상 올려진 경우에는 나눔 카드에 작성한 감정이 물건 주인의 감정과 일치하는 사람에게 물건을 준다. 필요한 물건을 나눔 받지 못한 아이들은 다시 물건을 고르고 나눔 카드를 교환한다. 물건과 나눔 카드를 교환하면서 서로 행복하고 따뜻한 감정까지 나눌 수 있다.

| 물건 나눔 카드가 1개 있는 경우 |

내가 나눔 받고 싶은 물건 위에 나눔 카드 올려놓는 모습

작성한 나눔 카드(나눔을 준 친구에게)

| 물건 나눔 카드가 2개 이상 있는 경우 |

❶ 해당 물건을 나눔 받고 싶어 하는 학생 2명의 나눔카드에 작성한 '나눔을 주고 받을 때 나의 감정'을 확인한다.
—학생 1: 기쁘다
—학생 2: 행복하다

❷ 나눔을 주는 학생이 작성한 '나눔을 주고받을 때 나의 감정'을 확인한다.
— 기쁘다.

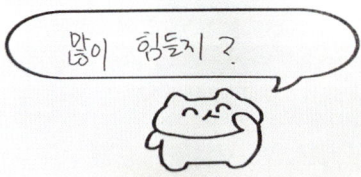 =

❸ 학생 1과 나눔을 주는 학생이 '나눔을 주고받을 때 나의 감정'이 '기쁘다'로 일치되어 학생 1에게 나눔한다.

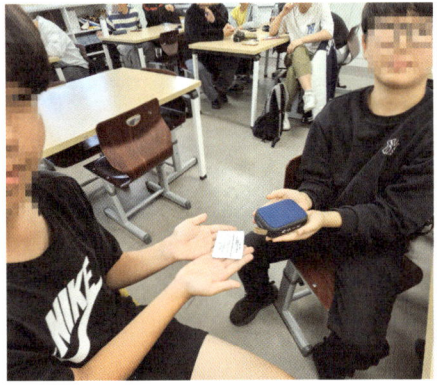

❹ 물건과 나눔 카드를 교환한다.

· 추가 놀이: 재능 나눔 ·

'재능 나눔' 놀이를 해도 좋다. 그림책에서 "줄넘기도 나눔을 위한 것"이며 "노래도 나눔을 위한 것"이라고 표현하였다. 이처럼 우리가 갖고 있는 재능도 나눠 줄 수 있다. 교실에서 재능 나눔 놀이를 하는 방법은 4명씩 조를 만든 후 그중에 2명씩 한 팀이 되어 노래, 댄스, 피아노, 만들기 등 각 팀의 재능을 정한 후, 그 재능을 서로 나눔한다.

· 같이 읽으면 좋은 그림책 ·

안녕 판다
질 바움 글, 바루 그림,
이희정 옮김,
한울림어린이

물 없는 나라 빵 없는 나라
루이스 아마비스카 글,
라울 구리디 그림, 허은미 옮김,
웅진주니어

감자 이웃
김윤이 글 · 그림,
고래이야기

노력

꽃피워 봐!

비단 공장의 비밀

김유진 글·그림 | 향

비단 공장은 밤낮을 가리지 않고 부지런히 돌아간다. 바람이 보내온 달빛과 새벽이슬로 빚은 수만 가닥 비단실을 쉬지 않고 만드는 고양이들이 있기 때문이다. 고양이들의 표정은 일하는 내내 희망차 보인다. 그들은 자신이 좋아하는 일을 하는 이들의 표정이다. 노력이라는 인고의 시간 뒤에 '팡' 소리와 함께 새벽을 밀어내며 피어나는 장미 숲은 가히 장관이다. 고양이들은 그동안 아름다운 장미 숲을 위해 밤낮으로 일했다. 장미의 숲을 늠름하게 지키는 보초병 고양이가 자신의 자리에서 오늘도 열심히 노력하고 있는 모든 이들에게 "당신은 어떤 꽃을 피우고 싶은가요?" 하고 묻는 것 같다. 『비단 공장의 비밀』을 읽으며 각자만의 답을 찾아볼 수 있으면 좋겠다.

· 인성 만나기 ·

노력이란?

노력은 에너지, 시간, 열정, 지식 및 기술을 투자하여 어떤 목표나 결과를 이루기 위한 작업이나 활동을 말한다. 노력을 통해 자신이 설정한 목표에 도달했을 때 우리는 커다란 성취감과 만족감을 느끼고 그것은 때때로 다른 도전으로 이끄는 원동력이 되기도 한다. 혼자만의 노력으로 이루기 어려운 과제를 만났을 때 자연스럽게 친구, 가족, 동료와의 협력이 일어나면서 더 나은 결과를 만들기도 한다. 노력과 협력의 과정을 통해 사회적 유대 관계가 강화된다. 개인의 노력은 성공과 성취를 이루는 기본적인 요소이면서, 사회의 발전을 위한 중요한 밑거름 중 하나다.

· 놀이 즐기기 ·

꽃피워 봐!

'꽃피워 봐'는 색종이를 접어서 오린 꽃을 물 위에 띄워 색종이 꽃을 피우는 놀이다. 색종이 접기, 꽃잎 그리고 오리기 등 어느 것 하나 쉽지 않다. 어른에게 사소하게 보이는 일이 1학년 학생들에게는 큰 노력이 필요한 일이다. 종이꽃 하나를 온전하게 오리기 위해 몇 번의 도전과 여러 번의 가위질이 필요하다. 이 과정에서 무슨 일이든 도전하여 성공하기 위해서는 큰 노력이 필요하다는 것을 배운다. 수조에 색종이 꽃을 띄운 후 피는 것을 보는 것도 다소 시간이 걸린다. 즉각적인 반응에 익숙한 요즘 아이들에게는 새로운 도전일 것이다. 그러나 그런 과정을 거쳐 피어나는 한 송이 종이꽃을 본 아이들은 모두 감탄사를 자아낸다. 과정은 힘들지만, 노력의 열매는 달콤하다는 것을 배우는 시간이다.

※**준비물**: 가위, 색종이, 물이 담긴 수조

1단계 그림책 읽고 이야기 나누기

『비단 공장의 비밀』이라는 제목을 듣는 순간 아이들은 '비밀'이라는 말에 꽂힌다. 아이들에게 물어본다.

"애들아, 부모님에게 말할 수 없는 자기만의 비밀 오늘 한 가지씩 말해 볼까?"

"선생님, 엄마한테 말 안 해요?"

"그럼. 선생님이 비밀 지켜 줄게."

아이들은 자신의 비밀을 하나둘씩 토해 내기 시작한다. 엄마, 아빠 몰래 달콤한 초콜릿을 먹었다는 이야기, 자려고 누웠는데 잠이 안 와서 부모님 몰래 동생과 놀았다는 이야기 등 아이들은 생각보다 많은 비밀을 간직하고 있다. 부모가 없는 곳에서 아이들은 순식간에 '비밀 꽃의 숲'을 만들어 버렸다. 그렇게 한참을 비밀에 관해 이야기한 후에 그림책으로 들어간다.

고양이들이 밤낮을 가리지 않고 열심히 일하던 비단 공장에서 어느 날 '팡' 소리와 함께 커다란 장미 한 송이가 피어난 장면을 만났을 때 아이들은 모두 "우아!" 하고 감탄사를 자아낸다. 그때를 놓칠세라 이런 질문을 한다.

"얘들아, 누가 이런 멋진 장미꽃을 피워 냈을까?"

아이들은 "고양이들이 엄청 열심히 일했어요. 쉬지도 않고요. 각자 자기가 할 일을 열심히 해서 그런 거 같아요." 등으로 말한다.

"그래, 맞아. 고양이들이 엄청난 정성과 노력을 들여서 이렇게 멋진 장미를 만들어 낸 거야. 너희들은 무슨 꽃을 피워 보고 싶어?"

아이들의 반응은 신선하고 다양하다.

"저는 사랑 꽃이요. 그럼, 사람들이 엄청나게 좋아할 것 같아요."

"저는 우리나라 꽃인 무궁화를 피워 보고 싶어요."

"저는 수의사 꽃이요. 저는 동물을 좋아해서 수의사가 되고 싶거든요."

"저는 선생님 꽃이 되고 싶어요. 왜냐하면 친구들이 성장하는 걸 보고 싶으니까요."

"저는 어려운 것도 시도하는 멋진 어른 꽃이요."

2단계 종이꽃 만들기

❶ 양면 색종이를 준비한다. 색종이를 대각선 방향으로 한 번 접어서 삼각형을 만든다. 다시 한번 세모로 접는다. 같은 방법으로 한 번 더 접는다. 총 3번 세모로 접은 후 사진과 같이 연필로 길쭉한 모양의 꽃잎을 그린다. 이때 꽃잎이 길쭉하지 않으면 나중에 접는 부분이 너무 좁아서 꽃이 너무 빨리 피기 때문

에 꽃피는 것을 관찰하는 시간이 너무 짧다.

❷ 꽃잎을 그리는 위치도 자세히 안내한다. 꽃잎의 위치를 잘못 선택하면 펼쳤을 때 꽃잎이 하나씩 모두 떨어져 버린다.

❸ 연필로 그린 꽃잎을 가위로 오린다. 오린 후 색종이를 펼치면 종이꽃이 완성된다. 완성된 꽃을 한 방향으로 접으면 '꽃피워 봐' 놀이 준비가 끝난다.

종이꽃 접는 방법

종이꽃을 잘못 만든 예

3단계 꽃피워 봐!

❶ 종이꽃에 자기가 꽃피우고 싶은 것을 적는다. 새롭게 도전해 보고 싶은 것, 잘 해보고 싶은 것, 장래 희망 등을 자유롭게 적는다. 그리고 종이꽃의 꽃잎 부분을 한 방향으로 접는다. 이때 방향이 달라지면 꽃잎이 펴질 때 간섭 현상이 생겨 제대로 꽃이 피지 않으므로 주의한다.

❷ 모둠별로 한 팀이 되어 각자 준비한 종이꽃을 들고 한 줄로 선다. 맨 앞사람부터 출발 신호에 맞춰 준비한 종이꽃을 수조에 띄운다.

❸ 손을 터치하여 모둠원들이 모두 종이꽃을 수조에 띄운 후 어느 모둠의 꽃이 더 빨리 피는지 관찰하여 우승팀을 가린다. 팀원이 만든 모든 종이꽃이 먼저 꽃을 피워야 우승팀이 된다.

놀이 모습

꽃 피우고 싶은 것 적기

· 추가 놀이: 노력 꽃을 피워라 ·

❶ 각자 꽃피우고 싶은 것을 이루기 위해 지금부터 어떤 노력을 해야 하는지 3분 정도 생각하는 시간을 가진다.

❷ 반을 두 팀으로 나눈다.

❸ 꽃잎 모양의 포스트잇에 각자 꽃피우고 싶은 일을 위해 노력할 일을 적는다. 이때 포스트잇 한 장에 노력할 일을 한 가지씩 적는다.

❹ 팀별로 정해진 곳에 포스트잇을 붙인다. 정해진 시간 동안 더 많은 꽃잎을 붙인 팀이 우승한다.

❺ 게임이 끝나면 노력할 일들을 함께 살펴보는 시간을 가지며 실천 의지를 다진다.

※ **준비물:** 꽃잎 모양 포스트잇

· 같이 읽으면 좋은 그림책 ·

프레드릭
레오 리오니 글 · 그림,
최순희 옮김,
시공주니어

**떨어진 한쪽,
큰 동그라미를 만나**
셸 실버스타인 글 · 그림,
이재명 옮김, 시공주니어

**홈런을 한 번도
쳐 보지 못한 너에게**
하세가와 슈헤이 글 · 그림,
김소연 옮김, 천개의 바람

그림책
인성 놀이
11~20

- **다름·존중** 모두 다른 순간 포착!
- **다양성** 3×3 모둠 빙고
- **도움** 산을 넘고 강을 건너라
- **도전** 우아한 중심 잡기
- **몰입** 실팽이 돌리기
- **믿음** 꼬마 곰아 기다려
- **배려** 윷놀이
- **사랑** 이웃 사랑 놀이
- **성실** 성실한 거미
- **성찰** Guess Who?

다름 존중

모두 다른 순간 포착!

너도 맞고, 나도 맞아!

안소민 글·그림 | 비룡소

「너도 맞고, 나도 맞아!」에는 다양한 상황이 주어진다. 예를 들어, 밤은 어두울 수도 있고, 밝을 수도 있다. 북유럽처럼 백야 현상이 일어나는 곳은 밤이지만 환하게 밝다. 물을 쉽게 마실 수 있는 곳에 사는 친구도 있고, 반대로 쉽게 구하지 못하는 친구도 있기 때문에, 물은 마시기 쉬운 것, 또는 마시기 어려운 것이라고 이해하는 사람이 있다. 크리스마스가 겨울인 북반구에 사는 사람은 추운 날 털옷을 입고 눈썰매를 타고 오는 산타 할아버지를 상상한다. 남반구인 호주 같은 나라의 12월 25일 크리스마스는 계절이 여름이다. 그렇다면 산타는 여름에 무슨 옷을 입고 올까? 이처럼 크리스마스를 모두 춥다고 생각할 수 없다. 우리들의 생각, 어떤 현상이나 상황을 파악하는 부분도 절대적인 무엇이 없다. 이 책은 사람마다 다 다름을 보여 주는 그림책이다.

· 인성 만나기 ·

다름·존중이란?

　우리 모두는 다르다. 하지만 학교라는 공간에서 공동체 생활을 하면서 다른 친구의 생각과 마음이 다름을 인식하지 못하고 자신의 생각, 판단, 행동이 옳다고 생각한다. 여기에서 갈등이 시작된다. '다름·존중'이란 생긴 모습이 모두 다르듯, 같은 상황을 바라보는 시선과 입장이 다 다르고 이해하는 것도 다르다는 것을 인정해 주고 있는 그대로의 존재로 다른 사람을 받아들이는 태도이다. 내 생각을 강요하거나 고집하기보다는 다른 사람은 나와 다르게 생각하고 인식하며 이해하고 수용함을 받아들이는 것이다. '그렇구나', '그럴 수 있구나.' 하고 부드럽고 유연한 마음을 지닌 학생들이 될 수 있도록 다름을 인식하고 존중하는 미덕은 공동체 생활에 필요하다.

· 놀이 즐기기 ·

모두 다른 순간 포착!

어떤 사람이나 동물 등을 떠올렸을 때, 생각나는 동작을 떠올려 보고 사진을 찍듯이 "하나둘셋 찰칵!" 하고 외치면 포즈를 취하는 놀이이다. 모둠 활동으로 이루어지며 모둠 구성원이 다양한 동작을 취한다. 다른 동작의 수만큼 점수를 얻는 놀이이다. 다른 것이 많이 나오면 나올수록 이기는 놀이이다.

※준비물: 플래시 카드 PPT

1단계 그림책 읽고 이야기 나누기

　『너도 맞고, 나도 맞아!』에는 하나의 상황이나 현상을 여러 가지 관점에서 볼 수 있음을 알려 주는 그림책이다. "나는 키가 크다."라는 말은 맞을 수도 있고 아닐 수도 있다. 나보다 키가 작은 사람과 비교하면 내 키가 크다. 하지만 나보다 키가 큰 사람과 비교했을 때는 나는 키가 작은 사람이 된다. 이렇듯 고정된 것이 아니라 상대적이라는 것일 수 있다. 학생들에게 "밤은 무슨 색일까?"라고 물으면, 검은

색, 노란색, 갈색 등 다양한 색을 말했다. '밤'이라고 하니 먹는 '알밤'을 생각한 학생, 낮과 대비되는 '밤'을 생각한 학생도 있었다. 학생들에게 질문하고 이런저런 이야기를 들으며 모두 수용해 준다.

한 학생은 "어떻게 그렇게 생각했어?"라는 질문에 "구운 알밤의 속이 노랗기 때문에 밤은 노랗다."라고 말했다. 이렇듯 밤은 다양한 색이다. 각자 생각하는 것이 달라서도 다를 수 있고, 같은 것을 보고도 보는 시각과 시선에 따라 달라질 수 있다는 것을 책 읽는 것만으로도 알게 해 주는 책이다.

2단계 순간 포착할 문제 만들기

❶ 순간 포착할 문제를 학생들이 직접 만드는 것이 더 좋다. 동물, 운동, 인물 등으로 큰 갈래를 정하고 다양한 목록을 적어 제출하게 한다.

> **참고** 중복될 수 있으니 제출한 것을 함께 선정한다. 칠판에 공유하면서 하나씩 발표해서 수집해도 된다. 학생들이 PPT로 만들 수도 있다. 상황이 된다면 바로 공유 문서로 만들어 넣어도 좋다. 학생들이 만든 목록이지만 어떤 문제가 나올지 모르게 다양한 목록이 나오도록 선생님이 PPT를 만들 수도 있다. 같은 종류의 목록이 나오도록 한다. 동물 문제라면 모둠의 수만큼 동물 목록을 PPT에 넣는다. 다음에는 운동 문제가 모둠 수만큼 있어야 한다. 인물도 모둠 수만큼 있어야 한다.

❷ 문제를 만들 때 모든 사람이 알 수 있는 것을 문제로 출제해야 한다고 말해 준다. 만약 영화 제목과 명대사로 하자는 의견이 있을 때, 그 영화를 보지 않은 사람은 순간 포착 동작을 취하기 힘들기 때문이다. 역사 속 인물과 연예인도 마찬가지로 모두가 동작을 취하기 힘들다. 그 인물에 대해 모르는 사람이 있을 시에는 불가능하다. 하지만 모든 사람이 떠올릴 수 있는 인물을 정하면 좋다. 엄마, 아빠, 할아버지, 할머니, 아기, 선생님, 학생 등 누구나 알 수 있는 것으로 만들어야 한다. 아래처럼 QR코드로 만들어 둔 PPT를 활용한다.

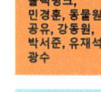
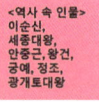

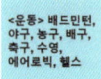

순간 포착 목록 작성하기　　　플래시 카드 만들 목록 만들기　　　플래시 카드 PPT 예시

3단계 모두 다른 순간 포착! 찰칵!

❶ 한 모둠씩 앞에 나와 일정하게 간격을 두고 나란히 선다.

❷ 화면에 문제가 나오면 선생님이 문제를 읽는다.

❸ 선생님이 문제를 읽어 주면 자리에 앉아 있는 친구들은 "하나! 둘! 셋! 찰칵!" 하고 외친다.

❹ 앞에 나온 모둠은 문제에 해당하는 동작을 각자 취한다.

> **예시** 선생님이 '수영'이라고 문제를 내면, 앉아 있는 친구들은 "하나! 둘! 셋! 찰칵!"을 외치고, 나와 있는 모둠원들은 '수영' 하면 생각나는 동작(포즈)을 각자 취한다.

❺ 동작을 취한 모둠원을 찾아가 무슨 동작인지 점검한다. 이때 모둠원은 움직이면 안 된다. 정지된 상태로 있어야 한다. 무슨 동작인지 알아보기 힘든 동작일 경우 교사가 확인하거나 설명하게 한다.

❻ 다른 동작을 한 수만큼 모둠 점수를 부과한다. 문제에 대한 다른 동작이 4가지 나온 모둠은 4점, 3가지 나온 모둠은 3점, 모두 같은 동작을 하고 있을 때는 1점이다.

❼ 모둠별 점수는 칠판에 게시하여 합산한다. 갈래별 문제를 돌아가며 다 풀고 난 뒤 모둠별 총점이 가장 높은 모둠이 이기는 팀별 놀이다.

순간 포착! 찰칵!(수영)

   아기가 우는 모습   손가락을 빠는 모습   기어다니는 모습   어리광 부리는 모습

움직임 동작과 대사 표현하기(아기)

• 추가 놀이: 리모컨을 눌러라! •

'리모컨을 눌러라!'는 '모두 다!'를 움직임 동작으로 표현하는 놀이이다. 연극적 요소를 넣어 1인극처럼 상황을 설정하여 움직이면서 대사와 소리(효과음)로 표현한다. 동작으로 표현하기 위해서는 공간이 더 넓어야 하므로 학생들 간의 간격을 더 넓힌다. 앉아 있는 학생(관객)들이 "렛츠 플레이!"라고 외치면 상황을 설정한 동작으로 표현한다.

정지 동작에서 한 명씩 포즈에 대사와 움직임을 입히기 때문에 동작이 비슷해도 뒤쪽에 있는 모둠원 중에서 동작은 같지만 다른 포즈를 취한 듯 대사와 움직임을 재치있게 변형하기도 한다.

순발력과 재치를 발휘하여 창의적으로 표현한 학생에게는 추가 점수를 주어도 좋다. 예를 들어, 농구의 슛팅 동작을 한 학생이 정지 동작에서 자신은 덩크슛을 표현한 것이라고 달려와서 높게 점프하며 덩크슛 동작을 리얼하게 보여 주었다. 이런 경우, 다른 친구들의 동의를 구한 뒤에 엄지척 투표(엄지척, 옆으로 수평, 엄지를 아래로) 하여 친구들이 동의하면 점수를 준다.

· 같이 읽으면 좋은 그림책 ·

까망이와 하양이
데보라 보그릭 글,
피아 발렌티니스 그림,
신데리라 옮김, dodo

채식 흡혈귀 딩동
임정진 글, 박실비 그림,
이숲아이

내 마음 좀 들어 볼래?
스므리티 프라사담 홀스 글,
스티브 스몰 그림, 김선희 옮김,
주니어김영사

3×3 모둠 빙고

달라도 친구

허은미 글 | 정현지 그림 | 웅진주니어

조용한 아이도 있고, 키가 작은 아이도 있다. 사는 곳, 가족 구성, 피부색 등이 나와 다른 친구도 있다. 그렇지만 나랑 다르다고 해서 틀리거나 잘못된 것이 아니다. 생김새, 성격, 심지어 좋아하는 것이 달라도 친구가 될 수 있다. 그렇게 생각하면 친구가 되지 못할 사이는 없다. 열린 마음만 있다면 누구와도 친구가 될 수 있다. 이 책을 읽고 '달라도 친구가 될 수 있는 조건'을 많이 찾아볼 수 있다. 지금보다 훨씬 다원화된 세상에서 다양한 사람들과 만나 소통하며 살아갈 아이들에게 이 책은 타인과의 차이를 인정하고 타인을 존중하는 법을 깨닫게 한다.

· 인성 만나기 ·

다양성이란?

　다양성은 나이, 종교, 성별, 언어, 인종, 윤리적 배경 등과 같은 사람들의 개인적 특성의 차이를 말한다. 교실 안에서 함께 생활하는 아이들은 무척 다양하다. 함께 생활하면서 아이들끼리 발생하는 다툼을 들여다보면, 자기와 친구의 생각이 다름을 이해하지 못해서 생기는 경우가 많다. 미숙할수록 자기중심적인 사고에서 벗어나지 못하고, 자신이 생각하는 대로 상대방도 생각할 것이라고 예상한다. 그리고 나와 다른 생각을 하는 사람을 이해하지 못해 이상하게 생각하거나 따돌리거나 배척하기 쉽다. 최근에는 개개인의 다양성을 인정하고 존중하도록 하는 사회적 분위기가 공고해지고 있다. 그래서 학교에서도 나와 다르다는 이유로 차별이나 편견, 혐오를 하지 않도록 가르쳐야 한다.

· 놀이 즐기기 ·

3×3 모둠 빙고

　빙고 놀이는 특별한 준비물 없이 어떤 주제든지 할 수 있다는 장점이 있어 수업 시간에도 자주 한다. 개인 빙고가 아니라 모둠 친구들과 함께 하나의 빙고판으로 모둠 빙고 놀이를 하면 그 과정에서 다양성 인정, 타인 존중, 협력과 같은 가치를 자연스럽게 배울 수 있다. 빙고 칸에 어떤 내용을 적을지, 어느 칸에 적을지, 무엇을 부를지 등을 모둠원과 함께 의논하여 진행해야 하기 때문이다. 시간이나 나이, 주제에 따라 빙고 칸의 숫자는 달리할 수 있다. 학생들은 '달라도 친구가 될 수 있는 조건'을 주제로 3×3 모둠 빙고 놀이를 함께 함으로써 다양성이라는 가치에 대해 생각해 보는 기회를 가질 수 있다.

※**준비물**: 모둠 빙고판, 보드마커, 보드마커 지우개

1단계 **그림책 읽고 이야기 나누기**

　그림책을 읽은 뒤 학생들과 '달라도 친구가 될 수 있는 조건'을 이 책의 처음부터 다시 찾아본다. 성격, 키, 좋아하는 것, 장애 유무, 가족 구성, 피부색, 사는 곳이 다른 아이들의 이야기가 책에 나온다. 그밖에 '달라도 친구가 될 수 있는 조건'

을 브레인스토밍 기법으로 많이 떠올려 본다. 전체 학생을 대상으로 자신이 떠올린 것을 말하며 얼마나 많은지 함께 모아 본다. 그리고 우리가 생각한 '달라도 친구가 될 수 있는 조건'의 초성도 살펴보고, 어떤 초성이 나오거나 나오지 않았는지 살펴본다. 나오지 않은 초성 가운데 '달라도 친구가 될 수 있는 조건'은 없는지 다시 생각해 본다. 이 과정 없이 모둠 빙고를 진행하였더니, 아이들이 9칸을 채우는 것도 어려워하였다. 그래서 전체로 생각을 정리하는 과정을 하고 나서 모둠 빙고를 진행하였다.

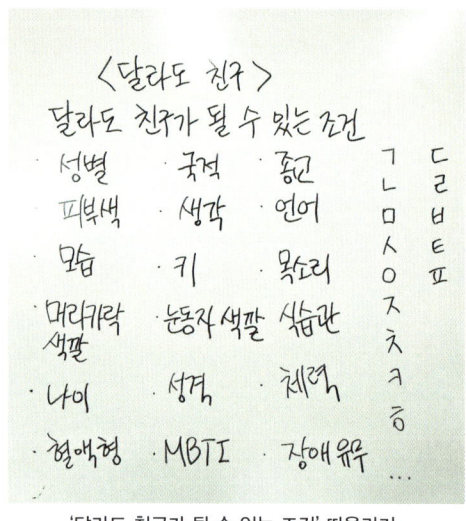

'달라도 친구가 될 수 있는 조건' 떠올리기

2단계 놀이 방법 정하기

① 4명씩 모둠을 구성한다. 모둠별로 모둠 빙고판과 보드마커, 보드마커 지우개를 나누어 준다.
② 모둠 빙고판에 3×3 빙고 놀이를 할 수 있도록 줄을 긋는다.
③ 놀이 규칙을 설명한다. 원래 빙고 놀이는 다른 사람이 부른 낱말과 같은 낱말이 있을 때만 지울 수 있다. 이번에는 다른 사람이 부른 초성과 같은 초성의 다른 낱말을 쓴 모둠도 어떤 내용을 적었는지 외치고 지울 수 있다. 다만 외친 낱말이 '달라도 친구가 될 수 있는 조건'에 해당하지 않으면 지울 수 없다. 그 판단은 교사나 학생들이 할 수 있다.

❹ 모둠별로 한 명씩 나와서 초성 부르는 순서를 정한다. 3×3 빙고 놀이의 경우, 9칸밖에 되지 않기 때문에 낱말을 부르는 순서가 승패에 영향을 미친다. 따라서 가위바위보로 초성을 부르는 순서를 정한다. 그리고 몇 줄 빙고가 되었을 때, '빙고'를 외칠지 정한다. 3×3 빙고의 경우, 2줄 또는 3줄이 완성되면 빙고를 외치도록 하는 것이 적절하다. 물론 학생의 수준에 따라 얼마든지 빙고 칸 수와 줄을 달리할 수 있다. 순서를 정하고 나면, 모둠끼리 9칸의 빙고 칸에 '달라도 친구가 될 수 있는 조건'을 쓸 시간을 준다.

❺ 모든 모둠이 다 쓰고 나면 정한 순서대로 낱말을 부르며 놀이를 시작한다.

3단계 3×3 모둠 빙고 놀이하기

간단해 보이는 놀이지만 모둠이 6개인 경우, 한 번씩 낱말을 부르는 동안 놀이가 끝날 수도 있다. 따라서 초성을 전략적으로 부를 필요가 있다. 자신의 모둠이 많이 사용한 초성을 부르거나 가운데 칸에 쓴 초성을 부르면 유리하다. 모둠별로 돌아가며 초성과 낱말을 외칠 때, 모둠 안에서 짧게 의논한 뒤 외치도록 한다. 개인마다 속도가 다를 수 있는데, 모둠에서 속도가 빠른 친구가 빙고 놀이를 독점적으로 하지 않도록 개개인의 다양성을 존중하도록 한다. 그리고 빙고 칸에 인정받은 낱말을 동그라미 표시할 때 자기 모둠에서 쓴 낱말을 까맣게 칠해서 낱말이 보이지 않도록 해서는 곤란하다. 따라서 동그라미 표시를 할 때는 자기 모둠에서 쓴 낱말이 보이도록 한다.

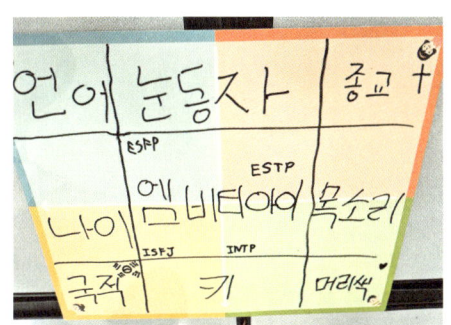 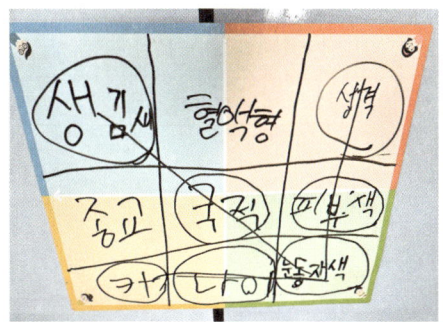

3×3 모둠 빙고 놀이하기

놀이를 한 다음, 소감을 나눈다. 같은 놀이를 하였더라도 소감은 다르다. 재미있었다고 하는 학생, 어려웠다고 하는 학생도 있다. 놀이 과정에서 모둠원끼리 상대에 대한 인정과 존중이 잘 이루어지지 않아 힘들었다고 표현하는 학생도 있다. 다양성 존중을 위한 놀이인 만큼 학생들의 놀이 소감을 모두 들어 주고 그들의 소감을 모두 인정해 준다. 그리고 다양성을 존중하기 위한 놀이를 하려면 우리가 어떻게 해야 할지도 덧붙여 이야기를 나누어 본다.

· 추가 놀이: 꼬리잡기 놀이 ·

달라도 친구가 될 수 있다는 것을 내면화하기 위해서 좀 더 활동적인 꼬리잡기 놀이를 할 수도 있다. 선생님이 "좋아하는 것!" 하고 외친다. 그럼 가까이 있는 친구와 만나서 "나는 강아지를 좋아해.", "나는 고양이를 좋아해."와 같이 각자 자신의 의견을 말한 다음, 동시에 "그래도 나와 친구가 될 수 있니?" 물어본 다음, 동의하면 하이파이브를 하고 가위바위보를 하여 승패에 따라 꼬리가 되어 붙는다. 만약 같은 것을 말하면, "그래도 나와 친구가 될 수 있니?"라고 말하지 않고 곧장 하이파이브와 가위바위보를 한다.

앞에서 소개한 빙고 놀이를 한 다음 하면 훨씬 구체적으로 다른 친구에 대해 알아 갈 수 있어서 좋다. 좋아하는 것 외에도 다른 조건을 얼마든지 줄 수 있어 학기 초에 서로에 대해 알아 갈 때 해도 좋다.

· 같이 읽으면 좋은 그림책 ·

천장 위의 아이
비베카 훼그렌 글·그림,
강수돌 옮김, 봄볕

너도 맞고, 나도 맞아!
안소민 글·그림,
비룡소

넌 토끼가 아니야
백승임 글, 윤봉선 그림,
노란돼지

도움

산을 넘고
강을 건너라

길 아저씨 손 아저씨

권정생 글 | 김용철 그림 | 국민서관

두 다리가 불편한 윗마을 길 아저씨와 두 눈이 보이지 않는 아랫마을 손 아저씨가 서로를 도와가며 살아간다는 우리 옛이야기 그림책이다. 모든 것에 완벽하지 못한 사람이기에 서로서로 돕고 부족한 점을 채워 준다면 모두가 이익이라는 것을 깨닫게 한다. 이야기를 통해 도움을 주고받은 경험을 나누며 그때 든 마음을 떠올려 '남을 돕는 일'이 결국 '자신을 돕는 일'임을 배운다.

· 인성 만나기 ·

도움이란?

도움은 남을 위해 시간과 힘을 쓰는 것이다. 사람은 혼자서는 살 수 없으며, 살아가면서 부딪히는 많은 일을 다른 사람의 도움 없이 혼자서 해결할 수도 없다. 그러므로 우리는 서로에게 도움을 주고받는다. 다른 사람을 위해 자신의 노력과 시간을 쓰고 도움을 주는 일은 결코 자신이 손해 보는 일이 아니다. 다른 사람을 도운 경험은 자신감과 자존감을 높여 자신에게 더 큰 기쁨과 성장의 기회가 된다. 결국 도움은 서로에게 부족한 부분을 채워 주는 '윈-윈'의 결과를 가져온다. 도움을 받은 경험은 도움이 필요한 다른 사람을 돕는 선행으로 세상을 더 밝고 아름답게 만든다.

· 놀이 즐기기 ·

산을 넘고 강을 건너라

'산을 넘고 강을 건너라'는 손 아저씨 역할을 맡은 학생이 길 아저씨 역할을 맡은 학생의 설명을 듣고 징검다리를 안전하게 건너는 놀이이다. 학생들이 혼자서는 하기 어려운 일이나 힘든 일을 타인의 도움을 받아 목표를 이룰 수 있음을 도움을 주고받는 놀이를 통해 자연스럽게 배울 수 있다. 혼자 하는 것보다 서로 도우며 사는 따뜻하고 아름다운 삶을 기쁨을 맛본다.

※**준비물**: 청테이프, 원마크, 콘 또는 종이컵, 안대 2개

1단계 **그림책 읽고 이야기 나누기**

그림책을 읽고 자신이 길 아저씨나 손 아저씨라면 어떨지 이야기를 나눈다. 그런 다음 두 명이 짝이 되어 각각 길 아저씨(다리가 불편함)와 손 아저씨(눈이 안 보임)가 되어 서로의 어려움을 이야기하고 어떤 도움이 필요한지, 서로의 어려움을 해결할 수 있는 방법을 찾아가도록 한다.

> **예시** 그림책을 읽고 어떤 마음이 들었나요?
> - 다리가 불편한 길 아저씨가 앞을 볼 수 없는 손 아저씨를 먼저 찾아간 용기가 훌륭해요.
> - 서로 부족한 부분을 도와준 길 아저씨와 손 아저씨처럼 우리도 친구의 부족한 부분을 채워 주는 멋진 친구가 되었으면 좋겠어요.

"길 아저씨와 손 아저씨처럼 누군가 어려움에 처했을 때 도와준 경험이 있나요?" 하고 질문하여 학생들이 어려운 친구를 도와준 경험을 발표하게 하여 실제 도움을 주고받은 일을 떠올리게 하는 것도 좋은 방법이다.

2단계 산과 강 지형 만들기

❶ 출발점과 도착점에 청테이프로 표시한다. 출발에서 도착까지 길에 원마크로 징검다리를 표시한다. 길의 폭에 따라 징검다리의 위치를 넓게 하거나 좁게 한다. 징검다리 사이사이에 콘이나 종이컵을 쌓아 장애물을 만든다.

❷ 출발점과 도착점을 같게 하고 팀별로 같은 수의 콘이나 원마크, 종이컵으로 장애물을 만들어 팀별로 통과한다.

> **참고** 학생이 직접 놀이 코스를 만들도록 하는 방법도 좋다. 예를 들면 팀별로 주어진 콘, 원마크, 종이컵을 활용하여 산, 강 등의 장애물을 만들게 한다. 학생들이 직접 놀이를 계획하면 더 즐겁게 참여한다.

놀이 준비하기

3단계 산을 넘고 강을 건너라

산과 강 등 지형을 만들었다면 길 아저씨와 손 아저씨가 서로에게 어떤 도움을 주어 안전하게 도착점까지 도달할 수 있을지 이야기한다.

- **종이컵 산을 넘어가기:** 길 아저씨는 손 아저씨(안대를 쓴 학생)의 뒤에서 종이컵을 무너뜨리지 않고 건너가는 방법을 설명한다.
- **강 건너기:** 원마크(징검다리 역할)를 밟고 지나갈 수 있도록 방향을 잘 설명해 준다. '오른쪽', '왼쪽', '조금 더' 등 어떤 말로 도움을 주면 좋을지 생각한다.

❶ 학급을 두 팀으로 나눈다. 순서를 정하여 먼저 시작하는 팀이 출발선에 줄을 서고 교사의 신호를 기다린다.

❷ 각 팀별 손 아저씨(안대를 쓴 사람)가 앞에 서고, 길 아저씨가 뒤에 서서 손을 잡는다. 앞에 걷는 손 아저씨는 길 아저씨의 설명을 잘 듣고 장애물을 넘어 도착점까지 안전하게 걸어간다. 이때 뒤에 따라가는 길 아저씨는 손 아저씨의 발자국을 따라간다.

놀이 즐기기

❸ 앞 친구 둘이 안전하게 도착했다면 다음 학생들이 교사의 신호에 맞춰 출발한다. 이동 중간에 종이컵을 건드리거나 원마크를 벗어나면 자기 팀의 맨 뒤로 이동해서 순서를 기다린다. 각 팀원이 모두 통과하는 데까지 걸린 시간을 측정해서 짧은 시간에 모두 통과한 팀이 최종 승리한다.

> **참고** 강당, 실내 체육실 등 위험 요소가 없는 안전한 공간, 또는 운동장이나 놀이터 등 자연 지형을 그대로 활용한 공간도 좋다. 책상과 의자를 장애물로 활용할 수 있는 교실에서도 가능하다. 다만 사전에 위험한 행동을 하지 않도록 안전 사항을 안내한다.

4단계) 길 아저씨와 손 아저씨 마음 이해하기

학생들은 그림책을 읽은 후 길 아저씨와 손 아저씨의 마음이 어땠을지 이해하고 '산을 넘고 강을 건너라' 놀이를 통해 다른 사람과 다른 자신의 능력이 서로에게 어떤 도움이 되는지 깨닫는다. 놀이하면서 좋았던 점, 아쉬웠던 점, 바라는 점 등 느낀 점을 돌아가면서 순서대로 발표하여 이야기하며 생각을 나눈다. 그리고 서로의 다리와 눈이 되어 준 짝꿍 친구를 안아 주거나 악수를 하면서 "도와줘서 고맙다." 하고 인사를 나눈다.

· **추가 놀이: 정글 건너기** ·

'정글 건너기'는 원마크나 일인용 방석을 징검다리로 이용해서 출발선에서부터 일정한 간격으로 놓아 도착점까지 돌아오는 놀이다. 이때 앞사람은 안대를 하고 뒤에 있는 사람이 앞사람의 손을 잡고 징검다리의 위치를 안내한다. 징검다리(원마크)를 벗어나 밟으면 처음부터 다시 시작한다.

· **같이 읽으면 좋은 그림책** ·

알버트가 바람을 만났어!
이안 브라운 글,
오언 클라크 그림, 바람숲아이 옮김,
섬집아이

내가 꽃이 될 수 있었던 건
히도 반 헤네흐텐 글 · 그림,
김여진 옮김,
미운오리새끼

검은 새 이야기
유은미 글, 자색고구마 그림,
진서

도전

우아한 중심 잡기

발레리나 토끼

도요후쿠 마키코 글·그림 | 김소연 옮김 | 천개의바람

『발레리나 토끼』의 주인공 아기 토끼는 창문 너머로 발레를 하는 아이들을 본 순간 한눈에 마음을 빼앗긴다. 발레의 매력에 푹 빠진 아기 토끼는 마침내 발레 학교에 들어가고 사람들 사이에서 혼자 토끼이지만 열심히 발레를 배운다. 토끼에게 발레는 쉽지 않았지만 아기 토끼는 전혀 속상해하지 않고 자신이 진심으로 좋아하는 일을 하기 위해 꿋꿋이 어려움을 이겨 내며 발레에 대한 도전을 이어 나간다. 사람만 발레를 할 수 있다는 고정관념을 딛고 자신이 좋아하는 일을 성취하기 위해 어려움을 두려워하지 않고 도전하는 주인공의 모습을 통해 도전하는 용기의 가치를 배우고 생활에서 내면화하는 태도를 배운다.

· 인성 만나기 ·

도전이란?

도전은 거듭해서 실패하더라도 무너지지 않고 다시 일어난다는 뜻이다. '칠전팔기'라는 사자성어, '열 번 찍어 안 넘어가는 나무 없다.'라는 속담도 비슷한 의미를 나타낸다. 누구나 살면서 몇 번쯤 넘어지면서 상처 입고, 다시 일어나기를 반복하지만 그것을 극복하는 용기와 도전 없이 우리의 삶은 바뀌지 않는다. 실패를 극복하고 다시 도전하며 시도하는 노력을 통해서 삶의 행복 비결을 알게 되는 기회를 갖는다.

· 놀이 즐기기 ·

우아한 중심 잡기

'우아한 중심 잡기'는 발레리나가 우아하게 한쪽 다리를 들고 수평을 잡으며 발레 동작을 하듯이 우리 몸의 수평을 잡는 놀이이다. 오른발과 왼발을 번갈아 들면서 몸의 균형을 잡은 후 단계를 높여 눈을 감고 한 발로 서는 균형 감각 놀이이다. 학생들은 처음에는 시도조차 어려운 균형잡기에 계속 도전하면서 성취하는 즐거움을 맛보고 지속적인 노력을 통해 기록을 갱신하면서 몸과 마음의 건강함을 동시에 얻을 수 있다.

※준비물: 발레 영상, 클래식 음악

1단계 그림책 읽고 이야기 나누기

그림책을 읽기 전에 발레 영상을 함께 본다. 발레를 해 본 경험이 있는 학생이 있으면 자신의 경험을 나눈다. '발레' 하면 떠오르는 단어를 말하고 칠판에 적는다. 발레를 잘하려면 어떤 능력이 있어야 할지 어떤 사람에게 유리할지 생각해 본다. 그림책 주인공 토끼가 과연 발레를 하면 어떤 어려움이 있을지, 과연 토끼는 발레를 할 수 있을지 모둠별로 의견을 나눈다.

이 책에서 주인공 토끼를 보고 떠오르는 덕목을 찾아본다. 초성 퀴즈처럼 자음을 알려 주고 '도전'을 생각하게 할 수도 있고 학생들 스스로 토끼의 모습에서 배울 수 있는 덕목을 찾게 하는 것도 좋다. 또 나와 통한 그림책 한 장면, 가슴을 울린 명대사 등을 찾아본다.

나와 통한 그림책 한 장면	가슴을 울린 명대사
발표회 때 아름답게 하늘거리는 치마를 입은 토끼가 날아오르는 장면이 가장 마음에 와닿았다.	내가 찾은 명대사는 "나도 춤추고 싶어."이다. 아기 토끼의 간절함이 그대로 느껴졌기 때문이다.

2단계 발레 기본 동작 익히기

먼저 발레 영상을 보면서 동작의 이름과 방법을 배운다. 쉬운 동작부터 순서대로 따라 해 본다. 이때 안전을 위하여 교실의 책상을 밀어 공간을 넓힌다. 체육관이나 강당, 무용실을 사용하면 더욱 좋다. 특히 전신거울로 동작을 볼 수 있는 환경이 있다면 매우 효과적이다.

발레 용어는 프랑스어라 매우 생소하지만 그 뜻을 알고 배우면 더욱 재미있다.

발레 기본 동작 영상

동작 따라 하기

3단계 우아한 중심 잡기

'우아한 중심 잡기' 놀이를 아래와 같이 3단계 난이도로 진행한다.

◆ 눈뜨고 균형잡기

눈을 뜬 상태에서 팔을 벌리고 오른쪽 또는 왼쪽 다리를 90도 각도로 올리고 균형을 잡는 단계이다. 이때 오른쪽 다리를 90도로 올리고 30초 버티기, 반대로 왼쪽 다리를 올리고 버티면서 서서히 몸을 풀어 준다.

◆ 눈 감고 균형 잡기

눈을 감은 상태에서 자신이 편한 다리를 정하여 한쪽 다리를 올리고 균형을 잡으며 버틴다. 눈을 감은 경우, 몸이 비틀거리거나 흔들리기 쉬우므로 책상 사이를 넓히고 주변 사람과 간격을 주어 부딪치지 않도록 각별히 조심한다. 또한 교실 전체가 모두 일어나 활동할 경우, 장소가 부족하거나 다칠 수 있으므로 모둠별로 놀이하거나 남학생, 여학생 순서를 나누어 진행한다.

> **참고** 학생들이 지나친 경쟁심으로 함께 즐기는 놀이의 본질을 잊지 않도록 서로 안전하게 배려하면서 놀이에 참여하도록 강조한다. 몸이 비틀거리거나 균형잡기에 어려움이 있는 경우는 눈을 뜨고 자리에 돌아가 앉는다. 가장 오래 균형잡기에 성공한 사람을 찾아보게 하는데 보통 30초를 주면 학급당 3~4명의 학생이 성공한다.

◆ 발레 동작하며 균형잡기와 따라 하기

앞의 두 동작을 모두 성공하면 학급 전체 또는 모둠별로 둥글게 원을 만들어 선후 돌아가면서 원 안에서 발레리나 동작을 표현하며 균형잡기 놀이를 한다. 원 안에 들어간 사람이 먼저 동작을 하면 모든 학생들이 같은 동작을 하며 균형을 잡는다. 서로 순서를 정해 동작을 만들고 놀이가 끝나면 모둠에서 가장 멋진 동작을 골라 학급 전체에게 소개한다.

개인별로 활동한 동작 중 마음에 드는 동작을 연결하여 공간을 이동하며, 친구와 만나 동작을 함께 하며 균형을 잡는다. 이때 발레에 쓰이는 클래식 음악을 틀어 주면 효과적이다.

눈 뜨고 균형잡기

눈 감고 균형잡기

발레 동작하며 균형 잡기

친구 동작 따라 하기

· 추가 놀이: 발레극 하기 ·

'우아한 균형잡기' 놀이를 발전시켜 간단한 발레극을 해 보자. 이때 그림책의 내용을 넣으면 더욱 재미있고 창의적인 활동이 된다. 예를 들어, 아기 토끼가 처음 창문을 통해 발레 하는 모습을 바라보는 장면이라면, 창문을 보는 토끼와 발레 학원에서 발레 동작을 하는 아이들의 모습을 재연할 수 있다. 발레 동작을 하면서 자꾸 넘어지거나 실패하는 장면을 표현하게 하는 등 모둠별로 장면을 정하여 순서대로 발표하면 그림책의 내용이 아름다운 발레극으로 재탄생된다.

· 같이 읽으면 좋은 그림책 ·

완두
다비드 칼리 글,
세바스티앙 무랭 그림, 이주영 옮김,
진선아이

간다아이!
코리 테이버 글·그림,
노은정 옮김, 오늘책

정치가 소피아의 놀라운 도전
안드레아 비티 글,
데이비드 로버츠 그림, 김혜진 옮김,
천개의바람

실팽이 돌리기

윙윙 실팽이가 돌아가면

미야가와 히로 글 | 하야시 아키코 그림 | 이영준 옮김 | 한림출판사

단풍나무 초등학교의 외나무다리는 아이들에게 인기가 좋은데, 외나무다리를 건너다 다친 아이가 생겨서 놀이터에는 자물쇠가 채워진다. 교장 선생님은 놀이터를 열어 달라는 아이들에게 실팽이를 돌리면 열어 주겠다고 제안한다. 그때부터 아이들은 실팽이 돌리기를 열심히 연습하지만 교장 선생님보다 잘 돌리지를 못한다. 아이들은 실팽이가 쉬워 보이지만 몰입해야 실력이 는다는 걸 깨닫는다. 교장 선생님도 아이들의 놀이를 배운다. 자연 속에서 서로의 놀이를 배우는 아이들과 선생님의 모습이 잔잔하게 그려져 있다.

· 인성 만나기 ·

몰입이란?

천재적인 과학자들, 워런 버핏과 같은 투자자들, 빌 게이츠와 같은 세계적인 CEO들처럼 각자의 분야에서 비범한 업적을 이룬 사람들에게는 공통점이 있다. 바로 고도로 집중된 상태에서 문제를 생각하는, 즉 '몰입 사고'를 했다는 점이다. 어떤 이는 '몰입'이 개인의 천재성을 일깨워 주는 열쇠라고 말한다. 몰입은 주위의 모든 잡념, 방해물을 차단하고 원하는 한곳에 모든 정신을 집중하는 일이다. 『몰입의 즐거움』을 쓴 칙센트미하이는 몰입이란 일상생활을 해 나가는 동안 편안함, 자유로움, 만족감, 황홀감 등을 느끼는 것이라고 말했다. 몰입은 개인이 지닌 기술로 도전을 극복할 때 발생하고, 행동 능력과 행동을 수행할 기회가 균형을 이룰 때 이루어진다.

· 놀이 즐기기 ·

실팽이 돌리기

실팽이 돌리기는 누구나 도전할 수 있고 성공 가능성도 높은 놀이이다. 또한 더 높은 단계로 도전해 볼 수 있다. 성공하려면 다른 곳으로 신경을 나누어 쓰지 않고 몰입해야 가능하다. 보통 우리는 자신이 지닌 기술보다 어려운 도전을 받으면 좌절하고 걱정하여 결국 불안해한다. 반대로 자신의 기술에 비해 너무 쉬우면 지나치게 이완되어 권태감을 느낀다. 그러므로 낮은 수준의 도전과 기술보다는 적절하게 높은 수준의 도전과 기술을 지니고 있을 때 몰입이 더 일어난다. 실팽이 돌리기는 몰입을 체험해 보기에 알맞은 놀이이다.

※**준비물**: 실팽이 키트(또는 큰 단추와 실), 마커펜

1단계 **그림책 읽고 이야기 나누기**

교사는 책 표지를 보면서 실팽이가 무엇인지 알려 주고 쌩쌩이, 끈팽이로도 할 수 있다고 알려 준다. 책에 나와 있는 자연에서 할 수 있는 놀이를 찾아본다. 외나무다리 건너기, 실팽이 놀이, 감 목걸이 만들기, 죽마 타기, 완두콩 꼬투리 피리 불

기, 민들레 인형 만들기 등은 어떻게 하는 것인지 삽화를 보면서 이야기를 나눈다. 그 외에 자연에서 할 수 있는 놀이를 찾아본다. 토끼풀로 반지 만들기, 열매와 꽃을 따서 소꿉놀이하기, 풀씨름 등을 찾을 수 있다.

실팽이 놀이는 하다 보면 점점 집중하게 되는데 이를 몰입이라고 하며, 몰입해서 실팽이를 돌리다 보면 그림책의 교장 선생님처럼 2개, 3개, 4개를 돌리는 것이 가능하다고 알려 준다.

2단계 실팽이 만들기

◆ 실팽이 키트로 실팽이를 만드는 법

※준비물: 실팽이 키트

(컬러 펜, 색연필 등으로)
실팽이 꾸미기

팽이판 가운데에 줄을 끼우고
고리를 걸어서 완성하기

◆ 큰 단추와 실로 실팽이를 만드는 법

※준비물: 큰 단추, 튼튼한 실, 가위

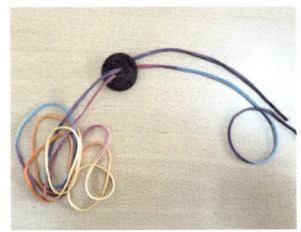
실을 1m 정도 자르고
단춧구멍 2개에 실을 끼우기

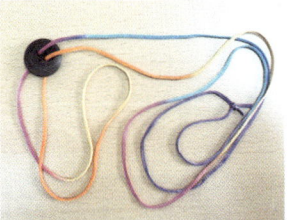
실을 포개서 하나로 묶어 주기

3단계 실팽이 돌리기 연습하기

교사와 함께 팽이 판(큰 단추)이 실의 가운데 오게 하고 양쪽 손으로 실을 낮추어 잡고 한 방향으로 실을 돌린다. 30회 이상 한 방향으로 많이 감은 다음, 당겼다 늦추었다 한다. 실팽이에서 윙윙 소리가 나야 성공인데 실팽이에 집중해서 돌리도록 한다. 빙글빙글 실을 돌린 다음 살짝 당겼다가 느슨하게 힘 빼기를 반복하는

게 요령임을 알려 준다. 돌리다가 멈추고 싶으면 실팽이를 양 끝으로 잡아당긴 후 가만히 기다린다.

자신의 자리에 앉아서 실팽이가 윙윙 소리를 내며 돌 수 있도록 계속 연습한다.

실팽이 돌리기 연습하기

자리에 앉아서 연습하기

4단계 실팽이 돌리기

연습이 충분히 되어서 실팽이에서 윙윙 소리가 나면 2명 이상이 모여 실팽이를 동시에 돌린다. 팔이 아파 더 이상 돌리기 힘들 때까지 누가 오래 돌릴 수 있는지 겨룬다. 실팽이를 돌릴 때는 돌리는 일에 몰입한다. 놀이를 할 때는 안전에 유의하며 친구와 거리를 잘 유지한다.

실팽이 돌리기에 자신감이 생기면 둘이서 '실팽이 부딪히기'를 한다. 윙윙 소리가 나는 실팽이를 서로 가까이 가게 하다가 먼저 멈추는 쪽이 진다. 안전을 위해 교사 앞에서만 부딪히기 놀이를 하도록 한다.

실팽이 오래 돌리기

실팽이 부딪히기

5단계 몰입의 감정 나누기

활동이 끝난 후 각자 느낀 점을 돌아가면서 순서대로 발표하면서 생각을 나눈다. 실팽이를 돌릴 때 잘 돌리는 자기만의 방법, 실팽이가 돌아갈 때 몰입했던 나의 감정을 이야기한다.

· 추가 놀이: 발가락으로 돌리기 ·

실팽이 한 개 돌리기를 능숙하게 할 수 있다면 발가락을 이용해 돌리기를 한다. 의자에 앉아서 발가락에 실팽이를 끼고 30회 이상 돌린 다음 발 사이를 넓히고 좁히면서 돌릴 수 있다. 발가락으로 실팽이 돌리기를 할 수 있다면 1개는 발가락, 1개는 손가락에 건 다음 2개를 동시에 돌린다. 완전히 몰입해야 발가락, 손가락으로 실팽이 돌리기를 할 수 있다.

수조나 대야가 있다면 물을 담은 후 물 표면에서 실팽이를 돌려 본다. 먼저 멈추는 사람이 진다. 승부에 상관없이 물이 튀어 학생들이 즐거워한다.

· 같이 읽으면 좋은 그림책 ·

체리 다섯 알
비토리아 파키니 글 · 그림,
김난령 옮김, 나무의말

우로마
차오원쉬엔 글, 이수지 그림,
신순항 옮김, 책읽는곰

오리는 책만 보고
이은경 글 · 그림,
보림

믿음

꼬마 곰아 기다려

내 친구 골리앗이 올 거야!
안트예 담 글·그림 | 유혜자 옮김 | 한울림어린이

『내 친구 골리앗이 올 거야!』의 주인공인 꼬마 곰은 공원 의자에 앉아 자기 친구인 골리앗을 기다리고 있다. 꼬마 곰의 모습을 지켜보던 여러 동물은 골리앗이 오지 않을 거라고 이야기 하지만, 꼬마 곰은 자신보다 힘이 세고 똑똑한 골리앗이 꼭 올 거라고 동물들에게 이야기한 다. 추운 겨울이 지나고 따뜻한 봄이 왔지만, 골리앗은 오지 않았다. 하지만 골리앗이 올 것 이라는 꼬마 곰의 믿음은 변함이 없었다. 골리앗은 결국 꼬마 곰을 찾아왔고, 둘은 신나게 노는 장면으로 마무리된다. 친구를 끝까지 기다려 준 꼬마 곰의 모습을 통해 친구 간의 믿 음은 다른 사람들의 말에 휘둘리지 않으며, 끝까지 기다려 주는 것임을 알 수 있다.

· 인성 만나기 ·

믿음이란?

친구 간의 믿음은 인간관계에서 가장 귀중한 가치이다. 믿음은 서로를 이해하고 지지하는 데 중요한 역할을 하며, 깊은 우정을 형성하는 데 기반이 된다. 어려운 순간, 친구 간 믿음은 서로를 지지하고 도움을 줄 것을 의미하기도 한다. 이러한 믿음을 통해 서로를 이해할 수 있다. 친구의 믿음이 강해지면 서로의 기쁨을 함께 나눌 수 있고 슬픔을 위로해 줄 수 있는 관계가 된다. 이러한 믿음이 지속될 때 삶이 풍요로워지는 것을 느낄 수 있다.

· 놀이 즐기기 ·

꼬마 곰아 기다려

'꼬마 곰아 기다려' 놀이는 일반적인 달리기 경기가 아니다. 꼬마 곰과 골리앗의 역할을 정하고 주사위를 굴려 상대방에게 가는 달리기 놀이이다. 놀이를 통해 골리앗은 꼬마 곰을 향해 가기 위해 최선을 다해 노력해 보며, 꼬마 곰은 열심히 자신을 위해 오는 골리앗을 기다리며 서로의 믿음에 대해 생각해 보는 놀이이다.

※**준비물**: 팀 조끼, 대형 주사위, 반환점 고깔, 바구니

1단계 그림책 읽고 이야기 나누기

꼬마 곰은 자기 친구인 골리앗을 기다린다. 꼬마 곰이 기다리는 골리앗의 모습은 그림책의 마지막 페이지에서 확인할 수 있다. 그림책을 읽는 동안 골리앗의 모습을 상상해 보도록 여러 단서가 나온다. 그리고 그림책 마지막 페이지에서 골리앗의 모습이 달팽이라는 것을 알 수 있다. 학생들과 책을 읽으며 골리앗이 달팽이라는 것을 알기 전에 꼬마 곰이 기다리는 골리앗이 어떤 모습일지 상상하여 라벨지에 그림을 그려 표현하게 한다. 학생들이 자신이 생각하는 골리앗을 모두 표현한 후에는 그림책 마지막 부분을 읽어 주며 그림책 속 골리앗은 달팽이였음을 알려 준다. 학생들이 각자 생각하는 골리앗을 그린 라벨지는 '꼬마 곰아 기다려' 놀

이 활동을 할 때 사용한다.

학생들이 상상해서 그린 골리앗의 모습

놀이를 시작하기 전에 전체 학생들을 골리앗팀과 꼬마 곰팀으로 나눈다. 팀 구별을 위해 꼬마 곰이 된 학생들은 학교에 구비되어 있는 팀 조끼를 입는다. 골리앗이 된 학생들은 자신이 만든 골리앗 라벨지를 자기 옷에 붙인다.

골리앗 역할을 맡은 학생들

2단계 주사위를 굴려라

주사위를 세게 던져 주사위가 멀리 떨어지면 출발선에서 경기가 다시 시작됨을 학생들에게 미리 알려 준다. 그리고 놀이에 활용되는 주사위는 플라스틱보다 천 또는 고무 재질로 만들어진 것이 좋다.

'꼬마 곰아 기다려'는 골리앗이 꼬마 곰을 찾아가는 놀이이다. 놀이를 시작하기 전에 골리앗으로 결정된 학생들은 자신이 찾아갈 꼬마 곰이 서 있는 맞은 편의 출발선에 선다. 골리앗이 된 학생들은 출발선에서 주사위를 들고 있는다. 선생님의 출발 신호가 들리면 골리앗이 된 학생들은 주사위를 자신의 발밑에 굴린다.

출발점에 있는 골리앗

도착점에 있는 꼬마 곰

3단계 꼬마 곰아 기다려 놀이하기

골리앗이 된 학생들은 주사위를 굴려 해당 숫자만큼 발걸음을 옮긴다. 예를 들어 주사위를 던져서 숫자 3이 나오면 3걸음 앞으로 이동한다. 발걸음의 보폭이 학년마다 다르므로 고학년은 주사위 수만큼 이동하고, 저학년은 조금 더 많이 움직일 수 있도록 규칙을 변경한다. 또는 주사위 숫자를 짝수와 홀수로 나누어 홀수일 경우는 3걸음, 짝수일 경우는 2걸음 등으로 다양한 규칙을 만드는 것도 놀이를 즐겁게 하는 방법이다. 주사위를 굴린 후 이동할 때는 주사위를 가지고 이동하도록 경기 전에 이야기한다.

꼬마 곰들은 주사위를 굴리며 자신에게 다가오는 골리앗을 응원하며 격려한다. 꼬마 곰에게 도착한 골리앗은 주사위를 들고 꼬마 곰과 함께 결승선으로 뛰어와 주사위를 믿음 바구니 넣는다. 결승선으로 돌아올 때 꼬마 곰과 골리앗이 손을 잡고 함께 경기를 마친다.

주사위를 굴리는 꼬마 곰

결승점으로 이동하는 꼬마 곰과 골리앗

4단계 너의 생각을 말해 봐

골리앗과 꼬마 곰 역할을 맡은 학생들은 놀이를 하며 느낀 점이 각자 다를 것이다. 주사위를 던지며 한 걸음 한 걸음 가는 과정의 어려움을 느꼈지만 꼬마 곰이 자신을 열심히 응원하며 기다리는 모습을 통해 끝까지 도착점으로 가야겠다고 생각했을 것이다. 꼬마 곰은 자신이 있는 곳까지 최선을 다해 끝까지 와 준 골리앗을 향한 믿음이 생겼을 것이다.

놀이 후에 경기에서 느낀 점을 나누며 서로를 위해 최선을 다해 끝까지 경기한 친구들에게 칭찬의 박수를 보내며 마무리한다.

· 추가 놀이: 나의 골리앗을 찾아 줘 ·

'꼬마 곰아 기다려' 놀이는 강당과 같이 큰 공간이 필요한 놀이이다. 교실 놀이로 변형해서 '나의 골리앗을 찾아 줘'를 해도 좋다. 학생들은 모두 꼬마 곰이 되어 자신의 골리앗인 친구를 마음속으로 한 명 정한다. 그리고 A4 용지에 자신이 정한 골리앗 친구의 얼굴을 그리고 특징을 2~3가지 문장으로 쓴다. 한 명씩 앞으로 나와 자신의 골리앗 친구의 모습을 설명하며 학급 친구들에게 자신의 골리앗을 찾아 달라고 말한다. 골리앗의 단서를 듣고 그 내용에 해당하는 친구가 누구인지 맞힌다.

· 같이 읽으면 좋은 그림책 ·

우리는 언제나 너를 믿어
베스 페리 글,
몰리 아이들 그림, 김세실 옮김,
나무말미

엄마랑 나는 항상 만나
신현정 글·그림,
씨드북

콧물 눈물
채인선 글, 박서현 그림,
한림출판사

윷놀이

깍두기

유이지 글 | 김이조 그림 | 제제의숲

『깍두기』는 정겨운 우리 문화를 표현한 그림책이다. 운동장에서 친구들과 모여서 놀이할 때 짝이 안 맞아 곤란하면 언제나 주인공이 깍두기가 된다. 주인공은 한 사람 몫을 하기엔 약하거나 모자라고, 있어도 없어도 어느 편에 가도 그만인 존재이다. 운동장 속 깍두기와 다르게 곰탕집의 깍두기는 느끼한 곰탕을 먹을 때 상큼한 맛으로 느끼함을 덜어 주어 사람들에게 인기가 많다. 주인공은 곰탕과 어울리는 깍두기 같은 사람이 되고 싶어 한다. 어느 팀에 속하지 않는 존재감 없는 사람이 아닌 밥상 위 깍두기처럼 필요한 존재로 친구들이 깍두기를 외치며 같은 편이 되고 싶어 하는 모습을 그린다.
이 그림책을 통해 어떤 친구라도 한 팀으로 포용하고 그 속에서 배려할 줄 아는 태도를 배운다.

· 인성 만나기 ·

배려란?

배려란 관심을 가지고 여러 가지로 마음을 써서 도와주거나 보살펴 주는 마음이다. 즉 남을 도와주거나 보살피려고 노력하는 태도이다. 배려는 단순히 친절하게 대하는 것과 다르다. 각자 소중한 존재라고 생각하고 다른 사람을 인정하며 작은 관심이 필요하다. 배려는 남을 일방적으로 도와주거나 보살펴 주는 것이 아닌 이해관계를 바탕으로 함께할 수 있도록 도움을 준다.

· 놀이 즐기기 ·

 윷놀이

전통 놀이는 어린이의 전인적 사고 발달 및 사회와 민족의 정서를 자연스럽게 배우는 데 유익하다. 전통 놀이의 하나인 윷놀이는 상호공조 및 배려심을 길러 준다. 윷놀이는 4개의 윷가락을 던지고 그 결과에 따라 말을 이동하여 승부를 겨루는 놀이다. 팀을 나누고 순서대로 윷을 던지고 나온 모양에 따라 움직인다. 참가자는 던져서 나온 윷의 모양을 보고 최선의 하나를 선택한다. 모든 말이 먼저 시작점으로 돌아 나오는 팀이 승리한다. 일반적인 윷놀이 규칙을 적용한다.

※**준비물**: 대형 윷놀이 세트(60cm~100cm), 종이테이프(또는 바닥에 표시할 수 있는 테이프), 미니 허들(50cm)

1단계 그림책 읽고 이야기 나누기

그림책을 읽고 깍두기에 대해서 새롭게 알게 된 점을 나눈다.

> **예시** 학생들이 말한 깍두기의 의미
> - 깍두기가 있어도 그만, 없어도 그만이라고 생각했는데 필요한 사람 같아요.
> - 놀 때 짝이 안 맞으면 마지막에 들어온 사람을 제외했는데 깍두기를 넣는 놀이를 하면 되겠어요.
> - 느끼한 음식을 먹을 때 상큼하게 해 주는 깍두기처럼 팀에 도움이 되고 부족한 부분을 함께 채워 주는 사람이 되고 싶어요.
> - 생각했던 것보다 깍두기가 중요한 역할을 하는 사람 같아요.

2단계 놀이 준비하기

대형 윷놀이 세트에는 말판, 윷, 말이 있다. 윷의 길이가 다양하기 때문에 나이에 맞게 윷놀이 세트를 준비하면 된다. 초등학생 기준으로 했을 때 윷은 60~80cm가 적당하다. 윷을 던지는 시작 점을 표시하고, 윷놀이 판은 가로세로 150×170cm로 쉽게 뗄 수 있는 색깔 있는 종이테이프로 그린다. 윷놀이의 재미를 더 넣기 위해 미니 허들(장애물)을 설치하는 방법도 있다. 말판은 참가자들이 잘 볼 수 있는 장소 또는 칠판을 활용한다.

윷놀이 판

3단계 깍두기 및 팀 정하기

깍두기의 의미를 설명한다. 깍두기는 어느 한 팀이 아닌 양쪽 팀에 속하며 놀이에 필요한 존재이다. 깍두기는 윷판 위의 선을 넘어도 되고, 미니 허들을 건드려도 된다. 또한 양쪽 팀의 말을 움직일 때 의견을 주어도 된다.

깍두기는 윷을 던지는 1명과 각 팀이 말을 말판 위에 올려놓을 때 안내하는 1명, 총 2명을 정한다. '윷을 던지는 깍두기'는 윷놀이를 처음 하는 사람, 윷을 드는 게 힘든 사람, 두 팀에 속해서 던지고 싶은 학생 중에 뽑고, '말을 움직이는 깍두기'는 윷놀이를 여러 번 경험해 본 사람 중에 원하는 학생을 뽑는다.

팀은 두 팀으로 나누고, 팀장을 정한다. 팀장은 깍두기를 포함하여 윷을 던질 순서를 정하고, 팀원의 의견을 듣고 말을 움직이는 역할을 한다. 두 팀장이 가위바위보를 한 후 먼저 할 팀을 정한다.

깍두기

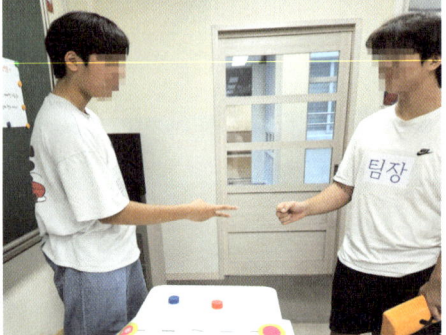

순서 정하기

4단계 윷놀이 규칙 알기

윷놀이 규칙을 모르는 참가자들이 있기 때문에 규칙을 충분히 설명한다.

| 윷셈 |

이름	상태	설명
도		말을 1칸 전진한다.
개		말을 2칸 전진한다.
걸		말을 3칸 전진한다.
윷		말을 4칸 전진하고, 윷을 1번 더 던진다.
모		말을 5칸 전진하고, 윷을 1번 더 던진다.
뒷도 (또는 백도)		말을 1칸 뒤로 보낸다. (하나의 윷 뒷면에 표시를 해둔다.)

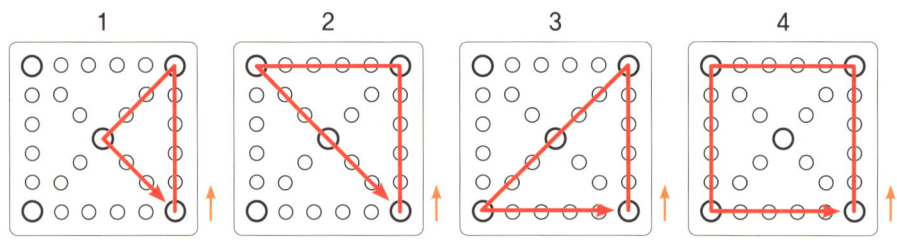

| 윷놀이 규칙 |

규칙	설명
한 번 더 던지기	• 윷이나 모가 나오거나 또는 다른 팀의 말을 잡으면 한 번 더 던진다. 단, 윷이나 모로 상대 팀을 잡은 경우는 한 번 더 할 수 없다. • 다른 팀의 말을 잡아서 한 번 더 던질 때 낙이 되면 다른 팀을 잡은 것은 유효하나 한 번 더 던져서 나온 것은 무효이다. • 윷이나 모가 나와서 한 번 더 던진 경우 두 번째에 낙이 나오면 앞에 던졌던 윷과 모는 무효이다.
잡기와 업기	• 팀에 말이 있다면 다수의 말을 업을 수 있다. 업은 말은 이동할 때 함께 움직이며 잡히기 전까지는 늘 같이 다닌다. • 상대 팀의 말이 있으면 잡을 수 있다. 잡힌 말은 시작점으로 돌아가서 다시 시작해야 한다.
뒷도에 따른 움직임	• 뒷도의 규칙은 지역마다 달라서 처음부터 정하고 시작한다. 말판 위에 팀의 말이 하나도 없으면 뒤로 갈 수 없으므로 말을 놓지 못하고 차례를 다음으로 넘긴다. • 말이 없을 때 뒷도가 나오면 결승점으로 들어가며 도 이상을 내면 나갈 수 있는 규칙을 적용하기도 한다.
낙	• 윷을 던질 때 발이 선을 넘어간 경우 • 던지려고 할 때 윷가락이 떨어진 경우 • 윷을 던질 때 미니 허들에 맞거나 미니 허들이 넘어간 경우 • 윷판의 선에 윷이 걸리거나 넘어간 경우 • 윷이나 모를 던진 후 낙이 되면 윷이나 모는 무효이다. • 깍두기는 낙이 없다.

5단계 윷놀이 하기

윷놀이는 4개의 말이 모두 나오면 승리하는 놀이이다. 단, 시간 내에 끝내지 못할 때도 있어 시간을 정하고, 시간 내에 말이 많이 나왔거나 도착 선에 가장 근접한 경우 승리한다.

이 윷놀이는 2명이 윷을 2개씩 잡고 동시에 던진다. 상대 팀과 번갈아 가면서 윷을 던지고 나서 상대 팀이 잘 던질 수 있도록 전달한다. 상대 팀의 말을 잡았을 때, "배려하겠습니다."라고 인사를 한 후 말을 잡고 한 번 더 윷을 던진다.

이 윷놀이의 특징은 깍두기와 낙이 있다는 점이다. 낙의 기준은 윷놀이 규칙 표를 참고한다. 선과 장애물(미니 허들)이 있기 때문에 거리나 힘 조절을 실패하면 낙이 나온다. 낙이 없는 깍두기가 도착점에 빨리 갈 수 있어 팀에 큰 도움이 된다. 2명이 던지기 때문에 깍두기와 함께 던지는 경우도 낙이 없다. 학생들은 깍두기와 함께 던지고 싶어 한다. 그림책의 내용처럼 처음에는 소외되었던 깍두기가 팀에 꼭 필요한 존재가 되어 함께 어울리는 것을 경험할 수 있다.

말을 놓는 깍두기는 양쪽 팀장이 더 빠른 방법으로 도착점을 지날 수 있도록 양쪽 팀에 공정하게 의견을 주고 승리가 한쪽 편으로 기울어지지 않게 해야 한다. 팀장에게 큰 도움이 되며 깍두기가 꼭 필요한 존재임을 알게 된다.

시간이 되면 승패를 결정하고 이긴 팀에게 박수를 친다. 함께하는 전통 놀이의 장점과 우리나라의 깍두기 문화에 대해 다시 알려 주고 소외되는 사람이 없도록 서로 배려하자는 이야기로 마무리한다.

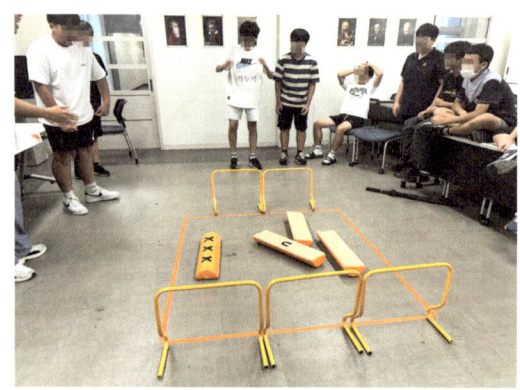

윷놀이 하는 모습

· **추가 놀이: 색판 뒤집기** ·

색깔 판을 활용하여 각 팀의 색상을 반씩 깔아 놓고 일정한 시간 동안 서로 뒤집어 바닥에 많이 깔린 색상의 팀이 승리하는 놀이이다. 깍두기는 양쪽 팀의 색깔을 다 뒤집을 수 있어 놀이 승패를 결정하는 데 중요한 존재이다. 이 놀이는 소외되는 사람이 없이 함께 어울리면서 할 수 있다.

· **같이 읽으면 좋은 그림책** ·

버럭 아파트
전은희 글, 이유진 그림,
다림

버스가 왔어요
유미무라 키키 글,
마쓰모토 하루노 그림, 황진희 옮김,
노란돼지

함께하는 마음 안아주기
쇼나 이니스 글,
이리스 어고치 그림, 조선미 옮김,
을파소

이웃 사랑 놀이

사랑

뒷집 준범이

이혜란 글·그림 | 보림

우리 주변에는 다문화 가정, 조손 가정, 한부모 가정 등 다양한 가족 형태의 이웃이 있다. 『뒷집 준범이』는 서로 다른 환경, 가족 형태의 사람들이 서로 이해하며, 존중하고 도와주면서 함께 어울리는 이야기가 담겨 있다. 그림책을 읽고 우리 주변에는 다양한 이웃들이 있고, 다르지만 서로 도우며 어우러져 지내면서 이웃 간의 사랑을 나눌 수 있음을 느껴 본다. 이웃 사랑 놀이를 통해 교실에는 다양한 친구들이 있고, 서로 다르다는 것을 이해하며, 친구들을 존중하며 사랑하는 경험을 한다.

· 인성 만나기 ·

사랑이란?

사랑은 어떤 사물이나 대상을 아끼고 소중히 여기거나 즐기는 마음 또는 그런 일이다. 가족, 연인, 자기 자신, 반려동물, 친구, 이웃, 아끼는 물건 등 사랑에는 여러 대상이 있다. 작은 사회인 교실 속 이웃과 같은 친구들에 대한 이해를 바탕으로 사랑 덕목을 기르고자 한다. 학생들이 서로 관찰하며 다름을 알고 이해하는 것은 다른 사람을 존중하고 사랑하는 첫걸음이다. 다른 사람에 대한 이해를 바탕으로 사랑을 느끼며, 이러한 경험은 앞으로 만나게 될 다양한 사람들과의 관계에서 존중과 이해, 사랑의 마음을 가지는 것에 도움이 된다.

· 놀이 즐기기 ·

이웃 사랑 놀이

교실 속 이웃(친구)을 관찰하고, 어떤 이웃(친구)을 사랑하는지 묻고 답하면서 자리를 바꿔 앉는 놀이이다. 놀이 시작 전 친구들을 관찰하면서 서로 다름을 알고 이해하며, 학급 내에서 사랑하는 이웃에 관해 묻고 답하는 과정을 통해 친구들을 온전히 소중한 존재로 여기고 존중하고 사랑하는 경험을 한다.

※**준비물**: 활동하기 충분히 넓은 장소, 의자, 종이, 펜, 주머니(또는 상자)

1단계 그림책 읽고 이야기 나누기

그림책을 읽고, 우리 주변에 어떤 이웃들이 있는지 이야기를 나눈다. 또래 친구들이 사는 가족, 할아버지와 할머니 두 분만 사는 가족, 반려동물을 키우는 가족 등 다양한 형태의 가족들을 말했다. 그림책처럼 서로 도와주며 사랑하는 이웃을 찾으러 가는 놀이임을 안내한다. 단, 준범이와 이웃들처럼 실제 이웃과 교류가 있는 학생들이 거의 없어, 실제 이웃 대신 교실에서 지내는 우리가 친구이면서 동시에 이웃도 될 수 있음을 안내한다. 교실 속 사랑하는 이웃을 찾으러 가기 전, 어떤 이웃을 사랑하는지 서로를 관찰하는 시간을 가진다.

2단계 이웃 관찰하고, 이웃 주머니 채우기

교사는 학생들에게 1/4크기의 색종이를 1장씩 나누어 준다. 학생들은 종이에 친구를 관찰한 내용 1가지를 쓴다.

관찰한 시간을 충분히 주어서 제대로 관찰할 수 있도록 한다. 서로 다름을 이해하기 위한 것이므로, 가족의 수, 성별 등 객관적인 내용 또는 친절한, 질서를 잘 지키는 등의 주관적인 내용을 써도 된다고 안내한다. 관찰한 내용을 쓴 종이는 보이지 않게 두 번 접어서 주머니나 빈 상자에 넣는다.

예시 친구 관찰하기
- 달리기를 잘하는 친구
- 가족이 5명인 친구
- 리코더를 잘 부는 친구
- 안경을 낀 친구
- 식물을 좋아하는 친구
- 잘 웃는 친구
- 친절한 친구
- 양보를 잘하는 친구

관찰한 내용을 넣은 이웃 주머니

3단계 술래 정하기

학생들은 의자로 큰 원 모양을 만들어 앉는다. 뽑기로 술래 한 명을 정하고, 술래의 의자는 원 밖으로 뺀다. 술래는 원 안으로 들어간다. 일부러 술래가 되지 않도록 설명하고, 자리를 바꿀 때 다치지 않도록 안전 지도를 한 후 놀이를 시작한다.

의자로 원 모양 만들기

술래가 원 안으로 들어가기

4단계 사랑하는 이웃 찾기

의자에 앉아 있는 친구들이 원 안의 술래에게 "당신은 이웃을 사랑하십니까?"라고 묻는다. 술래가 "예."라고 대답하면 친구들은 "어떤 이웃을 사랑하십니까?"라고 묻는다. 교사는 술래에게 이웃주머니를 건네주고, 술래는 종이 한 장을 뽑는다. 뽑은 종이에 적힌 내용을 넣어 "○○한(종이에 적힌 친구를 관찰한 내용) 이웃을 사랑합니다."라고 말한다. 그에 해당하는 친구들과 술래는 일어나서 다른 자리에 바꾸어 앉는다.

술래가 "아니오."라고 대답하면 모든 학생이 일어나서 다른 자리에 바꾸어 앉는다. 의자에 앉지 못한 학생이 다음 술래가 된다.

5단계 배려와 존중 다짐하기

놀이가 끝난 후 사랑한 이웃 중에서 기억에 남는 이웃과 그 이유를 말한다. 학생들은 자신보다 가족이 많아서 가족이 5명인 이웃, 다 같이 움직일 수 있어서 우리 반 모두, 자신처럼 안경을 낀 친구 등이 기억에 남는다고 했다. 놀이 과정에서 경험한 것처럼 우리 반에는 다양한 친구들이 함께 지내고 있으며, 서로 존중하고 도와주며 배려할 수 있도록 각자 마음에 되새기며 놀이를 마친다.

· 추가 놀이: 손가락 접기 ·

술래가 자신이 사랑하는 이웃을 말하고, 그에 해당하는 학생은 손가락을 하나씩 접는 놀이이다. 놀이를 통해서 학급 친구들의 특징에 대해 더 알아보고 서로 존중

하는 경험을 한다.

❶ 모든 학생이 한쪽 손의 손가락을 편다. 술래 한 명이 앞으로 나온다.
❷ 다른 학생들이 술래에게 "당신은 어떤 이웃을 사랑하십니까?"라고 묻는다. 앞으로 나온 술래는 자신이 사랑하는 이웃을 대답하고, 그에 해당하는 학생들은 손가락을 하나씩 접는다. 예를 들어 술래가 "안경을 낀 이웃을 사랑합니다."라고 말하면 안경을 낀 학생들은 손가락을 하나 접는다.
❸ 모든 학생이 돌아가면서 술래가 되어 앞으로 나와 자신이 사랑하는 이웃에 관해 묻고 답한다.
❹ 학생들이 다섯 손가락을 모두 접으면 놀이가 종료된다.

· 같이 읽으면 좋은 그림책 ·

이상한 붕어빵 아저씨
장세현 글·그림,
어린이작가정신

똑똑, 저는 이웃이에요
로시오 보니야 글·그림,
고영완 옮김, 우리학교

감자 이웃
김윤이 글·그림,
고래이야기

성실

성실한 거미

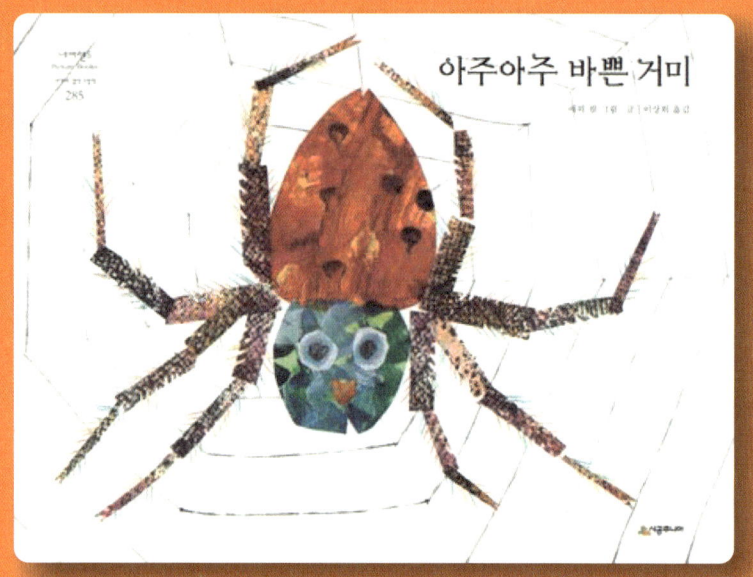

아주아주 바쁜 거미
에릭 칼 글·그림 | 이상희 옮김 | 시공주니어

거미는 하루 종일 거미줄을 짜고 바쁘게 일한 끝에 식사로 파리 한 마리를 잡아먹는다. 그러나 그 이외에는 다른 동물들의 제안이나 대화에 관심을 보이지 않았고 묵묵히 거미줄을 짜는 데만 전념한다. 단순했던 선이 복잡하고 아름다운 거미줄로 완성되어 가는 모습은 한 가지 일에 성실하게 임했을 때 얻게 될 결과물에 대한 기대와 성취감을 선사한다. 이 이야기를 통해 성실에 대한 의미를 다시 한번 생각해 볼 수 있다.

· 인성 만나기 ·

성실이란?

성실함은 노력과 자기관리와 깊은 연관이 있다. 성실한 사람들은 어떤 일에도 끈질기게 노력한다. 어려운 상황에 직면해도 포기하지 않고 문제를 해결하려고 노력하며, 이는 문제 해결 능력을 키우고 성장하게 도움을 준다. 그뿐만 아니라, 성실한 사람들은 자기 자신에 대한 책임감을 느끼고 있다. 자기 자신에게 정직하게 대하고 자기 계발에 투자하며, 성공을 위해 계획을 세운다. 이러한 자기관리와 목표 설정은 개인의 성장과 성공을 이루는 데 중요한 요소 중 하나이다. 성실함은 살아가는 데 중요한 가치이며, 노력과 책임감을 바탕으로 개인과 직업적 성공을 이루는 데 큰 역할을 한다.

· 놀이 즐기기 ·

성실한 거미

'성실한 거미'는 성실함과 목표 달성의 중요성을 재미있고 유의미하게 배울 수 있는 놀이이다. 이 놀이를 통해 학생들은 성실한 거미의 특성을 파악하고 목표를 달성하기 위해 필요한 계획과 노력을 이해하게 된다. 거미가 거미줄을 만들기 위해 꾸준한 노력을 기울이듯이, 학생들도 자신의 목표를 향해 인내와 끈기를 발휘할 수 있는 방법을 배운다.
또한 이 놀이를 하며 협력과 팀워크의 중요성을 강조하며, 함께 노력하고 협력하여 어려움을 극복하는 방법을 익힌다. 이러한 경험을 통해 성실함과 인내를 배우고, 이를 일상생활과 학업에 적용하여 더욱 성공적인 미래를 준비할 수 있다.

※**준비물**: 리본 끈(팀을 구분하기 위해 여러 색을 준비해도 좋다), 테이프, 가위

1단계 그림책 읽고 이야기 나누기

그림책을 읽고 그림책 속 주인공이 거미와 연관된 낱말을 생각해 본다. 그리고 포스트잇에 자신이 생각한 낱말을 쓴다. 낱말이 여러 개 떠오르는 학생들은 여러 장의 포스트잇에 거미와 연관된 낱말을 쓰도록 한다. 학생들이 쓴 낱말들을 모은 후 유목화해 본다. 유목화한 결과를 살펴보면 그림책의 주인공인 거미는 어떤 특

징을 가졌는지 이야기를 나눈다.

거미에 관한 낱말 쓰기

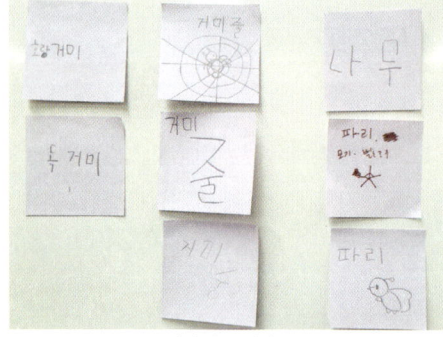
낱말 유목화하기

2단계 거미줄을 만들어요

5~6명씩 팀을 구성하여 서로 협력하여 거미줄을 만든다. 교사가 팀별로 거미줄을 만들 위치를 사전에 지정한다. 이렇게 하면 각 팀이 교실 내의 다른 위치에 거미줄을 만들게 된다. 거미줄을 만들 때 높이와 방향을 다양하게 설정할 수 있도록 예시를 주면 학생들이 창의적으로 거미줄을 만드는 데 도움이 된다. 학생들이 제한된 시간 안에 거미줄을 만들 수 있도록 사전에 안내하며, 학년에 따라 활동 시간을 적절하게 조절한다.

거미줄 만들기

3단계 거미줄 이어달리기

거미줄이 완성되었다면 거미줄 달리기를 하기 전에 거미줄을 통과하는 여러 가지 방법에 관해 설명한다. '기어가기', '넘어가기', '슬라이딩하기' 등을 통해 거미줄에 몸이 닿지 않고 통과하는 방법을 연습한다. 거미줄을 넘는 방법은 다음과 같다.

- **기어가기:** 주로 손과 다리를 사용하여 거미줄 아래로 기어간다. 이것은 몸이 거미줄에 닿지 않도록 하는 데 도움이 된다. 손과 다리가 거미줄을 건들지 않도록 주의한다.
- **넘어가기:** 거미줄 위로 점프하거나 넘어간다. 이때 다리를 사용하여 빠르게 넘어간다.
- **슬라이딩하기:** 거미줄 아래로 몸을 슬라이딩하여 통과하는 방법이다. 몸을 낮추고 민첩하게 이동하여 거미줄 아래로 슬라이딩한다.

'거미줄 이어달리기'를 할 때는 학급을 두 팀으로 나눈다. 각 팀은 출발선에 줄을 서고 교사의 신호를 기다린다. 첫 번째 학생은 교사의 신호에 맞춰 거미줄을 통과하고 도착점까지 이동한다. 만약 거미줄에 몸이 닿을 경우, 그 학생은 경기를 멈추고 자기 팀의 맨 뒤로 이동한다. 만약 거미줄에 몸이 닿지 않고 잘 통과했다면 도착점에 있는 공을 출발점까지 가져온다.

출발점까지 도착해서 다음 선수의 손바닥을 쳐서 출발 신호를 준다. 경기를 모두 마칠 때까지 도착점에서 공을 가장 많이 가져온 팀이 승리한다.

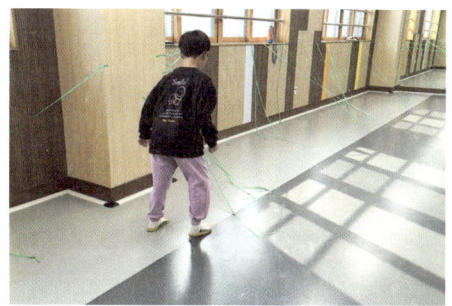 

거미줄 이어달리기

4단계 거미의 마음 이해하기

학생들은 그림책을 읽은 후 거미의 특성을 파악하고, 거미줄과 거미줄 이어달리기 놀이를 하며 거미의 마음을 이해했다. 느낀 점을 순서대로 발표하여 생각을 나눈다. 이야기 나누는 과정에서 자기 생각과 같은 생각을 가진 친구가 있다면 손뼉을 쳐서 공감을 표현한다.

· 추가 놀이: 주사위 거미줄 만들기 ·

'성실한 거미'는 강당 또는 다목적실과 같은 큰 공간이 필요하다. 넓은 공간이 확보되지 않을 경우 '주사위 거미줄 만들기' 놀이로 대체할 수 있다.

❶ A4 용지와 색연필, 주사위를 준비한다. A4 용지에는 학생들이 거미줄을 그릴 선(아래 사진 참고)을 미리 그어서 준비한다.
❷ 누가 놀이를 먼저 할지 정한다. 각자 다른 색의 색연필을 선택하여 가위바위보를 하여 이긴 사람이 선과 선 사이에 거미줄을 긋는다.
❸ 같은 방법으로 계속 놀이를 진행하여 거미줄에 선을 가장 많이 그은 학생이 승리한다.

활동 모습

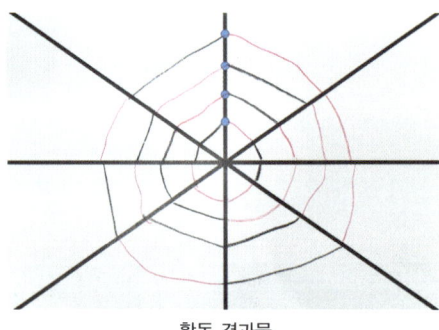
활동 결과물

· 같이 읽으면 좋은 그림책 ·

재소밭 농부
지모 아바디아 글 · 그림,
엄혜숙 옮김, 해와나무

루시 모드 몽고메리
마리아 이사벨 산체스 베가라 글,
아누스카 알레푸즈 그림,
박소연 옮김, 달리

아모스 할아버지가 아픈 날
필립 C. 스테드 글,
에린 E. 스테드 그림, 강무홍 옮김,
주니어RHK

성찰

Guess Who?

그림자 너머

이소영 글·그림 | 글로연

「그림자 너머」는 사회적 요구로 지식 충전 위주의 삶을 사는 현실 속의 자신을 '머리'로 자신이 원하는 것과 하고 싶은 것을 아는 진정한 내면인 참 자아를 '몸통'의 이미지로 보여 준다. 머리는 내면에 있던 다양한 마음들과 마주한다. 머리는 자신을 누르는 마음들을 뿌리치고 그림자 너머의 세계에서 가장 고요한 곳에 다다른다. 그곳에서는 조그마한 몸통이 환한 빛으로 머리를 비추고 있다. 머리와 몸통은 서로가 별개의 존재가 아닌 하나의 존재임을 확인한다. 둘이 하나가 됨으로써 완전해진 겉모습만큼이나 당당하고 자연스러운 '나'의 존재를 성찰하게 한다. 정체성을 확립해 가는 시기의 아이들에게 현재의 나를 탐색하고 성찰하는 계기를 준다.

· 인성 만나기 ·

성찰이란?

성찰은 우리가 일상에서 마주하는 상황을 돌이켜 보고, 그 속에서 어떤 가치를 발견하고 느끼는지를 살펴보는 것이다. 또한 자기의 행동과 생각을 되돌아보며 분석하는 과정을 말한다. 이를 통해 자신의 강점과 약점을 파악하고, 개선할 수 있는 방향을 찾을 수 있다.

성찰은 자기 발견과 자기 계발을 위한 중요한 도구이다. 우리는 지난 경험을 살펴보며, 깨우치고 더 나은 선택을 할 수 있다. 성찰은 아이들이 자기 행동과 선택을 깊이 생각하게 하고, 자신의 감정과 생각을 이해하는 데 도움을 준다. 아이들은 성찰을 통해 자신의 성격, 관심사, 가치, 목표를 탐색하고, 미래에 어떤 방향으로 나아갈지를 계획할 수 있다. 성찰을 통해 아이들은 자기 행동과 선택에 대한 책임을 느끼며, 더 나은 미래를 향해 나아갈 수 있는 기초를 마련한다.

· 놀이 즐기기 ·

☆ Guess Who?

'Guess Who?'는 딕싯 카드를 이용하여 나의 머리(해야 하는 것)와 마음(하고 싶은 것)을 살펴보고 자신을 탐구하며 또래 친구들과 이야기하고 공감하는 놀이다. '나'라는 대상을 추상적인 이미지로 비유적으로 설명하면서 자기를 객관화하고 성찰할 수 있다. 또래 친구들이 '나'라고 추측되는 이미지 카드를 고르고 이유를 설명하면서 남들이 보는 나도 알 수 있다. 게임 종료 후 마트료시카(머리와 몸통이 분리되어 있고 인형 안에 작은 인형이 여러 개 들어있는 러시아 인형) 도안에 머리와 몸이 하나가 된 모습을 표현하면서 자기 성찰은 물론 앞으로 바라는 지향을 구체화할 수 있다.

※준비물: 딕싯 카드(84장), 비타민, 마트료시카 활동지

1단계 그림책 읽고 이야기 나누기

그림책을 함께 보고 이야기 나눈다. 학생들은 제목처럼 『그림자 너머』의 세상에 대한 신기한 이야기일 것 같은데 머리와 다리가 따로 떨어져 있어 이상하면서도

호기심이 생겼다고 말한다. 머리와 몸이 나누어졌다가 우여곡절을 겪으며 하나가 되어 온전한 나를 찾는 내용임을 말해 준다. 또한 추상적이고 상징적인 내용을 통해 자기를 투영하고 나의 모습은 어떠한지 자연스럽게 내면을 살펴보게 하며, 난해하지만 공감되는 그림책이라며 소감을 이야기한다.

2단계 Guess Who? 카드 성찰 놀이

'딕싯(Dixit)'은 이미지 카드를 이용한 보드게임의 일종이다. 추상적인 이미지에 나의 상태를 빗대어 이야기하기 좋은 도구이다. 놀이를 하기 전, 자기에 대한 솔직한 표현을 나눌 수 있도록 서로 지지하고 격려하는 따뜻한 분위기가 먼저 이뤄져야 한다.

❶ 각 모둠(4~5명으로 구성)에 딕싯 카드 1세트와 비타민을 1인당 5개씩 나눠 준다.

❷ 카드의 이미지가 잘 보이도록 책상에 넓게 펼쳐 놓는다. 펼쳐진 카드에서 모둠원 1인당 5장의 카드를 가져간다. 5장 중에서 나의 머리(해야 하는 것)와 마음(하고 싶은 것)을 보여 주는 카드를 각각 1장씩 고른다. 나머지 3장은 모둠원에게 혼란을 주는 함정 카드로 선택한다.

> **참고** 모둠원이 5장의 카드를 선택할 때, 한 장의 카드에 몰리는 경우가 생길 수도 있다. 딕싯은 추상적인 이미지 카드이므로, 설명하기에 따라 달리 보일 수 있으므로 비슷한 다른 카드를 포용적으로 선택하라고 사전 안내하여 학생들 사이에 갈등을 최소화한다.

이미지 카드를 펼쳐 놓는다.

❸ 가위바위보로 놀이 순서를 정한다.

3단계 나를 설명하고 이미지에 배팅하기

❶ 가위바위보로 놀이 순서를 정하고 카드를 펼친다. 힌트를 주는 술래가 이야기꾼이 된다.

❷ 이야기꾼은 자기가 생각하는 나의 머리(해야 하는 것)와 마음(하고 싶은 것)의 이미지가 담긴 2장의 카드를 포함한 5장의 카드를 섞는다. 설명 없이 카드 5장을 일렬로 모둠원 앞에 펼쳐 보인다.

❸ 모둠원들은 5장의 카드를 보며 이야기꾼의 머리와 마음에 해당하는 카드라고 생각되는 카드에 비타민을 걸며 1차 배팅을 한다. 모둠원의 배팅이 끝나면, 이야기꾼이 내가 해야 하는 것과 하고 싶은 것은 무엇인지 모둠원에게 이야기한다.

이야기꾼의 머리와 마음을 나타내는 카드 2장을 모둠원이 찾아 배팅한다.

❹ 모둠원은 이야기꾼의 설명을 듣고 배팅을 바꿀 수 있는 기회를 얻을 수 있는데, 1차에 걸었던 카드가 아닌 다른 카드에 비타민을 다시 배팅할 수 있다. 이 과정은 이야기꾼의 설명에 경청할 수 있는 효과를 주는 동시에 카드 선택에 대한 확신과 혼란을 주면서 놀이의 긴장감과 재미를 높이기도 한다.

❺ 2차 배팅까지 끝나면 모둠원이 돌아가며 각자 선택한 이유를 말한다.

❻ 이야기꾼은 머리와 마음 카드를 공개한다. 모둠원은 맞힌 카드에 걸린 자기 비타민을 회수하고, 못 맞힌 카드에 건 비타민은 이야기꾼이 가져간다.

> **참고** 이야기꾼이 카드를 설명할 때, 너무 쉽거나 어렵게 설명하는 것보다는 솔직하게 자기를 표현하는 것이 효과적이라고 안내한다.

GUESS WHO? 카드 모습	카드 설명 예시
	A 이야기꾼: 나는 부모님께서 성공해야 한다고 항상 말씀하셔서 공부도 운동도 열심히 하고 있지만, 진정 내가 원하는 것은 자전거를 타고 여행을 가는 거야. 계단을 힘겹게 올라가는 카드는 내 머리를, 시원한 바람을 맞는 카드는 내 마음을 나타내는 것으로 골랐어.
	B 이야기꾼: 친구들은 나를 모범생으로 생각하고 모르는 것도 물어보고 도움을 달라고 해. 알고 보면 나는 재밌는 것도 좋아하고 웃는 것도 좋아해. 집에 갇혀 있는 카드가 내 머리이고, 천진난만한 아이가 물방울 놀이를 하고 있는 모습이 내 마음이야.

4단계 머리와 마음이 하나된 모습을 마트료시카 도안에 이미지화하기

'Guess Who?'를 하면서 용기를 내어 자기 자신을 탐구하고 성찰했다면 이를 종합하여 자신의 하나된 모습을 이미지로 표현해 본다. 글쓰기를 어려워하는 학생을 위해 머리와 몸통이 하나로 합쳐진 마트료시카가 그려진 활동지를 나눠 준다. 마트료시카의 마지막 인형은 작지만, 머리와 몸이 하나로 합쳐진 모습이다. 해야 하는 것과 하고 싶은 것이 분리되어 힘들거나, 분리되어 있다는 것도 자각하지 못한 채 다양한 상황에 놓여 있다는 것을 놀이를 통해 탐색한다. 또한 나만 그런 것이 아니라는 사실을 또래와 공감하기도 한다. 학생들은 이런 현재의 모습을 이해하고 균형을 찾아가기 위한 모습을 활동지에 이미지로 구체화할 수 있다.

마트료시카로 하나가 된 상태를 표현한다.

· 추가 놀이: 좋.아.해 놀이 ·

　학급에서 있었던 수업, 활동, 일과에 대해 성찰해 보는 '좋.아.해' 놀이를 함께 한다. 하루에 있었던 대표적인 활동 하나를 선정하여 좋았던 점, 아쉬웠던 점, 해 보고 싶은 것을 돌아가면서 이야기한다. 학생 개인이 각 활동에서 보였던 태도와 느꼈던 감정 등 자기에 대해 성찰하고, 각자의 성장과 발전 방향을 이야기한다. 전체 속의 자신을 살펴보며 자기 인식과 공동체 목표에 대한 동기부여를 높일 수 있다. 학급회의 시간이나 일기 등에 적용이 가능하며 발전 방향을 모색할 수 있다.

· 같이 읽으면 좋은 그림책 ·

프레드릭
레오 리오니 글 · 그림,
최순희 옮김, 시공주니어

**떨어진 한쪽,
큰 동그라미를 만나**
쉘 실버스타인 글 · 그림,
이재명 옮김, 시공주니어

**홈런을 한 번도
쳐 보지 못한 너에게**
하세가와 슈헤이 글 · 그림,
김소연 옮김, 천개의바람

그림책
인성 놀이
21~30

소통 이사 온 친구를 소개합니다
양보 양보 술래잡기
양심 양심 나무 만들기
열정 빵을 찾아라!
예절 색색이 예절 카드 퀴즈
용기 용기 낙하산을 날리자!
용서 괜찮아!
우정 친구 모셔 오기
유머 그게 뭐야? 말도 안 돼!
인정 당연하지

소통

이사 온 친구를 소개합니다

근데 그 얘기 들었어?

밤코 글·그림 | 바둑이하우스

이 책은 "마을에 누군가 이사 왔는데 네모난 몸, 둥근 얼굴에 가시가 뾰족뾰족 돋았대!"로 시작된다. 마을 사람들은 각자의 생각대로 이사 온 사람을 상상한다. 그 이야기가 한 사람에서 다른 사람에게 전달되면서 점점 더 와전된다. 우리는 누군가의 이야기를 들을 때 들은 대로가 아니라 자신이 생각하거나 듣고 싶은 내용에만 집중한다. 그림책 『근데 그 얘기 들었어?』는 사람들의 이런 심리를 잘 보여 주면서, 대화를 나눌 때 제대로 소통한다는 것이 얼마나 중요한 일인지 알려 준다.

· 인성 만나기 ·

소통이란?

소통은 정보, 생각, 감정, 아이디어 등을 다른 사람 또는 여러 명과 나누고 이해하는 것이다. 원활한 소통은 이해와 협력을 촉진하고 관계를 강화하는 데 도움을 준다. 소통을 잘하기 위해서 상대방이 무엇을 원하는지 잘 듣는 것뿐만 아니라 상대방의 감정을 살피는 것도 필요하다. 개인의 노력과 꾸준한 연습을 통해 소통하는 능력은 계속 발전시킬 수 있다. 소통이 잘되면 더 좋은 관계로 발전하고 서로의 감정을 잘 이해함으로써 친밀감을 가질 수 있기에 일의 효율도 높여 준다. 따라서 소통하는 능력은 직업적 성공뿐만 아니라 친구, 가족, 동료와 함께 건강한 관계를 유지하기 위해 필수적인 덕목이다.

· 놀이 즐기기 ·

이사 온 친구를 소개합니다

'이사 온 친구를 소개합니다'는 소통의 어려움뿐만 아니라 소통을 잘하기 위해 어떻게 말하고 들어야 하는지 알려 주는 놀이다. '이사 온 친구'를 소개하는 사람은 상대방이 집중하고 들어 주지 않아 속상하고, 듣는 사람은 말하는 사람의 말을 이해할 수 없어서 답답하다. 말하는 사람과 듣는 사람의 역할을 모두 경험하고 나면 소통을 잘하기 위해 말하는 사람과 듣는 사람이 모두 함께 노력해야 한다는 것을 알아차리게 된다.

※**준비물**: 색종이, 둥근 색종이, 8절 도화지, 풀, 가위.

1단계 그림책 읽고 이야기 나누기

그림책 표지를 함께 보고 어떤 이야기일지 짐작해 본다. 그림책의 두 번째 장면 "마을에 누군가 이사 왔는데 네모난 몸, 둥근 얼굴에 가시가 뽀족뽀족 돋았대!"라는 말을 듣고 이사 온 친구가 어떤 모습일지 이야기를 나눈다. 그리고 자신이 생각하는 '이사 온 친구'의 모습을 그린다. 그림을 다 그린 후 서로의 그림을 비교해 보고 같은 이야기를 듣고도 왜 다른 그림이 나왔는지 생각을 나눈다. 다른 그림이 나온 이유는 서로의 상상력과 생각이 다르기 때문이라는 의견이 대다수였다. 마무리 부분에 "괴물이 마을을 공격할 거야. 눈에 보이는 건 몽땅 먹어 치우고도 모자라 우리를 간식으로 먹을 거야."라며 온 동네가 야단법석이다. 하지만 알고 보니 이사 온 친구는 아주 작은 개미였다. 작은 개미 한 마리가 이사 왔을 뿐인데 마을은 왜 이렇게 한바탕 야단법석이었는지, 소통을 잘하기 위해 필요한 것을 생각해 본다.

이사 온 친구 그리기

2단계 이사 온 친구 소개 준비하기

❶ 색종이를 잘라서 세 가지 크기의 동그라미, 세모, 네모를 준비한다. 동그라미는 둥근 색종이를 활용한다. 사용할 수 있는 모양 조각은 모두 10개 정도로 한정한다.

❷ 도화지에 내가 소개하고 싶은 이사 온 친구를 표현한다. 이때 주어진 동그라미, 세모, 네모를 이용해서 표현한다.

> 참고 저학년은 색종이를 잘라서 만든 도형을 이용하고, 고학년은 직접 그림을 그려서 이사 온 친구를 소개한다.

❸ 소개 준비가 끝나면 서로가 어떻게 표현했는지 모르는 친구들과 짝이 될 수 있도록 자리를 배치하여 새로운 짝을 만난다. 가위바위보로 먼저 소개할 사람을 정한다.

이사 온 친구 소개하기에 사용한 색종이 조각   이사 온 친구 꾸미기

3단계 이사 온 친구 소개하고 소통 점수 발표하기

❶ 이사 온 친구를 소개하기 위해 새롭게 짝이 된 사람끼리 서로 마주 보고 앉는다. 가위바위보에서 이긴 사람이 자신이 표현한 '이사 온 친구'를 먼저 소개한다. 소개할 때 규칙은 '말 이외의 몸짓 언어 쓰지 않기'와 '자기 자리에서 일어나지 않기'다. 설명했는데 친구가 잘 표현하지 못할 때 일어나서 위치를 알려 주거나 직접 붙이는 자리를 알려 주고 싶은 충동이 생기기 때문이다.

❷ 10분이 지나면 서로의 역할을 바꾼다.

❸ 서로 소개하는 시간이 끝나면 짝과 함께 표현한 것을 칠판에 게시한다. 함께 활동한 짝끼리 자신들의 작품을 보면서 두 사람의 소통 점수를 이유와 함께 발표한다.

> **예시** 소통 점수 발표하기
>
> 제가 이야기할 때 ○○이가 저만 보면서 들어 줬어요. 딴짓도 안 했고요. ○○이는 제가 잘 알아들을 수 있게 목소리를 크게 말했고 모양도 큰 것과 작은 것을 구분해서 말해 줬어요. 그래서 똑같이 할 수 있었어요. 우리 팀 점수는 90점을 주고 싶어요.

❹ 발표를 듣고 소통이 잘되었다고 생각되는 팀에게는 힘찬 박수를 보낸다.

제일 큰 동그라미 세 개를 옆으로 이어서 붙여. 두 번째 큰 네모를 동그라미 사이에 하나씩 붙여서 다리를 만들어. 앞에 있는 동그라미 안에 작은 동그라미 두 개를 눈이 되게 붙여. 세모 한 개를 입이 되게 붙여. 작은 네모 두 개는 머리에 붙여. 그러면 완성이야.

놀이 모습   이사 온 친구 소개하기

원 작품   듣고 표현하기   원 작품   듣고 표현하기

책을 읽은 후 학생들은 서로 소통하는 것이 얼마나 힘든지 알게 된다. 또 '이사 온 친구를 소개합니다' 놀이를 통해 상대방이 이해하도록 설명하기가 어렵다는 것도 느낄 수 있다. 소통을 잘하기 위해서는 말하는 사람도 듣는 사람도 상대를 배려하고 서로에게 집중해야 한다는 것을 배웠다. 활동 후 소통이 잘 된 팀은 즐겁고 뿌듯하다는 반응을 보였고, 소통이 덜된 팀은 화도 나고 답답하다고 표현했다. 서로를 탓하던 친구들도 역할을 바꾸어 보면서 서로의 입장을 이해하고 소통을 잘하기 위해 필요한 것이 무엇인지 생각한다.

학생들은 소통을 잘하기 위해 갖추어야 할 것으로 알맞은 목소리로 말하기, 배려, 존중, 경청, 관찰, 이해, 양보, 질문하기 등을 꼽았다.

・추가 놀이: 모둠 활동・

❶ 한 모둠을 4명씩 만든다.
❷ 그림책을 보고 마을 사람들이 상상한 이사 온 친구의 모습 중에서 네 장면을 고른다. 각 모둠에서 한 명씩 순서대로 앞으로 나오면 교사는 고른 장면 중에서 하나를 1분씩 관찰할 시간을 준다.
❸ 1분 후에 자기 모둠으로 돌아가 본 장면을 모둠원들에게 설명한다. 나머지 3명의 모둠원은 들은 것을 토대로 '이사 온 친구'의 모습을 도화지에 그린다.
❹ 순서대로 네 장면을 모두 그린 후 어느 모둠이 가장 비슷하게 그렸는지 이야기 나눈다. 잘한 모둠은 보상으로 '소통 왕'이라는 별칭을 부여한다.

・같이 읽으면 좋은 그림책・

곰씨의 의자	일이 너무 커졌어요	내 모자 어디 갔을까?	소리 괴물
노인경 글·그림, 문학동네	이재민 글, 한희선 그림, 노란돼지	존 클라센 글·그림, 서남희 옮김, 시공주니어	위정현 글, 이범재 그림, 계수나무

양보

양보 술래잡기

장갑
V. 투르코바 편저 | 에우게니 M. 라쵸프 그림 | 배은경 옮김 | 한림출판사

할아버지가 겨울 땔감을 마련하기 위해 숲속으로 가다 떨어뜨린 털장갑 한 짝에 숲속 동물들이 들어가더니 어느새 7마리의 동물들이 털장갑을 꽉 채운다. 어떻게 된 일일까? 동물들에게 눈 덮인 숲속은 너무 춥다. 추위를 피하려고 털장갑에 들어간 동물들은 바깥이 얼마나 추운지 너무 잘 알기에 누구든 털장갑에 들어가려 할 때 주저 없이 조금씩 자신의 자리를 양보한다. 혼자만 넉넉하게 공간을 사용하면 편하겠지만, 숲속 동물들은 편안함을 뒤로하고 불편함을 선택한다. 동물들이 하나둘 늘어날수록 털장갑은 점점 더 좁아진다. 하지만 털장갑 안의 온기만은 점점 더 커진다. 동물들의 양보하는 마음 덕분에 따뜻함을 선물로 받은 것이다. 게다가 각자의 개성과 특기를 살려 털장갑을 꾸미는 동물들 덕분에 동물들이 한 마리씩 늘어날 때마다 털장갑은 점점 더 멋진 공간으로 변한다. 털장갑이라는 보잘것없는 공간이 멋지고 따뜻한 공간으로 변하게 된 것은 다름 아닌 양보의 힘이다.

· 인성 만나기 ·

양보란?

 양보는 자신의 불편함을 감수하면서 남에게 도움을 주는 행동을 말한다. 친구들과 함께 놀 때, 어떤 것을 누가 먼저 할지 결정할 때, 모두가 원하는 놀이를 시도하지만 서로 원하는 놀이가 다를 때 누군가는 양보해야만 함께할 수 있다. 서로의 의견이 팽팽하게 대립할 때 누군가의 양보가 문제 해결의 마중물이 되기도 하고 협력을 끌어내는 씨앗이 되기도 한다. 때때로 양보는 우리의 안전과 직결되기도 한다. 개인주의의 영향으로 양보가 미덕이던 정서는 많이 사라졌다. 하지만 더불어 살아가는 세상을 만들기 위해 여전히 양보라는 미덕은 아이들이 갖추어야 할 소중한 덕목이다.

· 놀이 즐기기 ·

양보 술래잡기

 '양보 술래잡기'는 술래가 다른 사람을 손으로 터치하여 아웃시키는 놀이다. 놀이를 하다 보면 학생들은 이기는 것에만 몰입되기 쉽다. 양보 술래잡기는 놀이하면서 서로에게 양보하는 경험을 한다. 양보하는 것이 손해 보는 것만이 아닌 즐거움의 요소가 될 수 있음을 느낄 수 있다. 놀이 안에서 일어나는 '양보'는 놀이의 재미를 위해서 꼭 필요한 요소이면서 '협력'이 일어나는 순간이기도 하다. 양보가 손해 보는 것, 억울한 것이 아니라 누군가에게 도움이 되고 누군가의 양보를 받아 내가 즐거울 수 있다는 것을 몸으로 체험하고 그것이 일상으로 녹아들면 좋겠다.

※**준비물**: 원마커, 술래 조끼, 넓은 공간

1단계 그림책 읽고 이야기 나누기

 『장갑』에 나오는 동물들은 추운 겨울이 되어 모두 따뜻한 곳을 찾고 있다. 그림책을 읽기 전에 아이들과 함께 그림책 속에 나오는 동물들이 추운 겨울이 와서 어떤 마음이 들었을지 이야기를 나눈다. 그리고 동물들의 마음을 상상해서 모양과 색깔로 표현하는 활동을 한다. 책을 다 읽고 나서는 친구들의 양보 덕분에 장갑에 들어간 동물들의 마음이 처음과 얼마나 다를지 그림으로 표현해 본다. 양보를 받은 동물들의 마음을 상상해 보면서 누군가가 보여 준 '양보'가 가지는 힘을 아이들이 생각할 수 있기를 바란다. 양보를 받았거나 양보한 경험을 이야기하는 시간을 가진다.

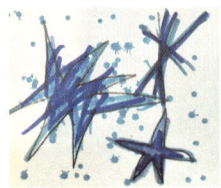   

양보받기 전(장갑 밖)　　양보받은 후(장갑 속)　　양보받기 전(장갑 밖)　　양보받은 후(장갑 속)

2단계 놀이 준비하기

원마커를 학급 인원수의 반 정도 준비한다. 이때 지름 25cm의 원마커가 놀이에 가장 효과적이지만 그보다 더 작은 것을 활용해도 무방하다. 공간의 크기에 따라 원마커가 일정한 거리만큼 서로 떨어지도록 배치한다. 넓은 공간의 경우, 되도록 공간을 최대한 이용하면 움직임이 커져서 좋다. 원마커가 없다면 훌라후프를 사용해도 되지만 뛰어다니다가 걸려 넘어질 수 있기 때문에 각별한 주의가 필요하다.

놀이 공간 준비

3단계 양보 술래잡기

먼저 가위바위보로 술래를 정한다. 술래는 술래 조끼를 입는다. 술래가 "양보가 세상을 따뜻하게 만든다."라는 구호를 외치는 동안 나머지 사람들은 술래에게서 멀어진다. 구호를 다 외친 술래는 다른 사람을 손으로 터치하여 아웃시킨다. 이때 술래는 원마커를 밟고 있는 사람을 터치할 수 없다. 원마커를 밟고 있는 사람은 다른 사람이 와서 "양보!"라고 외치면 반드시 그 사람에게 자리를 양보해야 한다. 만약 동시에 두 명 이상이 와서 "양보!"를 외치는 경우에는 가위바위보를 해서 이기는 사람이 진 사람에게 자리를 양보한다. 일정한 시간이 지나면 술래를 교체한다.

원마커 밟기   양보하기   가위바위보 하기

놀이에 익숙해지면 술래를 2명~3명으로 늘리고 원마커의 숫자는 줄여서 같은 방법으로 놀이를 진행한다. 술래가 늘어나면 활동이 더 역동적으로 변한다.

놀이 모습

참고 놀이를 하다 보면 "양보!"라고 외쳤는데 자리를 양보해 주지 않았거나 "양보!"라고 외치지 않고 "비켜!"라고 위협했다는 신고가 들어온다. 이런 경우 규칙을 지키지 않은 사람은 5분간 '규칙 지킴이'로 활동한다. 또 어떤 친구들은 가만히 서 있어도 잡으러 오지 않는다는 불만을 토로하기도 하는데 이때는 술래에게 1분간 깨금발로 잡기 등의 페널티를 주어도 좋다.

4단계 놀이 소감 나누기

놀이가 끝나면 소감을 나눈다. 다른 사람에게 자리를 양보할 때와 양보받았을 때의 입장이 아주 달랐다. 양보 술래잡기 놀이를 통해 양보받는 것도 좋지만 양보하면서 누군가를 기분 좋게 하는 것도 가치 있는 일임을 깨닫는 시간이다.

> **예시** 소감 나누기
> - 다른 사람에게 자리를 양보할 때는 술래에게 잡힐까 봐 걱정되는 마음과 조마조마한 마음이 들어서 양보하기 싫었다.
> - 먼저 잡은 자리를 양보하라고 하니까 속상하고 짜증이 났다.
> - "양보!"라고 너무 큰 소리로 말해서 비켜 주기 싫었다.
> - 달리기를 잘하기 때문에 양보하고 나서 뿌듯하고 더 재미있었다.
> - 다른 사람에게 자리를 양보받았을 때 기분이 좋았고 고마웠다.
> - 친구가 자리를 비켜 줘서 잠깐 쉴 시간이 생겨서 좋았다.

· 추가 놀이: 양보 왕을 지켜라 ·

술래 모르게 한 명의 양보 왕을 정한다. 술래가 아닌 사람들은 술래 몰래 양보 왕을 지켜야 한다. 예를 들어 양보 왕이 원마커로 이동하면 가위바위보 없이 무조건 자리를 양보한다. 또 술래가 양보 왕을 잡으러 가는 것이 보이면 술래 가까이 가서 술래를 유인한다. 양보 왕이 술래에게 잡히면 놀이는 종료된다. 양보 왕은 잡힐 때 반드시 "양보는 세상을 따뜻하게 만든다."라는 문장을 큰 소리로 외친다.

· 같이 읽으면 좋은 그림책 ·

얼음땡
문명예 글·그림,
시공주니어

가운데 앉아도 될까?
수잔네 슈트라서 글·그림,
김여진 옮김, 가람어린이

이 의자 주인은 나야!
캐럴린 크리미 글,
마리사 모레아 그림, 손시진 옮김,
에듀앤테크

양심

양심 나무 만들기

양심 팬티
마이클 에스코피어 글 | 크리스 디 지아코모 그림 | 김지연 옮김 | 꿈터

『양심 팬티』는 주인공이 겪는 상황과 해결하는 과정을 통해, 우리의 행동을 돌아보고 양심에 따라 행동할 수 있도록 도와주는 책이다. 주인공 레옹은 급하게 대변을 보고 난 후, 휴지가 없어서 난감한 상황에 놓인다. 상황을 해결하기 위해 잠시 고민하다 주변에 있던 구멍이 뚫린 주인 없는 팬티를 사용하게 된다. 그런데 팬티를 사용한 후 뒤처리하지 않고 그냥 던져 버린다. 학생들과 함께 레옹의 선택이 옳은지, 그른지 이야기를 나눈다. 놀이를 통해 다양한 상황에 대한 옳고 그름을 판단하고, 그 판단의 선택 기준을 서로 나누고 배울 수 있다.

· 인성 만나기 ·

양심이란?

양심은 사물의 가치를 변별하고 자기의 행위에 대하여 옳고 그름과 선과 악을 판단하는 도덕적 의식이다. 어떤 행위에 대하여 자신이 속해 있는 사회의 기준을 익히고, 그것에 따라 옳은지 그른지를 판단하는 능력은 저절로 습득되는 것이 아니다. 학습을 통해서 익힐 수 있으며, 여러 상황에서 꾸준히 익혀야 하는 덕목이다. 그림책을 읽고 놀이를 하면서 여러 상황을 양심에 따라 판단하고, 다른 친구들의 옳고 그름에 대한 기준을 관찰하여 자신의 기준을 확장시킨다.

· 놀이 즐기기 ·

양심 나무 만들기

'양심 나무 만들기'는 양심 가면을 쓰고 다양한 상황에 관한 옳고 그름을 선택하여 양심 나무를 완성하는 놀이다. 주어진 상황을 양심에 따라 옳은 선택을 할 수 있도록 도와주는 역할인 양심 가면을 쓰고 참여한다. 놀이 과정을 통해 학교와 사회, 가정에서 배운 옳고 그름의 기준에 따라 다양한 상황에서 옳은 일을 선택할 수 있도록 연습할 수 있다.

※**준비물**: 모양 포스트잇(나뭇잎, 하트, 사과 등), 색칠 도구, 가면 모양 빈 종이, 가위, 나무의 가지와 몸통이 그려진 종이(2절 이상 크기)

1단계 그림책 읽고 이야기 나누기

『양심 팬티』를 읽고, 레옹처럼 난처한 상황에 놓여 있을 때 아이들은 어떤 선택을 할 것인지 이유를 나눈다. 학생들은 "불편하지만 남의 팬티를 사용하지 않고 집으로 가서 처리하겠다.", "팬티를 사용하고 깨끗하게 씻어서 원래 자리에 되돌려 놓겠다.", "팬티 말고 처리할 수 있는 다른 물건들을 더 찾아보겠다." 등 여러 의견을 이야기했다. 그 이유에 대해서는 "남의 물건을 함부로 사용하면 안 되기 때문에.", "양심에 찔리기 때문에."라고 말했다. 그림책의 레옹처럼 양심에 따라 판단해야 하는 여러 상황을 떠올려 본 후, 양심 나무 만들기 놀이를 제안한다.

2단계 양심 나뭇잎 만들기

교사는 학생들에게 다양한 모양의 포스트잇을 한 장씩 나누어 준다. 학생들은 양심에 따라 선택할 수 있는 상황을 포스트잇에 1가지씩 적는다. 생각이 잘 떠오르지 않는다면, 어떤 상황이 있을 수 있는지 학급 전체와 이야기를 나눈다. 양심 나뭇잎 만들기가 완료되면 다음 단계에서 학생들이 읽고 고를 수 있도록 칠판이나 교사용 책상 위에 붙인다.

양심 나뭇잎

> **예시** 양심에 따라 선택할 수 있는 상황
> - 길거리에 돈을 주었을 때
> - 새치기를 할 때
> - 길가의 꽃이 필요할 때
> - 지각할 것 같은데, 신호등이 빨간색일 때
> - 지갑을 주웠을 때
> - 길에서 주인 없는 휴대전화를 주웠을 때

3단계 양심 가면 만들기

그림책의 레옹에게 옳은 선택을 할 수 있도록 도와주는 양심처럼, 학생들이 옳고 그름을 잘 선택할 수 있는 역할을 하는 양심 가면을 만든다. 주어진 가면 종이에 색칠 도구로 색을 칠하고, 가면 모양을 따라 가위로 오린다. 가면의 눈 부분은 안전하게 교사가 칼이나 가위로 잘라 준다. 4단계 활동을 발표할 때 가지고 나간다.

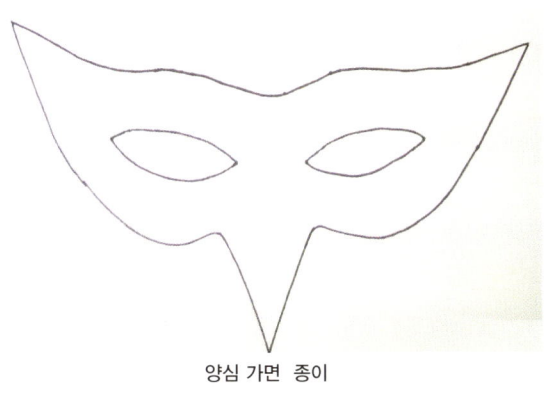

양심 가면 종이

학생들이 만든 양심 가면

4단계 양심 가면 쓰고 옳은 일 선택하기

❶ 무작위 뽑기 방법으로 한 명씩 교실 앞으로 나와 놀이에 참여한다. 뽑힌 학생은 칠판에 붙은 양심 나뭇잎을 살펴보고, 양심에 따라 선택하고 싶은 나뭇잎을 고른다. 나뭇잎에 적힌 상황은 학급 전체에 들리도록 큰 목소리로 읽는다.

❷ 다른 친구들이 "도와줘, 양심 가면!" 하고 외치고, 앞에 나온 학생은 자신이 만든 양심 가면을 쓴다. 나뭇잎에 적힌 상황에서 양심에 따라 어떻게 행동할지 결정하고 큰 목소리로 친구들에게 이야기한다.

예시 어떤 선택을 할까?

- 발표 학생: 길에서 돈을 주었을 때
- 학급 전체: "도와줘, 양심 가면!"
- 발표 학생: (가면을 쓰고) 주변 어른들이나 경찰서에 갖다 드린다.

- 발표 학생: 줄을 설 때, 새치기를 하는 것
- 학급 전체: "도와줘, 양심 가면!"
- 발표 학생: (가면을 쓰고) 새치기를 한 경우에는 맨 뒤로 간다.

- 발표 학생: 주인 없는 휴대전화를 주웠을 때
- 학급 전체: "도와줘, 양심 가면!"
- 발표 학생: (가면을 쓰고) 부모님께 말씀드려 주인을 찾아준다.

도와줘, 양심 가면!

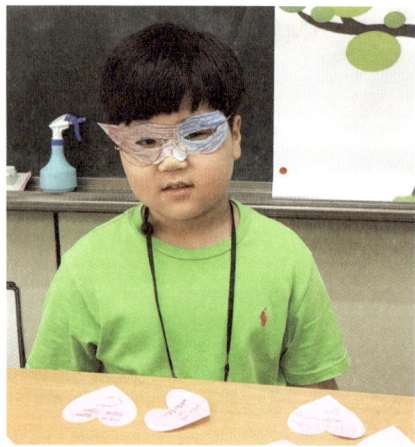

양심에 따라 결정하기

5단계 나뭇잎 붙여 양심 나무 만들기

❶ 교사는 칠판에 2절 이상 크기로 출력된 양심 나무를 붙인다. 출력이 어려운 경우에는 칠판이나 2절 종이에 나무 모양을 그려서 준비한다.

❷ 학생이 양심에 따라 선택하고 어떻게 행동할지 친구들에게 이야기한 후, 양심 나무에 자신이 뽑은 나뭇잎을 붙인다.

❸ 모든 학생이 무작위 뽑기 방법으로 발표하고, 양심 나무에 나뭇잎을 붙여 완성하면 놀이가 마무리된다.

❹ 놀이 후 다른 친구의 선택에 관한 이야기를 나누면서 자신의 기준과 비교해 볼 수 있는 시간을 가지면 옳고 그름의 기준이 확장될 수 있다. 완성된 양심 나무는 교실에 게시하여 평소 비슷한 상황에서 양심에 따라 선택할 때 참고할 수 있도록 돕는다.

양심 나뭇잎 붙이기   완성된 양심 나무

· 추가 놀이: 하트 무빙 놀이 ·

양심을 찾아 자신의 마음을 채우는 '하트 무빙 놀이'를 해 보자.

❶ 교사는 학생들에게 하트가 그려진 A4 용지 1/2장(마음 종이)과 하트 모양 포스트잇(양심) 3장을 나누어 준다. 하트가 그려진 종이는 자신의 마음이고, 하

트 모양 포스트잇은 양심이다. 양심으로 마음을 채우는 놀이임을 안내한다.

❷ 학생들은 하트 모양 포스트잇에 양심에 따라 옳고 그름을 선택할 수 있는 상황을 적는다. 예를 들어, 길에서 돈을 주웠을 때, 주인 없는 물건을 발견했을 때 등이 있다.

❸ 하트 모양 포스트잇을 책상이나 책장, 칠판, 사물함 등 친구들이 읽고 뗄 수 있는 교실 안 장소에 붙인다.

❹ 놀이 시작을 알리면 학생들은 교실을 돌아다니면서 2~3가지의 하트 포스트잇을 고른다. 고른 종이는 떼어서 자신의 마음 종이에 붙이고 양심에 따라 어떤 선택을 할지 결과를 적는다. 같은 하트 포스트잇을 여러 명이 선택하면 가위바위보를 하여 가져갈 사람을 정한다.

❺ 자신의 마음 종이에 2~3가지 양심을 붙여 완성하면 놀이가 끝난다.

· 같이 읽으면 좋은 그림책 ·

소원 팔찌
이형진 글·그림,
시공주니어

빨간 매미
후쿠다 이와오 글·그림,
한영 옮김, 책읽는곰

장난꾸러기 그림자
일로나 라머팅크 글,
엘스 페르멜포트 그림,
북핀

열정

빵을 찾아라!

빵도둑

시바타 케이코 글·그림 | 황진희 옮김 | 길벗어린이

귀여운 식빵 모양을 한 빵도둑은 맛난 빵을 좋아해서 맛난 빵이 있는 곳이라면 어디든지 달려 간다. 빵도둑은 빵에 대한 넘치는 열정으로 빵에 눈이 먼 나머지 다른 사람의 빵을 몰래 훔쳐 먹는 나쁜 행동을 한다. 하지만 그는 어떤 일을 계기로 빵 훔치는 행동에 대해 뉘우치고 빵에 대한 애정과 열정을 긍정적인 방향으로 전환한다. 빵도둑이 긍정적인 방향에서 성과를 낼 수 있었던 것은 모두 빵에 대한 애정과 열정이 있었기에 가능한 일이었다. 이 책은 어떤 일에 대한 관심과 열정을 올바르고 긍정적인 방향으로 펼쳐 나가는 모습을 보여 준다.

· 인성 만나기 ·

열정이란?

열정은 어떤 일에 열렬한 애정을 가지고 열중하는 마음을 말한다. 또한 어떤 일에 대한 뜨거운 마음이자 삶의 태도이다. 보통 사람들은 자신이 관심 있거나 좋아하는 일에 대해 열정을 보인다. 열정이 넘치는 사람은 그 일을 잘 해내려고 진심으로 최선을 다하는 모습을 보인다. 일의 결과를 떠나 그 과정에서 열정이 넘치는 모습을 보면 참으로 아름답다.

학생들에게 열정을 느끼게 하려면 어떻게 해야 할까? 학생들이 관심 있거나 좋아하는 일을 많이 경험할 수 있도록 학교에서 다양한 경험과 기회를 제공해야 한다. 학생들은 놀이에 참여할 때 열정 넘치는 모습을 자주 보인다. 학교생활을 하는 가운데 어떤 일에 열정을 가지고 참여하며 땀을 흘려 본 경험은 학생들의 이후 삶에 커다란 자산이 된다.

· 놀이 즐기기 ·

☆ 빵을 찾아라!

빵도둑은 맛있는 빵이 있는 곳이라면 어디든지 찾아가는 열정을 보인다. 이를 빵 모양 스펀지를 찾는 보물찾기로 변형하여 만든 놀이를 해 보자. '빵을 찾아라'는 빵도둑이 되었다고 생각하고 맛있는 빵을 열정을 가지고 찾아보는 놀이이다. 역할을 바꾸어 빵집 주인이 되어 빵도둑이 빵을 가져가지 못하도록 꼭꼭 숨기기도 한다. 학생들은 이 놀이를 통해 열정을 가지고 어떤 일에 몰입할 때 느낄 수 있는 만족감과 즐거움을 배울 수 있다.

※준비물: 빵 모양 스펀지

1단계 그림책 읽고 이야기 나누기

그림책을 읽기 전에 '열정' 하면 떠오르는 낱말을 마인드맵으로 정리한다. 열정을 가졌을 때 좋은 점도 있지만 열정이 지나쳤을 때는 안 좋은 점도 있다. 그리고 열정이 넘치는 주변 사람에 대해 이야기를 나눈다. 또한 빵도둑이 가지고 있었던 열정의 장단점에 대해서도 이야기를 나눈다. 마지막으로 자신이 열정을 가지고 있는 일에 대해 교실을 돌아다니며 만난 친구들과 이야기를 나누는 시간을 준다.

2단계 놀이 규칙 정하기

빵 모양 스펀지를 숨기거나 찾는 사람으로 역할을 나눈다. 학생들은 찾는 역할도 좋아하지만 숨기는 역할도 좋아한다. 따라서 역할을 바꾸어서 해 보기도 한다. 놀이 장소는 처음에는 교실에서 진행하고, 다음에는 넓은 복도 공간으로 나가서 한 번 더 진행한다. 시간 여유가 있다면, 운동장으로 나가서 뛰어다니며 빵을 찾는 놀이를 한다.

숨기는 활동을 하기 전에 숨기면 안 되는 곳을 정한다. 친구의 서랍과 사물함은 허용하되, 친구의 가방은 금지시킨다. 서랍이나 사물함에 숨길 때도 너무 깊숙한 곳이나 너무 높은 곳에는 숨기지 않는다.

빵 모양 스펀지

빵 숨기기

3단계 빵을 찾아라!

❶ 『빵도둑』을 읽고 빵도둑과 빵집 주인의 역할을 정한다. 이때, 빵 모양 스펀지를 활용하면 흥미와 재미를 가지고 훨씬 놀이에 몰입할 수 있다. 빵 모양 스펀지를 구하기 힘들다면, 커다란 스펀지를 빵 모양으로 오리도록 하면 놀이 준비물을 스스로 준비할 수 있다.

❷ 왼쪽에 앉은 학생이 빵집 주인이 되어 빵 모양 스펀지 두 개를 교실 곳곳에 숨긴다. 오른쪽에 앉은 학생은 빵도둑으로, 잠깐 복도로 나가서 빵을 어디에

숨기는지 보지 못하도록 한다. 교실 공간이 넓지 않다 보니 빵을 잘 숨기고 싶어 하는 학생들이 시간을 많이 지체한다. 빵도둑 역할을 맡은 학생들은 빵집 주인이 빵을 숨기는 동안 빵 이름 말하기 놀이를 한다. 빵집 주인이 빵을 다 숨기고 나면, 빵도둑은 숨겨진 빵을 찾는다. 빵도둑이 된 학생들은 교실 여기저기를 돌아다니며 어디에 숨겼을지 예상하고 확인하며 즐거워하였다.

❸ 이번에는 역할을 바꾸어 복도에서 빵을 숨기고 찾는다. 빵집 주인은 복도로 나가서 빵을 숨기고, 교실에 남은 빵도둑은 빵 이름 돌아가며 말하기 놀이를 한다. 빵집 주인이 빵을 다 숨기면, 빵도둑은 빵을 찾는다. 숨기고 찾는 데 제한 시간을 두고 하면 학생들이 열정을 가지고 놀이에 훨씬 몰입할 수 있다.

> 참고 놀이가 끝난 뒤 빵집 주인은 자신이 숨긴 빵이 모두 발견되었는지 숨긴 곳을 확인한다. 그렇게 하지 않으면 찾지 못한 빵이 남아서 다음 놀이를 할 때 빵이 부족할 수도 있다.

❹ 놀이를 마치면 열정을 가지고 가장 빵을 많이 찾은 사람이 누구인지 알아보고, 많이 찾은 방법을 들어 본다.

빵을 찾는 빵도둑들

❺ 놀이 소감을 나눈다. 열정을 가지고 놀이에 참여했을 때 어떤 느낌이 들었는지, 열정이라는 강렬한 감정을 가졌을 때 평소의 나와 어떻게 다른지 이야기를 나눈다.

> **예시** 소감 나누기
>
> - 빵 모양 스펀지가 말랑말랑하고 진짜 빵처럼 생겨서 신기했어요.
> - 친구가 내가 숨긴 빵을 찾을까 봐 조마조마했어요.
> - 친구가 내가 숨긴 쪽으로 갈 때 긴장되었어요.
> - 친구가 빵을 찾지 못하게 숨기는 게 재미있었어요.
> - 다른 친구들이 하나도 못 찾을 때 내가 3개나 찾아서 신이 났어요.
> - 빵을 찾기 위해 열정을 가지고 놀이에 참여했어요.
> - 놀이를 할 때 재미있어서 평소보다 힘이 느껴졌어요.
> - 다른 친구보다 많이 찾고 싶어서 여기저기 뛰어다니느라 땀이 났어요.
> - 운동장에 나가서 이 놀이를 한 번 더 해 보고 싶어요.

· 추가 놀이: 더 이상 찾지 않는 빵 ·

빵 모양 스펀지에 아크릴 물감으로 색을 칠하고 말린 다음 특정 색깔의 빵 모양을 찾는 놀이를 할 수 있다. 또는 한 사람이 찾을 수 있는 빵의 개수를 제한할 수도 있다. 정한 숫자만큼 빵을 다 찾은 사람은 더 이상 찾지 말고, 찾지 못한 사람이 빵을 찾을 수 있도록 도와준다.

· 같이 읽으면 좋은 그림책 ·

벤의 트럼펫
레이첼 이사도라 글 · 그림,
이다희 옮김, 비룡소

김철수빵
조영글 글 · 그림,
봄볕

꽃괴물
정성훈 글 · 그림,
한솔수북

예절

색색이 예절 카드 퀴즈

인사를 나눠 드립니다

이한재 글·그림 | 킨더랜드

'인사만 잘해도 반은 간다.'라는 말이 있다. 당연한 행동이지만 먼저 인사를 건네는 것이 생각처럼 쉽지 않다. 주인공 민철 역시 인사하는 것이 두렵지 않은 건 아니었다. 어제 싸웠던 친구에게 인사를 건네는 것이 어렵게 느껴지는 것도, 화난 표정의 기사님을 보고 망설이게 되는 것도 어쩌면 자연스러운 반응이다. 하지만 민철이는 먼저 인사를 전할 줄 안다. 민철이가 건넨 인사는 주위를 환하게 밝힌다. 언제 어디서나, 인사는 닫혀 있는 마음의 문을 여는 열쇠가 된다. 용기 내어 건넨 친절한 인사 한마디에, 주변 사람들의 태도가 달라지며 화사해진다. 사람들은 민철이에게 받은 인사를 기꺼이 다른 이에게도 나누며 전한다. 『인사를 나눠 드립니다』는 인사라는 작은 예절을 실천하는 것이 주위를 어떻게 변화시키는지를 잘 보여 준다.

· 인성 만나기 ·

예절이란?

예절은 남녀노소 누구든 사회적인 관계 속에서 지켜야 할 기본적인 행동 원칙이다. 예절을 지키는 것은 상대방에게 존중과 배려를 보이는 태도로 상호 신뢰와 존중을 이루는 데 큰 역할을 한다. 예절은 우리가 다른 사람과 만날 때, 대화할 때, 또는 함께 무언가를 할 때 등 일상 관계 속에서 항상 적용된다. 이러한 예절은 상대방을 대하면서 기본적인 예의를 갖추는 것을 의미한다. 예를 들어, 인사를 할 때는 적절한 인사말을 사용하고, 대화할 때는 상대방의 의견에 대해 경청하며, 고마움을 전하고자 할 때는 마음이 전달되는 적절한 말과 행동을 갖추는 것이다. 예절은 사회적인 관계에서 갈등을 예방하고, 다른 사람들과 소통하고 협력하는 것에도 큰 도움을 준다. 따라서 아이들과 예절을 습관화하고, 그 가치를 지키며 서로를 존중하는 문화를 형성하도록 노력할 필요가 있다.

· 놀이 즐기기 ·

 **색색이 예절 카드 퀴즈**

'색색이 예절 카드 퀴즈'는 예절이 필요한 여러 상황에 어울리는 예절 바른 말과 행동을 색종이 양면에 각각 작성한 후, 이를 이용해서 학생들이 서로 문제를 내고 맞히는 놀이이다. 예절의 작은 시작인 인사도 습관이 형성된 사람에겐 자연스러운 행동이지만, 습관이 형성되지 않은 사람에게는 어색하고 불편한 일로 느껴진다. 인성 발달의 중요한 시기인 아이에게 올바른 인사와 더불어 다양한 예절을 익힐 수 있도록 아이의 눈높이에 맞는 놀이를 통한 세심한 접근이 필요하다. 학생들은 상황별 예절 바른 말과 행동을 떠올리며 용기 내어 말하는 연습을 하고, 주변 사람과 자신의 관계를 고려하여 상대의 마음을 헤아리면서 예절을 실천하는 습관을 익힌다.

※**준비물**: 색종이, 필기도구

1단계 그림책 읽고 이야기 나누기

『인사를 나눠 드립니다』를 함께 읽고 인사를 나누면 어떤 효과가 있는지 이야기 나눌 수 있다. 인사는 반가움의 표현이며 나의 마음을 전하는 수단이기도 하다.

그림책을 읽고 인사를 하지 않으면 상대방이 자신을 좋아하지 않는다고 오해할 소지가 있다는 것을 인지할 수 있다. 간단히 인사를 나누는 것만으로도 다른 사람에게 호감을 주어 긍정적인 관계로 이어지고, 인사할 때 용기가 필요함을 배운다. 또한 상황에 맞는 예절에 대해 이야기 나눠 볼 수 있다. 교사가 언제, 어디서, 누구에게 예절을 갖춰야 하는지 다양한 사례를 들어 설명한다.

2단계 색색이 예절 카드 만들기

학생당 5장의 색종이를 나눠 준다. 색종이에 다양한 상황에 따라 자신의 마음을 표현한다. 글을 쓰다 보면, 일상생활에서 만나는 사람들에게 고마운 마음이 절로 생기면서, 예절 바른말과 행동을 표현할 수 있다. 학생의 생활 범위에서 예절을 갖출 사람으로 할아버지, 할머니, 부모님, 선생님, 이모, 삼촌, 친구, 가게 주인 등 생활 속 주변 인물을 말해 준다.

> **참고** 학생에게 나눠 줄 색종이 카드는 3장이지만 작성할 색종이 카드는 그보다 많은 약 5장을 작성하도록 한다. 학생마다 표현의 차이로 빈약한 내용은 빼는 것을 고려하여, 놀이에 활용한 카드 수를 확보한다.

- **색종이 앞면:** 구체적인 상황을 떠올릴 수 있도록 장소, 시간, 대상(사람), 목적을 적는다.
- **색종이 뒷면:** 설정한 상황에 어울리는 예절 바른 말과 행동을 적는다.

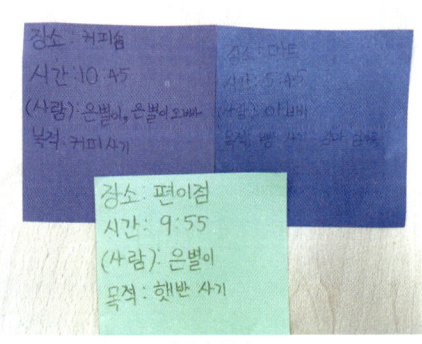

색종이 앞면

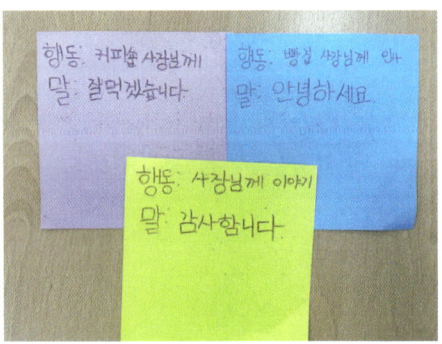

색종이 뒷면

3단계 **색색이 예절 카드 퀴즈**

❶ 교사는 학생들이 작성한 색종이 카드를 모두 모아 섞는다. 학생당 3장의 카드를 무작위로 나눠 준다.

❷ 학생들은 시작종과 함께 교실을 자유롭게 다니며 문제를 내고 맞힐 짝을 찾는다. 짝을 찾으면 가위바위보를 해서 누가 먼저 할지 순서를 정한다. 색종이 카드에 적힌 내용을 상대 학생이 볼 수 없도록 뒤를 돌아 등을 댄다. 문제를 내는 학생은 들고 있는 색종이에서 앞면에 적힌 상황(장소, 시간, 대상 등)을 설명한다. 듣고 있는 학생은 상황에 어울리는 예절 바른 말과 행동을 떠올려 보고 색종이에 적혔을 법한 내용을 유추하여 대답한다.

❸ 정답을 맞히면 문제를 낸 학생이 들고 있던 색종이를 얻을 수 있다. 틀리면 색종이를 얻지 못한 채 반드시 인사를 하고 헤어진다.

❹ 제한된 시간 안에 많은 친구를 만나서 색색이 예절 카드 퀴즈를 주고받으며 색종이를 얻는다. 만약, 퀴즈에서 상대 학생이 상황에 어울리는 예절 행동을 모두 맞혀, 가지고 있던 색종이를 모두 잃으면 색종이가 많은 친구에게 다가가서 예절 카드 맞히기를 도전할 수 있다. 시간 내에 손에 있는 카드의 수가 유동적이므로 학생들은 적극적으로 퀴즈를 주고받을 친구를 찾아 나서며 예절 연습을 하게 된다.

색색이 예절 카드 퀴즈 놀이 모습

❺ 교사가 시간 종료를 알리면 학생들은 자기 자리에 앉는다. 학생이 획득한 최종 카드 수를 확인한다.

❻ 교사가 "자, 색종이를 가장 많이 가진 친구가 예절 왕국의 왕이 되는 걸까요?

가장 적게 가진 친구가 왕이 되는 걸까요?"라고 질문하여, 학생들이 활동을 다시 떠올려 보게 한다.

학생들은 "색종이를 개수와 상관없이 모두 칭찬해 줘야 한다.", "예절 카드를 맞히기 위해 예절 바른 말과 행동을 계속 주고받으니 이미 기분이 좋아졌다." 등 놀이를 통해 경험한 감정으로 놀이의 의미를 말하였다. "그림책의 제목처럼 예절은 나누면서 기쁨과 행복이 전해지는 것 같다."며 교사가 소감을 말할 수도 있다.

· 추가 놀이: 예절 카드로 말해요 ·

학생들은 앞서 만들어 놓은 색종이 카드를 다시 모두 모아 카드 더미를 만든다. 카드 더미 주변으로 둥글게 앉아서 차례대로 더미에서 카드를 뽑아서 카드에 적힌 내용을 읽고, 그 의미와 중요성을 이야기한다. 각 학생은 뽑은 카드와 관련된 예절에 대해 본인의 경험을 나누거나 예시를 들어 설명한다. 모든 학생이 차례대로 카드를 뽑고 이야기를 나누면서, 예절에 대한 중요성과 실천 방법에 대해 함께 고민하며, 서로의 경험을 나누며 기억하고 실천하게 된다.

· 같이 읽으면 좋은 그림책 ·

심술쟁이 니나가 달라졌어요
피에르 빈터르스 글,
바바라 오르텔리 그림, 지명숙 옮김,
다린

쉿, 조용히 해!!
마이클 에스코피어 글,
크리스 디 지아코모 그림,
모꼬지 옮김, 꿈터

몰리 선생님의 친절한 예절 학교
제임스 맥클레인 글,
로지 리브 그림, 조남주 옮김,
어스본코리아

용기 낙하산을 날리자!

나무 위에 올라가는 아주 별난 꼬마 얼룩소

제마 메리노 글·그림 | 노은정 옮김 | 사파리

이 책의 주인공 꼬마 얼룩소 티나는 항상 새로운 놀이와 놀라운 생각들로 가득하다. 반면에 티나의 언니들은 티나가 별나고 엉뚱하다며 핀잔하곤 한다. 그러나 티나는 언니들이 아무리 핀잔을 주어도 기죽지도, 자신의 생각이나 행동을 부끄러워하지도 않는다. 티나는 숲으로 가 나무를 타고 올라가는 새로운 모험에 도전하다가 나무 위에서 멋진 친구를 만나 놀라운 경험을 한다. 티나의 도전은 언니들까지 변화시킨다. 티나가 다른 얼룩소들은 생각지도 못했던 멋진 경험을 하고, 언니들까지 바꿔 놓을 수 있었던 건 무엇이든 두려워하지 않고 용기를 내어 도전했기 때문이다. 이 책을 읽고 난 뒤 학생들이 아주 작은 것부터 한 번 도전해 볼 수 있게 기회를 주면 좋겠다. 막상 해 보면 걱정했던 것보다 쉽고 간단하다는 것을, 자신감이 쑥쑥 자라는 것을 느낀다.

· 인성 만나기 ·

용기란?

용기란 두려움을 이겨 내고 자신이 하고 싶거나, 옳다고 여긴 일을 실천하는 마음이다. 용기는 고통, 위험, 불확실성, 협박을 직면하는 선택이자 의지이다. 우리는 모두 작은 용기를 지니고 살아간다. 스스로의 뜻을 상황에 좌절하지 않고 표현하는 것도 용기이다. 인생에서 용기를 필요로 하는 일은 아주 많다. 자신이 아주 평범하다고, 혹은 겁쟁이라고 생각하는 사람이라 해도 본인이 자각하지 못한 채 용기를 필요로 하는 상황에 맞서 살아가고 있다. 싫어하거나 꺼려지는 것, 부끄러워서 망설여지는 것을 자신 있게 시도하는 것도 용기이다. 자신감도 용기에 속하기 때문이다.

· 놀이 즐기기 ·

☆ 용기 낙하산을 날리자!

'용기 낙하산을 날리자!'는 용기의 중요성을 재미있고 유의미하게 배울 수 있는 놀이이다. 놀이를 통해 학생들은 평소 생활에서 좀 더 용기 내어 도전할 만한 것이 무엇인지 생각해 보고 목표를 달성하기 위해 필요한 것을 생각해 보는 기회를 만난다. 자신이 좀 더 용기 내어 도전할 만한 것을 생각하여 비닐에 매직으로 쓰고 용기 낙하산을 만들어 날리는 활동을 하면서 그림책 주인공 티나의 "못할 것도 없지!"라는 말과 함께 낙하산을 날리면서 스스로 용기를 북돋을 수 있게 한다.

※준비물: 40cm×30cm 정도의 얇은 비닐(주방용 일회용 비닐을 한 쪽씩 잘라서 준비), 털실 약 20cm 4개, 매직, 투명 테이프, 컬러 종이컵 1개

1단계 그림책 읽고 이야기 나누기

교사는 부제(도전을 두려워하는 친구에게)는 보여 주고, 책 제목은 가린다. 학생들에게 "제목이 무엇일까요?"라고 묻는다. 글자 수나 초성 등으로 힌트를 주어도 좋다.

책을 같이 읽으면서 "언니들이 티나의 말을 믿지 않은 까닭은 무엇일까?", "나중

에 언니들이 티나와 같이 하늘을 날게 된 이유는 무엇일까?" 등의 질문을 던진다. 티나와 언니들이 "못할 것도 없지!"라고 말하는 것을 보고 '용기'의 필요성을 알려 준다. 불가능하게 보이는 일이라도 시도하고 노력하는 것은 중요하며 그러기 위해서는 각자의 용기가 필요함을 다시 한번 상기시킨다.

2단계 용기 낙하산 만들기

❶ 비닐에 네임펜으로 자신이 좀 더 용기 내야 할 것을 구체적으로 쓴다. 하나만 써도 되지만 여러 개를 써도 된다. 다 쓰면 비닐을 뒤집어 놓는다.

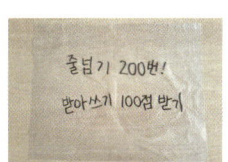

예) '줄넘기 잘하기'보다 '줄넘기 100개 넘기'

❷ 컬러 종이컵에 용기를 내서 멋지고 당당해진 자신의 모습을 그린다. 종이컵을 예쁘게 꾸민다.

❸ 투명 테이프로 비닐의 네 귀퉁이에 털실 4개를 붙이고, 털실을 가운데로 모아서 묶는다. 가운데에 모아서 붙인 털실을 컬러 종이컵에 투명 테이프를 이용해서 붙인다.

3단계 교실에서 용기 낙하산 날리기

비닐의 양쪽을 잡고 높이 올려서 살며시 놓는다. 옆으로 던지지 말고 위로 높이 올리도록 한다. 몇 번 연습한 후에 의자 위에 올라가 낙하산을 날려 본다. 『나무 위에 올라가는 아주 별난 꼬마 얼룩소』의 주인공인 티나가 용기를 내기 위해 했던 말인 "못할 것도 없지."를 외치면서 낙하산을 떨어뜨린다.

4단계 교실 밖에서 용기 낙하산 날리기

◆ **가장 멀리 날아가는 낙하산**

교실 밖으로 나가 운동장이나 계단 등 학교에 조금 높은 곳이 있다면 다 같이 줄을 서서 동시에 날려 본다. 건물 사이에 바람이 잘 부는 곳이면 좋다. 먼저 바람을 타고 어느 낙하산이 멀리 날아가는지 놀이한다. 다 같이 한 줄로 서서 낙하산의 비닐을 높이 들고 신호에 맞추어 동시에 날려 본다. 종이컵을 옆으로 던지지 말고 비닐을 위로 높이 띄워서 날린다. 가장 멀리 날아가는 낙하산이 무엇인지 관찰한다. 그 낙하산의 주인은 자신이 좀 더 용기 내야 할 일이라고 적은 것을 큰 소리로 말한다. 그 친구에게 박수를 쳐 주고 용기를 응원해 준다. 멀리 날아간 낙하산을 혼자 날리도록 하고, 다른 친구들은 어떻게 해야 멀리 날아가는지 관찰한다. 그리고 다시 동시에 낙하산을 날린다. 가까이에 떨어진 낙하산이라도 서로 격려해 준다.

◆ **가장 오래 떠 있는 낙하산**

어느 낙하산이 오랫동안 공중에 있을까? 다 같이 한 줄로 서서 낙하산의 비닐을 높이 들고 신호에 맞추어 동시에 날려 본다. 낙하산이 얼마 동안 공중에 있는지 다 같이 숫자를 같이 센다. 가장 오랫동안 공중에 떠 있는 낙하산을 관찰한다. 그 낙하산이 떨어지면 그 주인이 좀 더 용기 내야 할 일을 큰 소리로 읽는다. 다른 학생들은 박수를 치고 용기를 응원한다. 오랫동안 공중에 있던 낙하산을 혼자 날리도록 하고, 다른 친구들은 어떻게 해야 오래 공중에 떠 있는지 관찰한다. 그리고 다시 동시에 낙하산을 날린다. 금방 떨어진 낙하산이라도 서로 격려해 준다.

· 추가 놀이: 한 번 더 못할 것도 없지 ·

낙하산 비닐에 쓴 것을 친구에게 보여 주고, 어떤 것을 추가하면 좋을지 물어보고 더 쓴다. 친구에게도 어떤 것을 더 노력하면 좋을지 알려 준다. 그리고 "못할 것도 없지."라고 외치면서 친구와 같이 낙하산을 날린다.

하교 후 가족에게 내가 낙하산 비닐에 쓴 것을 보여 주고, 어떤 것을 추가하면 좋을지 물어보고 더 쓴다. 그리고 "못할 것도 없지!"라고 외치면서 가족과 함께 낙하산을 날린다.

· 같이 읽으면 좋은 그림책 ·

나는 용기가 필요해
수수아 글 · 그림,
팜파스

넘어
김지연 글 · 그림,
북멘토

잊었던 용기
휘리 글 · 그림,
창비

용서

괜찮아!

사자가 작아졌어!

정성훈 글·그림 | 비룡소

배가 고파서 가젤의 엄마를 잡아먹은 사자는 갑자기 몸이 작아진다. 가젤은 우연히 개울에 빠진 사자를 구하지만, 사자가 엄마를 빼앗아 갔다는 것을 알아차린다. 그 순간 가젤은 자신의 슬픔이 자꾸만 격앙되는 것을 느낀다. 가젤은 사자를 만나기 전까지 자신이 그렇게 슬프다는 걸 잊고 있었다. 그는 사자를 만나고 나서야 비로소 자신의 마음을 들여다보며 엄마를 잃은 슬픔이 얼마나 큰지 깨닫는다. 자신이 받은 피해로 인해 자신의 진짜 감정이 어떤지 알아차리는 것은 자기 치유의 시작이며 용서의 시작이다.

가젤은 사자의 사과를 받으면서 자신의 감정을 충분히 표현하고 차츰 마음이 누그러진다. 우리는 누군가에게 누구를 용서하라고 강요할 수 없다. 그래서도 안 된다. 가젤이 자신의 슬픔을 충분히 들여다보고 나서야 사자에게 더는 복수를 꿈꾸지 않는 것처럼. 용서는 자신의 감정을 충분히 알아차리고 표현한 후에 천천히 시작되는 것임을 잘 보여 준다.

· 인성 만나기 ·

용서란?

　용서란 피해자가 가해자에 대한 의도적이며 자발적인 감정과 태도의 변화를 일으키는 과정으로, 복수와 같은 부정적인 정서를 갖지 않는다. 누군가로부터 큰 상처를 받은 후 그 사람을 용서하기란 말처럼 쉬운 일이 아니다. 그러나 한편 용서는 다른 사람의 행동이나 상황에 대한 이해와 연민의 표현이며, 보복을 포기함으로써 정서적 평화를 통한 마음의 휴식을 찾는 일이다. 용서를 통해 관계를 개선하는 효과를 가져오기도 하고 개인적인 성장을 불러오기도 한다.

· 놀이 즐기기 ·

괜찮아!

　'괜찮아!' 놀이는 친구와 다툼이 있을 때 자신의 마음을 표현한 후 사과받고 또 용서하는 방법을 배울 수 있는 놀이다. 상대방으로 인해 상처받았을 때 우리는 곧잘 상처받은 상황에 매몰되기 쉽다. 중요한 것은 상황이 아니라 상처받은 나를 돌보는 일이다. 그 일로 인해 내 마음이 어떤지, 내게 중요한 것은 무엇인지 알아차리는 것이 문제 해결의 실마리다. '괜찮아' 놀이를 통해 자신의 감정을 표현하는 법, 사과하고 사과받는 법을 잘 배운다면 일상에서 생기는 사소한 다툼 상황을 슬기롭게 해결하는 역량을 기를 수 있다.

　※준비물: 스티커, 교실에서 소소하게 일어나는 다툼 상황 쪽지, 센터피스, 토킹피스, 감정 카드 2세트

1단계　그림책 읽고 이야기 나누기

　표지를 보면서 사자가 왜 작아졌는지 이야기를 나눈다. 학생들은 "작아지는 마법에 걸렸기 때문이다.", "태어난 지 얼마 되지 않은 아기 사자라서 그렇다."고 했다. "엄마를 잃은 가젤의 마음은 어땠을까?" 하는 질문에 한 학생이 "아무것도 하기 싫었을 것 같아요." 하고 말해서 모두가 고개를 끄덕였다.

　책을 다 읽은 후 사자가 작아진 이유를 다시 한번 물었다. "가젤의 엄마를 잡아먹어서 반성할 기회를 가지라고 작아진 것 같다.", "사자도 잡아먹힐 수 있다는 걸

경험해서 초식동물의 마음을 알아야 하기 때문에." 등의 대답이 나왔다. 가젤처럼 누군가에게 사과받고 싶은 일, 사과받은 일을 포스트잇에 적고 함께 살펴본다. 사과를 받았을 때 어떤 마음이 드는지 이야기를 나누면 사과하는 것이 상대방에게 어떤 의미인지 더 분명히 알 수 있다. 사과가 잘 이루어지면 우리 안에 상대를 용서할 수 있는 마음의 공간이 생긴다.

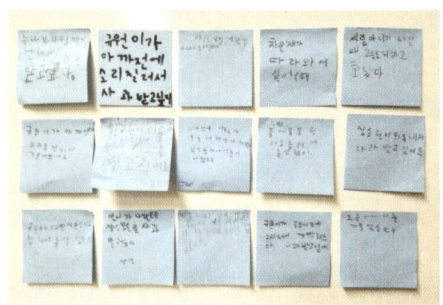

사과받고 싶은 일 / 사과받은 일

2단계 마음 신호등 '감정' 살피기

감정은 우리 몸의 신호등이다. 신호등에 빨간불이 켜지면 멈춰야 하는 것처럼 감정의 신호등에 빨간불이 켜지면 그에 걸맞은 대처가 필요하다. 평소에 다양한 감정을 알고 감정을 살펴보는 연습을 하면 위기 상황에서도 자신의 감정을 더 잘 살필 수 있다.

둥글게 앉아 다양한 감정 단어들을 살펴보고 오늘의 감정에 맞는 감정 카드 1~2개를 마음속으로 고른다. 먼저 이야기하고 싶은 사람부터 토킹피스를 돌리면서 지금 감정과 이유를 함께 말한다. 이유를 말하지 못할 때는 감정만 말한다.

감정 단어 살피기

오늘의 내 감정 카드 소개하기

3단계 괜찮아! 놀이하기

괜찮아! 놀이를 하기 위해서 사과가 필요한 다양한 상황을 설정해야 한다. 그림책을 읽은 후 '사과받고 싶은 일'로 작성했던 쪽지에서 사례를 가지고 온다. 사례를 활용해서 아래와 같은 상황 쪽지를 반 학생 수만큼 준비한다. 처음에는 상황 쪽지를 그대로 읽으면서 놀이하고 익숙해지면 상황에 맞는 대화를 학생들이 스스로 만든다.

> **예시** 상황 쪽지
>
> • 발을 다쳤을 때 친구가 '외다리'라고 놀린 일
> A: 내가 발을 다쳤을 때 네가 외다리라고 했잖아. 나 그때 진짜 화났어.
> B: 많이 화났어?
> A: 응. 다음부터는 그런 말 하지 말아 줘.
> B: 다음부터 조심할게. 미안해.
> A: 괜찮아.

❶ 준비한 상황 쪽지를 학생들에게 하나씩 나누어 준다. 학생들은 모두 일어나서 교실을 걸어 다니다가 친구와 만나 주먹 하이파이브로 인사한다.

❷ 가위바위보를 한 후 이긴 사람은 자기가 들고 있는 쪽지의 A 역할을 말한다. 진 사람은 B 역할을 말한다. 이긴 사람이 들고 있던 상황 쪽지 말하기가 끝나면 이번에는 진 사람이 자기가 들고 있는 쪽지의 A 역할을 하고 이긴 사람은 B 역할을 한다. 두 사람의 상황 쪽지를 모두 말하고 나면 서로의 손등에 활동 스티커를 붙여 준다. 그리고 가지고 있던 쪽지를 서로 맞바꾼다. 쪽지를 바꾸지 않으면 친구를 만날 때마다 같은 상황 쪽지를 읽게 되어 지루해진다.

❸ 사과가 필요한 다양한 상황을 경험할 수 있도록 쪽지를 서로 바꾸고 다른 친구를 만나러 간다. 5명을 만나 사과하고 사과를 받으면 자기 자리로 돌아간다. 여유 시간에 따라 만나는 사람의 수를 가감한다. 놀이가 끝나면 활동 소감을 나눈다.

· 추가 놀이: 욕구를 찾아라 ·

'욕구를 찾아라'는 앞에서 한 '괜찮아!' 놀이와 비슷한데 대화할 때 감정을 알아준 후에 욕구 목록에서 욕구를 찾아 준다는 점(아래 진한 부분 참고)이 다르다. 욕구를 찾아 줄 때는 욕구 목록(한국비폭력대화교육원의 욕구 목록 참고)에서 짐작되는 것을 찾아서 물어본다. 만약 짐작한 욕구가 아니라고 하면 당사자가 욕구 목록에서 스스로 욕구를 찾는다.

> **예시** 친구가 '돼지'라고 놀린 일
>
> A: 네가 어제 점심시간에 돼지라고 했잖아. 나 그때 폭발할 것처럼 화났어.
> B: 폭발할 것처럼 화가 많이 났니?
> A: 응. 엄청나게 화났어.
> **B: (욕구 목록을 보고 짐작되는 욕구를 묻는다.) 그때 너에게 중요한 것은 '존중'이었어?**
> **A: 응. 나한테는 존중이 중요해. 앞으로 조심해 줘.**
> B: 그랬구나. 앞으로 놀리지 않을게. 미안해.
> A: 괜찮아.
>
> ※ 고학년인 경우에도 처음에는 말하는 방식이 익숙하지 않으므로 상황 쪽지의 예시대로 대화를 읽는다. 대화 방법이 익숙해지면 상황에 맞게 스스로 대화를 만들어 갈 수 있도록 허용한다. 이때 B 역할을 하는 학생이 욕구 목록에서 욕구를 찾아 주기 힘들 때는 "그때 너에게 뭐가 중요했어?" 하고 A에게 묻고 A가 욕구 목록에서 스스로 찾도록 한다.

· 같이 읽으면 좋은 그림책 ·

용서의 정원
보런 톰프슨 글,
크리스티 헤일 그림, 손성화 옮김,
시공주니어

토끼가 커졌어!
정성훈 글·그림,
한솔수북

괜찮아, 나의 투씨비야
김소연 글·그림, 글로연

친구 모셔 오기

우정

코끼리와 나비

E. E. 커밍스 글 | 린다 볼프스그루버 그림 | 김소정 옮김 | 브와포레

아무에게도 다가가지 않는 코끼리는 친구가 없다. 그러던 어느 날, 코끼리 집에 나비가 찾아온다. 코끼리는 떨리는 마음으로 나비를 맞이한다. 나비는 선뜻 나서지 못하는 코끼리에게 먼저 손을 내밀었다. 그 손을 잡은 코끼리는 나비와 친구가 된다. 함께 시간을 보내고 마음을 전하며 서로에게 소중한 존재가 된다. 코끼리와 나비를 통해 친구 관계를 시작하기 위한 용기와 배려의 마음을 일깨워 준다.

· 인성 만나기 ·

우정이란?

우정은 친구 사이에서 나누는 정이다. 우리는 누구나 서로 돕고 의지하며 기쁨과 슬픔을 함께 나눌 수 있는 친구가 있기를 바란다. 서로를 좋아하고 마음이 통하는 친구가 있을 때, 학교생활이 즐거워지고 학생들의 행복감도 높아진다. 새 학년을 맞이하면서 학생들은 '새로운 친구를 잘 사귈 수 있을까?'라고 걱정한다. 우정을 나누기 위해서는 먼저 다가가는 용기를 가져야 한다. 서로 다름을 인정하고 존중하는 태도도 필요하다. 서로에게 좋은 친구가 되어 주고 우정을 쌓아 가는 일은 행복한 삶의 밑거름이 된다.

· 놀이 즐기기 ·

친구 모셔 오기

두 사람이 나비의 양 날개가 되어 손을 잡고 제시어에 맞는 친구를 모셔 오는 놀이다. 나비가 된 친구들이 다가오면 코끼리처럼 기쁜 마음으로 손을 잡고 따라간다. 학급에는 안경을 쓴 친구, 외동인 친구, 염색한 친구 등 다양한 특징을 지닌 친구들이 있다. 놀이를 통해 친구들의 특징을 알아 가는 기회가 된다. 손을 잡고 활동하면서 친밀감도 느낀다. 친구가 다가오기를 기다리는 대신 나비처럼 먼저 친구에게 다가가는 태도도 배울 수 있다. 놀이 시간을 설정하여 제한 시간이 끝났을 때는 데려오던 친구에게 칭찬하는 말을 건넨다. 칭찬의 말은 마음을 열고 긍정적인 관계를 맺도록 해 준다.

※**준비물**: 타이머, 의자(학생 수보다 1개 더 필요함), 제비뽑기

1단계 그림책 읽고 이야기 나누기

그림책을 읽은 뒤, "친구에게 다가가는 나비처럼 되고 싶다.", 친구를 잘 사귀지 못하는 성격이라 나비 같은 성격이 부럽다."라고 말하는 학생들이 있었다. 학생들과 '친구에게 다가가는 방법은 무엇이 있을까?'라는 주제로 이야기를 나눈다. 용기 내서 먼저 인사하고 말 걸기, 맛있는 것을 나누어 먹기, 어려움에 빠진 친구 도와주기, 칭찬하기 등의 의견이 나온다. "낯을 많이 가리는 친구가 있더라도 조금씩

다가가겠다, 계속 인사하고 말을 걸면 마음을 열 것이다, 코끼리가 나비를 만나고 삶이 더 행복해 보인다, 항상 같이하는 둘도 없는 친구를 만들고 싶다." 등 긍정적인 반응을 하는 학생들의 마음을 엿볼 수 있다.

2단계 제시어 만들기

❶ A4 용지를 8등분 하여 한 학생에게 4장씩 나누어 준다. 학생들은 친구들을 관찰한 후 데려오고 싶은 친구의 특징을 한 가지씩 종이에 적는다. 다 적은 종이는 2번 접어 바구니에 담는다.

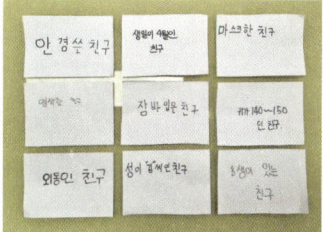

> **참고** 종이에는 서로 다른 제시어를 쓰되 '반팔을 입은 친구'처럼 정확히 구분되는 특징을 쓴다. 남자 친구, 여자 친구, 안경 쓴 친구, 머리 묶은 친구, 검정 옷을 입은 친구, 출석 번호 7번인 친구 등 여러 가지 예시를 미리 안내한다. 5~6학년의 경우, 수학과 연계하여 키 160㎝ 이상(이하, 초과, 미만)인 친구 같은 조건을 활용해도 좋다.

❷ 제비뽑기 대신 학생들이 만든 제시어를 PPT로 만든다. 슬라이드를 넘겨 가며 놀이를 진행할 수 있다. 제시어가 중복되지 않고 다양할수록 놀이에 더욱 흥미 있게 참여한다.

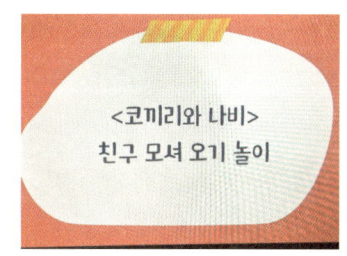

3단계 친구 모셔 오기

❶ 학생들은 책상을 교실 가장자리로 밀고 의자를 가지고 나온다. 의자로 둥근 원을 만들어 앉는다.
❷ 희망하는 학생들끼리 가위바위보를 하여, 나비 역할을 맡을 두 학생을 정한다. 두 학생 사이에 모셔 온 친구가 앉을 빈 의자 하나를 추가한다. 놀이가 끝나면 자신의 의자를 찾을 수 있도록 번호 스티커를 붙이거나 가방이나 옷을 걸어둔다.
❸ 교사는 3분 타이머를 설정하면서 '시작' 신호를 보낸다. 나비가 된 친구들은

손을 잡고 제비를 뽑으러 간다. 손을 잡은 채 나머지 손을 이용하여 제비 하나를 뽑아 펼친다. 제시어를 크게 외치고 뽑은 제비는 비어 있는 바구니에 담는다.

❹ 제시어에 맞는 친구를 찾아서 한 손씩 잡고 빈자리로 모셔 온다. 이때 '외동인 친구'처럼 바로 알 수 없는 제시어는 해당하는 친구들이 손을 들어 준다. 빈 의자 양옆에 앉은 친구 두 명이 다시 나비가 되어 놀이를 계속한다.

❺ 3분 종료 알람이 울리면 놀이를 멈춘다.

> **참고** PPT로 놀이를 진행할 경우, 타이머 설정은 1분이 적절하다. 타이머는 보여 주지 않고 끝나는 알림 소리만 들을 수 있도록 한다. 타이머가 보이면 끝나는 시간을 확인하기 위해 놀이에 집중하지 못한다. 타이머는 종료 시 알림 소리가 나는 것으로 준비한다.

4단계 친구 칭찬하기

타이머가 종료되면 나비가 된 학생은 나비를 모셔 갔던 친구를 칭찬한다. 모셔 갈 친구를 찾지 못한 상태에서 타이머가 울리면 조건에 맞는 친구를 찾은 후 칭찬한다. 번갈아 가며 3회씩 칭찬하는 말을 건넨다. 친구의 장점이나 좋은 점, 긍정적인

부분을 찾아 칭찬하도록 한다. 친구 칭찬이 끝나면 다시 3분을 설정하고 놀이를 반복한다. 뽑을 제비가 부족하면 펼친 제비를 재사용하여 놀이를 계속 진행할 수 있다.

· 추가 놀이: 우정 테스트 V ·

'우정 테스트 V'는 친구들과 손뼉을 치는 손 놀이다. 신학기 서먹한 분위기에서 스킨십을 통해 친구들과 쉽게 친해질 수 있다. 몇 단계까지 갈 수 있는지 테스트하는 게임 요소가 있어 집중력을 발휘하며 즐겁게 참여한다.

두 사람씩 짝을 지어 서로 손을 마주 잡는다. 마주 잡은 손을 흔들면서 '우정 테스트V'라고 외친다.

1단계: 박수 한 번 치고 친구와 오른 손뼉을 친다. 박수 한 번 치고 친구와 양 손뼉을 친다.

2단계: 박수 한 번 치고 친구와 왼 손뼉을 친다. 박수 한 번 치고 친구와 양 손뼉을 친다.

1~2단계를 반복하면서 엇갈려 칠 때마다 단계가 올라간다. 서로 마음이 잘 맞아야 높은 단계까지 갈 수 있다. 처음에는 느린 속도로 손뼉치기를 연습한 후 익숙해지면 빠른 속도로 손뼉치기를 한다.

· 같이 읽으면 좋은 그림책 ·

친구에게
김윤정 글 · 그림,
윤에디션

친구의 전설
이지은 글 · 그림,
웅진주니어

우리 친구하자
앤서니 브라운 글 · 그림,
하빈영 옮김, 현북스

유머

그게 뭐야?
말도 안 돼!

붙여 볼까?

카가미 켄 글 · 그림 | 상상의집

연필과 코끼리를 붙이면 무엇이 될까? 이 책은 상상력과 창의력을 기반으로 한 유쾌한 그림책이다. 작가는 아무 관련이 없는 두 개의 낱말을 마음대로 붙여 본다. 낱말만 붙여 보는 것이 아니라 그림도 붙인다. 그러면 세상에 없는 재미있는 낱말과 새로운 그림이 탄생한다. 학생들도 작가처럼 강제 결합의 방식으로 붙이는 행위의 즐거움과 재미를 느낄 수 있다. 자신이 만든 카드를 친구에게 보여 줌으로써 서로 유머를 즐기고 나누는 자리를 만들 수 있다.

· 인성 만나기 ·

유머란?

유머는 남을 웃기는 말이나 행동, 우스개, 익살을 말한다. 인간은 웃을 수 있는 유일한 생물이라고 한다. 유머는 인간에게만 주어진 귀중한 능력으로 유머를 잘 활용하면 사회생활을 잘 영위할 수 있다. 즉, 유머는 사람과 사람 사이를 부드럽게 만드는 윤활유 역할을 한다. 유머는 창의력을 기반으로 하며, 유머를 통해 서로의 감정을 소통할 수 있다. 단순한 농담도 있지만 상대방이나 상황에 대한 공감을 기반으로 한 유머도 있다. 유머는 학교생활을 더욱 즐겁게 하며 분위기도 부드럽게 한다. 또한, 학교생활에서 생기는 스트레스와 긴장을 완화하고 공동체를 형성하는 데도 기여한다. 그래서 유머를 잘 활용하는 학생은 또래 집단에서 인기가 높은 편이다. 물론 때와 장소를 잘 가려서 유머를 활용해야 한다.

· 놀이 즐기기 ·

그게 뭐야? 말도 안 돼!

그림책처럼 두 가지를 강제 결합하여 원래 이름에서 글자를 따와서 이름을 붙인다. 간단한 그림도 재미있게 붙인다. 그것을 문제로 내서 서로 문제를 맞히는 놀이다. 유머를 이루는 요소는 여러 가지가 있겠지만 여기에서는 우연성에 주목한다. 문제를 만든 사람이 정한 정답은 있지만 확고부동한 정답은 아니다. 정답은 만드는 사람에 따라 얼마든지 달라질 수 있다. 친구가 생각한 정답을 유추해서 맞혀 보고 우연성에 기반하여 엉뚱한 것이 탄생하였을 때 촉발되는 유머를 즐긴다. 학생들은 놀이에 몰입함으로써 어떻게 보면 무용하지만 충분히 즐거운 유머의 매력에 쏙 빠져들게 된다.

※**준비물**: 카드 6장(사물, 동물, 식물이라고 적은 카드 2장씩), 종이, 사인펜

1단계 **그림책 읽고 이야기 나누기**

그림책을 보여 주면서 다음 장에 나올 낱말 맞히기 놀이를 한다. 예를 들어, 앞 장에 '코끼리+연필'이라고 나온 부분만 보여 주고 다음 쪽에 뭐라고 적혀 있을지 묻는다. 책이 같은 방식으로 반복되기 때문에 맞히기를 몇 번 진행한 다음, 모둠

끼리 의논해서 맞힌다. 작가가 왜 이런 그림책을 만들었는지 유추해 본다. 작가의 상상력 넘치는 유머를 알아맞히며 강제 결합 방식을 자연스럽게 익힌다. 강제 결합된 결과물이 주는 엉뚱함과 기발함을 즐긴다. 아이들은 그 엉뚱함과 기발함에 매료되어 자신들도 같은 방식으로 만들고 싶어 한다. "우리도 작가의 방식처럼 만들어서 맞히기 놀이를 해 볼까요?"라고 말하면 학생들이 즐거워한다.

2단계 놀이 규칙 정하기

❶ 모둠 안에서 돌아가며 카드 2장을 뽑는다.
❷ 동물+사물을 뽑았으면 조건에 해당하는 것을 떠올려서 강제 결합한다.
  예) 코끼리+연필=필끼리
❸ 모둠끼리 정답을 맞히는 놀이를 한다. 학급 전체로 해도 된다.

아무런 규칙 없이 만들 수도 있지만 사물, 동물, 식물 카드를 각각 2장씩 주고 거기에서 2장을 뽑아 그 조건을 지키며 문제를 만든다. 조건은 문제를 만드는 데 제약이 되기도 하지만, 문제 만드는 시간을 줄여 준다. 카드를 활용하면 모둠의 모든 친구들이 문제를 만들어 놀이를 진행할 수 있어 효과적이다.

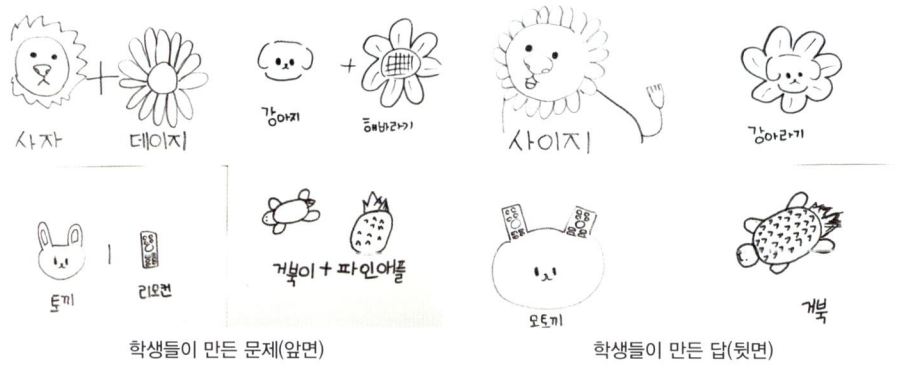

학생들이 만든 문제(앞면)　　　　학생들이 만든 답(뒷면)

3단계 그게 뭐야? 말도 안 돼!

❶ 모둠에서 문제 맞히기 놀이를 한다.
❷ 모둠 놀이가 끝나고 나면 각 모둠에서 가장 웃겼던 문제나 맞히기 어려웠던

문제를 하나씩 뽑는다.

❸ 각 모둠에서 문제 출제자가 나와 학급 전체와 놀이를 한다. 전체 놀이를 마친 다음, 가장 웃겼던 문제와 가장 맞히기 어려웠던 문제에 대해 이야기를 나눈다.

문제 맞히기 놀이는 문제를 잘 맞히지 못하는 학생들이 재미를 느끼지 못할 가능성이 있다. 그래서 친구가 문제를 맞혔을 때 놀이 제목을 다 같이 외치도록 한다. "그게 뭐야? 말도 안 돼!"를 다 같이 외치면 또 다른 재미를 느낀다.

❹ 유머와 관련된 놀이를 마친 다음, 놀이하면서 어떤 요소가 재미를 주었는지 돌아가며 이야기를 나눈다. 재미있는 문제를 만드는 것이 다소 어려웠다고 하는 학생, 친구가 만든 기발한 문제의 정답을 맞혔을 때 재미있었다고 말한 학생도 많았다.

· 추가 놀이: 파리채 놀이 ·

이 놀이를 하기 위해서는 여러 가지 보기를 만들어야 한다. 너무 큰 고민 없이 글자 수나 글자의 순서에 변화를 주어 보기를 만든다. 보기를 칠판이나 화이트보드 여기저기에 쓴다. PPT로 문제 화면을 만들 수도 있다. 좀 더 재미 요소를 넣고 싶다면 글자가 움직이게 만들 수도 있다. 그러면 아이들이 움직이는 정답을 맞히기 위해 파리채를 여러 번 휘두르는데, 그것을 지켜보는 아이들은 아이들대로 재미를 느낄 수 있다. 아이들은 자신이 생각한 정답을 맞히기 위해 칠판 쪽으로 뛰어 나가야 하는데, 넘어지지 않도록 안전에 유의한다.

> **예시** 코끼리+연필=필끼리
> 코연필, 끼연필, 필끼리, 연코끼 중 출제자의 정답 '필끼리'를 파리채로 친다.

· 같이 읽으면 좋은 그림책 ·

곰돌이 팬티
투페라 투페라 글·그림,
김미대 옮김, 북극곰

우다다다, 달려 마을!
야둥 글, 마이크 샤오쿠이 그림,
류희정 옮김, 한림출판사

진짜 코 파는 이야기
이갑규 글·그림,
책읽는곰

인정

당연하지

난 네가 부러워

김영민 글·그림 | 뜨인돌어린이

──────── ✱ ────────

『난 네가 부러워』에서 학급 친구들이 한 명씩 나오면서 자신이 생각하는 자신의 단점을 이야기한다. 그런데 자신이 생각하는 단점을 누군가가 장점으로 바라보며 부럽다고 말한다. 친구의 단점을 장점으로 찾아준 친구는 다시 자신에게 있는 단점을 찾는다. 이러한 과정을 통해 나에게 있는 단점이 다른 사람에게는 장점으로 보일 수 있음을 깨닫는다. 자신에겐 단점이지만 다른 친구들은 부러워하는 점이 될 수 있음을 알아차리고 친구들이 바꾸어 준 장점을 받아들이게 하는 그림책이다.

· 인성 만나기 ·

인정이란?

인정은 확실히 그렇다고 여기는 마음이다. 우리는 자신과 다른 생각이나 의견을 인정하기 어려워 부정하게 된다. 반대로 나와 같은 생각이나 의견은 확실히 그렇다고 여기며 인정한다. 특히나 상대의 의견이나 생각이 자신이 잘못된 것, 부족한 것, 부끄러운 것들을 지적하는 말일 때에는 더더욱 받아들이기 힘들고 두려워하며 부정한다. 하지만 자신의 잘못이나 부족한 부분을 인정할 때, 우리는 변화하고, 배우며, 성장할 수 있다. 자신의 부족한 부분을 인정하지 않는다면 변화를 기대하기 어렵다.

· 놀이 즐기기 ·

당연하지

자신이 생각하는 단점을 친구들과 장점으로 바꾼다. 이 과정에서 자신을 엄격한 잣대로 평가하던 것을 창의적인 관점에서 장점으로 바꾼다. 친구들이 장점을 말해 주면 당당하고 확실하게 "당연하지."라고 인정하는 놀이이다. 자신의 단점은 장점으로 받아들이고, 친구가 말하는 장점은 확언하며 생각을 긍정적으로 전환하는 놀이이다.

※준비물: A4 용지, 필기도구

1단계 그림책 읽고 이야기 나누기

❶ 그림책을 읽기 전 제목을 보며 학생들 각자가 누군가를 부러워한 점에 대해 생각해 본다.
❷ 포스트잇에 누구의 어떤 점을 부러워했는지 적는다. 부러운 점을 적을 때, 물질적인 부러움을 적기보다는 그 사람이 가진 고유한 것에서 부러운 점을 찾는다. 즉, 성격이나 행동, 외모 등에 대해 적는다.
❸ 학생들이 적은 것을 발표한다.

그림책을 읽은 후 책 속 아이들은 스스로에게 불만인 부분, 부족한 부분을 하나씩 꺼내 놓았다. 하지만 나와는 다르게 나의 부족한 부분을 부러워하며 다른 의견을 내는 친구들이 있다.

❹ 나와 생각이 다른 친구들의 생각을 받아들이는 것을 무엇이라고 하는지 질문을 통해 덕목을 찾아보게 한다. 책에서 제일 공감이 가는 부러움에는 어떤 것이 있었는지 찾아본다.

2단계 손바닥 그리고 단점 5가지 찾기

❶ A4 용지에 손가락을 쫙 펴서 손바닥의 윤곽을 따라 그린다. 이때 사인펜보다는 연필이나 색연필이 낫다. 사인펜은 손에 닿으면 묻을 수 있기 때문이다.

❷ 자신이 생각하는 자신의 단점을 손가락마다 하나씩 적는다. 외모에 치우지지 않도록 칠판에 외모, 성격, 감정, 행동의 단점을 써 준다. 자신의 단점이라고 생각하는 부분을 구체적으로 적는다. 단, 다른 사람이 알아볼 수 있어야 장점으로 바꿀 수 있으므로 글씨를 바르게 쓴다. 누구의 단점을 적은 것인지 모르게 모둠 책상의 가운데에 모아 놓고 뒤집어 놓는다.

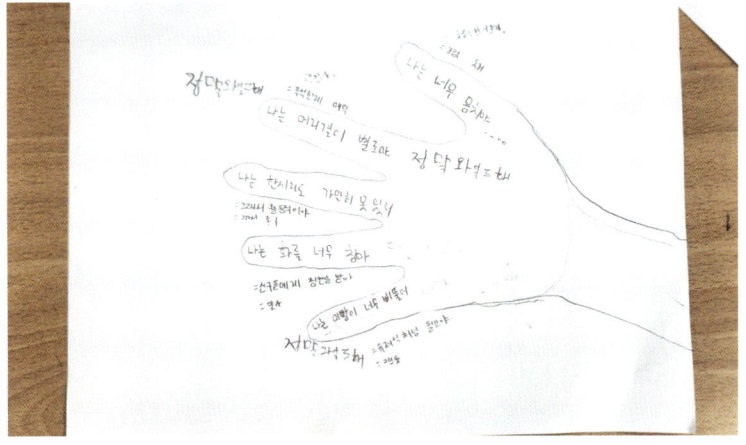

3단계 단점을 장점으로 바꿔 주기

❶ 모둠 전체가 이동하며 단점을 장점으로 바꾼다. 모둠 친구들 전체가 일정한 방향으로 자리를 옮기며 단점을 장점으로 바꿔 쓴다. 장점은 공간이 더 넓은

손가락 바깥쪽에 적는다. 친한 친구의 것이 아닌, 무작위로 섞은 종이를 뽑아 장점으로 바꿔 쓴다. 자리를 바꾸기 전에 먼저 반 전체 학생들과 함께 바꿔보기를 연습해도 좋다. 그림책 함께 읽기 과정에서 충분히 연습되었다면 연습 과정은 생략해도 된다.

> **예시**
> - 무엇인가를 결정하고 선택해야 할 때 빨리 선택하지 못한다. → 신중하게 선택해서 실수를 적게 하는구나.
> - 게으르다. → 충분한 휴식을 취해서 다른 일을 할 때 열정적으로 하려고 하는구나.

❷ 모둠 전체 이동 후 1~2분 이내로 짧은 시간을 주고, 타이머로 알람을 울리게 한다. 시간이 적다는 것을 알 때 빠르게 생각할 수 있다. 엄지손가락부터 차례대로 바꾸기보다는 자신이 쉽게 바꿀 수 있는 것부터 선택해도 좋다. 다른 친구가 장점으로 바꾼 것이 있더라도 더욱 창의적으로 바꿔도 된다. 일정한 방향으로 모둠 돌기를 하고 모둠에 와서 자기 손바닥을 찾아서 읽어 본다.

❸ 많은 장점 중에서 마음에 드는 장점에 동그라미를 친다. 단점 뒤집기를 한 장점 중 마음에 드는 것을 하나씩만이라도 소개해 보는 것도 좋다.

4단계 장점 듣고 "당연하지!"라고 말하기

❶ 짝과 마주 보고 선다. 짝과 장단점 종이를 바꾼다.

❷ 상대의 장점 종이를 정확한 발음으로 상대의 눈을 바라보며 읽는다. 자신의 장점을 듣고 최대한 얼굴 표정을 그대로 유지한 채 "당연하지!"라고 말한다. 한 명씩 교대로 읽으며 5가지를 모두 읽는데, 중간에 웃거나 표정이 바뀌면 실패이다.

❸ 짝과 '당연하지'를 마쳤다면 종이를 교환해 다른 친구를 만나서 한다. 동성 친구 1명, 이성 친구 1명 만나기 등의 새로운 미션을 줘도 좋다. 약 3명과 '당연하지 놀이'를 한다.

❹ 놀이 후 놀이 소감을 나눈다. 좋았던 점, 아쉬웠던 점, 바꾸고 싶은 점 등을 반 친구들과 공유한다.

당연하지 놀이

· 추가 놀이 1: 단점 듣고 "당연하지!" ·

단점을 듣고 "당연하지!"라고 말하는 놀이다. 예를 들어, "네 머리가 큰 것은 머리에 든 것이 너무 많아서지?"라고 하면, "당연하지! 나는 머리에 든 것이 많아서 머리가 크지."라고 말한다.

상처되는 말이 나올 수 있으므로 미션지를 만들어 그 미션지에서만 고르는 것도 좋다. 학급 전체가 들었을 때 민망할 수 있는 말들을 같이 만들어 본다. 거기에서 골라서 '당연하지' 놀이를 하고 나에게 자극되는 말이 무엇인지 알아본다. 사람마다 받아들이기 힘들거나 인정하고 싶지 않은 부분이 다르다는 것을 배울 수 있다.

· 추가 놀이 2: 인정왕 선발 대회 ·

대진표를 짜서 토너먼트 방식으로 우리 반 '인정왕 선발 대회'를 한다.

❶ 1m 이내의 간격을 두고 두 사람이 선다.
❷ 상대에게 부러운 점(또는 장점)을 과장된 말로 공격하면 그 말을 들은 상대는 무표정으로 "당연하지!"를 외친다. 장점 공격을 받으면 "당연하지!"라고 인정하면서 표정의 변화는 없어야 한다. 놀이가 너무 과열되어 상대에 대한 인신공격으로 빠지지 않도록 주의시킨다.

예를 들어 상대가 나보다 키가 크다면, "네가 20살이 되면 키가 너무 커서 머리가 천장에 닿게 될 거야."처럼 실제로 상대의 부러운 면을 과장되게 표현한다.
❸ 놀이가 끝나고 난 뒤에는 놀이 내용으로 놀리거나 다시 언급하지 않도록 약속을 정한다.

· 같이 읽으면 좋은 그림책 ·

그랬구나
김금향 글, 정진호 그림,
키즈엠

분명히 봤다고요, 매머드!
알렉스 윌모어 글·그림,
신수진 옮김, 국민서관

너저분 선생님과 깔끔 선생님
파브리지오 실레이 글,
안톤지오나타 페라리 그림,
명혜권 옮김, 맛있는책

그림책
인성 놀이
31~40

자기 긍정	불만 낙엽 놀이
자기 조절	화풀이 테이크아웃
자기 주도성	눈물이 나도 괜찮아
자신감	그림자 찾기
자존감	꾸물꾸물 장점 댄스
절제	욕망의 풍선 터트리기
정의	정의의 주사위를 굴려라!
정직	진진가 놀이
존중	TOR(A Tree Of Respect)
즐거움	동물 이어달리기

자기 긍정

불만 낙엽 놀이

괜찮아

괜찮아
최숙희 글·그림 | 웅진주니어

『괜찮아』에는 한 아이가 나온다. 아이는 지나가던 개미의 작은 몸을 보고 작다면서 비웃는다. 아이는 다른 동물들의 단점도 말한다. 하지만 개미, 고슴도치, 뱀, 타조, 기린 들은 남이 지적한 단점보다 자신의 장점을 이야기하면서 "괜찮다."고 말한다. 이 그림책은 자신을 긍정할 때 타인의 평가나 칭찬에 목말라하지 않고 자신의 내면을 바라보고 당당해지는 모습을 보여 준다. 주변을 부정적으로 바라보던 아이조차 자신을 긍정적으로 바라보도록 변화시켜 주는 마법 같은 책이다.

· 인성 만나기 ·

자기 긍정이란?

자기 긍정은 자기에 대해 그러하다고 생각하고 옳다고 인정하는 것을 말한다. 자기 긍정은 삶 속에서 있는 그대로 자신을 받아들이고, 남이 가진 것과 비교하기보다 자신이 가진 것을 소중하게 여기는 마음이다. 인성에서 자기 긍정은 흔히 자아 존중감을 이야기할 때 많이 사용된다. 삶에는 긍정적인 경험과 부정적인 경험이 있는데 부정적인 경험의 에너지가 더 커서 더 오래 기억된다. 이럴 때 필요한 것이 자기 긍정이다. 예를 들어 목마른 사람이 물 반 컵을 보고 "물이 반 컵밖에 없네." 또는 "물이 반 컵이나 남았네."라고 말하는 차이다. 자기 긍정은 우리의 삶을 더 성장하고 풍요롭게 만들어 준다.

· 놀이 즐기기 ·

불만 낙엽 놀이

'불만 낙엽 놀이'는 자신에 대한 불만이나 불평 또는 단점을 적어 보는 활동이다. 그러면 술래는 그중 하나를 골라 원 안에서 스스로 마음에 안 든다고 외치는 놀이이다. 자신의 불만을 떨어지는 낙엽처럼 떼어 내서 공동체 안에서 표현한다. 그러면 구성원들은 술래에 대해 생각하고 있던 바를 돌아가며 말한다. 스스로가 싫어하는 단점이나 부족한 점이 사실은 다른 사람에게 장점이나 부러운 점이 될 수 있다는 점을 놀이를 통해 배운다.

※**준비물**: 원을 만들 책상과 의자, 포스트잇, A4 용지, 네임펜

1단계 그림책 읽고 이야기 나누기

『괜찮아』의 주인공 아이가 무엇을 하는지, 그림책을 함께 보면서 어떤 생각이 드는지 물었다. 그러자 학생들은 다음과 같은 답변을 했다.

> **예시** 어떤 생각이 드나요?
> • 아이가 다른 동물들보다 자신이 낫다고 자랑하는 것 같다.

- 책장이 넘어갈수록 다양한 다른 동물의 모습에 대해 있는 그대로 봐주기보다는 놀리는 모습이 어이가 없었다.
- 아이의 모습에 자신의 모습이 보여서 당황스러웠다.
- 친구들과 생활하면서 종종 비슷한 모습을 보았다.
- 동물들이 자신의 신체와 능력의 장점을 당당히 말할 때 속 시원했다.
- 동물들이 아이에게 "그럼 너는?" 하고 물었을 때 신체 조건이나 능력이 아닌 "크게 웃을 수 있다."라고 말하는 것을 보면서 특별한 능력이 없어도 자신의 장점을 찾아낼 수 있음을 배웠다.

2단계 ▶ 불만 낙엽 만들기

❶ 책상을 원으로 만들고 자리에 앉는다.

❷ 스스로에게 가지고 있는 불만, 불편함, 자신의 단점을 A4 용지에 쓴다. 시간은 약 5분 준다.

❸ 자신이 쓴 단점을 읽으면서 발표할 것을 1가지 정한다. 이때 발표 내용은 다른 사람에게 말하고도 말한 사람이 상처받지 않을 정도의 것으로 발표한다.

❹ 다른 것은 다른 사람이 보지 못하도록 나뭇잎 모양 포스트잇으로 가린다. 그리고 자신이 쓴 내용을 가려 놓은 나뭇잎 포스트잇과 아래에 적힌 불만들을 '불만 낙엽'이라고 부르자고 정한다. 나뭇잎 포스트잇이 없다면 일반 포스트잇을 사용해도 된다.

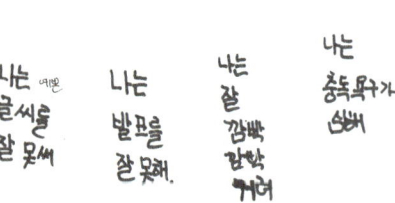

자신에 대한 불만이나 단점 쓰기

쓴 것 가리기

3단계 ▶ 불만 낙엽 떨어뜨리기

❶ 지원자를 받거나 날짜와 관련된 번호를 이용하여 술래를 정한다. 술래는 자신의 불만 낙엽을 공개하고 낙엽처럼 떨어뜨리는 역할이다.

❷ 술래는 자신의 불만 낙엽 중에 1가지를 골라 큰 소리로 "나는 ○○을 못해."

또는 "나는 ○○해서 싫어." 하고 말한다.
❸ 구성원들은 술래의 말을 듣고 포스트잇에 생각이나 느낌을 쓴다.
❹ 교사는 학생들이 다 썼는지 확인하고 술래에게 큰 소리로 다시 한번 말하라고 한다. 이번에는 술래에게 눈을 감고 친구들이 하는 말을 소리에 집중해서 들어보라고 한다. 술래의 왼쪽 친구부터 돌아가면서 "너는 ○○을 잘해.", "너는 ○○해." 라고 쓴 것을 큰 소리로 읽어 준다. 한 사람의 불만에 대해 구성원 전체의 의견을 들어보기에 충분한 시간 확보가 필요하다. 아침 활동 시간에 하루에 한 명씩 돌아가며 할 경우 학생들에게 자기 긍정을 선물할 수도 있다.

> **예시** 술래: "나는 내 마음과 다르게 퉁명스럽게 말해서 마음에 안 들어."
> 친구들의 답변: 너는 발표를 잘해. 너는 아는 게 많고 공부를 잘해. 너는 진짜 밝아. 너는 말을 재미있게 해. 너는 글씨를 잘 써. 너는 재미있어. 너는 편집을 잘해. 너는 엔트리를 잘해. 너는 나보다 잘하는 게 많아. 너는 지적으로 보여.

자신의 불만 1가지 고르기

술래가 자기 불만 말하기

4단계 새로운 잎 피우기

❶ 3단계에서 친구들이 다 말하면 술래가 눈을 뜬다.
❷ 반 친구들 모두 일어나 술래 앞에 와서 A4 용지에 자신이 쓴 포스트잇을 붙인다.
❸ 술래는 친구들이 새롭게 붙여 준 잎(포스트잇)을 보면서 어떤 생각, 느낌, 결심이 생기는지 생각한다.
❹ 친구들이 붙여 준 포스트잇 아래 가려 두었던 자신의 불만을 확인한 뒤, 친구들이 붙여 준 포스트잇을 붙여서 자신의 불만을 덮는다.

  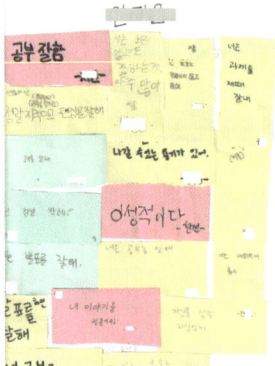

술래에게 새 잎(포스트잇) 붙이기   나의 불만 감춘 포스트잇 뜯어내기   활동 결과지

❺ 돌아가면서 불만 낙엽 떨어뜨리기 놀이의 소감을 나눈다.

> **예시** 소감 나누기
> - 술래 중에 자신의 불만 낙엽을 떨어뜨렸을 때 친구들이 한 말을 듣고 내 불만이 다른 사람들에게는 부러움이 될 수 있다는 사실에 울컥해서 눈물이 났다.
> - 친구들의 반응과 소감을 들으면서 마음이 따뜻해졌다.
> - 술래로 지원하지 못해 아쉽다.

처음에 자신에 대한 불만이나 단점을 쓰라고 했을 때 부담스러워서 쓰지 못하는 학생, 반대로 한 페이지 가득 채우는 학생도 있다. 어떤 학생은 자신의 외모나 말투 등의 인성에, 어떤 학생은 공부를 못한다, 노래를 못한다, 운동을 못한다 등 능력에 불만이 있었다. 학생들 각각의 기질이나 사고방식에 따른 모습이 보였다.

이 놀이를 하면서 다른 사람이 볼 때 자신은 장점이 더 많고, 스스로 단점으로 여기는 부분도 다른 친구에게 부러움이 될 수 있음을 새롭게 알아차렸다.

· 추가 놀이: 교실에 자기 긍정 나무 키우기 ·

❶ 칠판에 나무 그림을 붙이고, 각자 자신에 대한 불만을 낙엽 한 장에 하나씩 쓴다. 원하는 개수만큼 나뭇잎 포스트잇에 쓴다. 자신이 쓴 것을 자기 이름의 나무에 붙인 후 칠판에 붙인다.

❷ 반 전체 친구들이 쓴 것을 살펴볼 시간을 가지고 그 불만 중에서 긍정의 언어로 바꾸어 주고 싶은 나뭇잎을 가져간다. 또는 그 친구에 대해 평소 생각했던 긍정적인 면을 나뭇잎 포스트잇에 써서 붙여 준다.

❸ 나뭇잎의 뒷면에 긍정의 언어로 바꾸어 적은 다음, 다시 붙여 준다. 이를 통해 불만 사항도 뒤집어 생각하면 그렇지 않다는 것을 깨닫는다.

· 같이 읽으면 좋은 그림책 ·

나는 (   ) 사람이에요
수전 베르데 글,
피터 H. 레이놀즈 그림,
김여진 옮김, 위즈덤하우스

나는요,
김희경 글 · 그림,
여유당

특별 주문 케이크
박지윤 글 · 그림,
보림

자기 조절

화풀이 테이크아웃

소피아의 화를 푸는 방법
제인 넬슨 글 | 빌 쇼어 그림 | 김성환 옮김 | 교실어린이

소피아는 정말 큰 건물을 쌓고 싶어서 마지막 한 개만 쌓으면 되는 상황에서 동생의 방해로 지금까지 쌓은 블록이 모두 무너지는 것을 경험한다. 자신이 열심히 노력하여 그 결과가 눈에 보이는 상황에서 다른 사람의 방해를 받아 물거품이 되어 버리는 일은 정말 화가 나는 상황이다. 『소피아의 화를 푸는 방법』은 화를 자신과 남에게 피해를 끼치는 방식이 아닌 긍정적으로 푸는 방법을 긍정 훈육의 관점으로 풀어놓은 그림책이다.

· 인성 만나기 ·

자기 조절이란?

세상을 살다 보면 자기 자신의 감정이나 행동을 조절해야 하는 경우가 많다. 감정 자체가 올라와서 느끼는 것은 괜찮으나 그 감정을 그대로 조절하지 못하고 밖으로 발산할 때 문제가 된다. 자기 조절은 개인이 가지고 있는 자기 마음속의 가치관, 느낌 등이 행동으로 드러나도록 실행에 옮기고 자신의 욕구에 따라 표출하는 심적, 행동적 모습을 말한다. 주로 자기 조절을 말할 때 화(분노)라는 감정을 어떻게 조절하고 표출하는가에 초점을 맞추는 경우가 많다. 이는 화라는 감정이 다른 사람에게 미치는 영향이 크기 때문이다. 사람은 사회적 동물이다. 그러므로 다른 사람과 잘 어울려 살아가려면 자기 조절을 잘해서 화를 잘 해소할 수 있어야 한다.

· 놀이 즐기기 ·

화풀이 테이크아웃

'화풀이 테이크아웃'은 학생들에게 긍정적 관점의 다양한 화풀이 방법이 있음을 놀이를 통해 자연스럽게 인식하고 떠올리도록 해 준다. 평소에는 화를 풀기에 좋은 방법을 알고 있으나 막상 그 상황이 되면 당황하고 화로 인해 기억이 나지 않아 활용하기가 어렵다. 그래서 놀이를 통해 긍정적 화풀이 방법을 기억하도록 하였다. '화풀이 테이크아웃'은 팀 릴레이 방식으로 진행한다. 점장과 손님으로 나누어 화풀이 방법 카드를 많이 획득해 오는 팀이 승리한다.

※**준비물**: 원을 만들 의자, 매직, 포스트잇, A4 용지, 가위

1단계 그림책 읽고 이야기 나누기

그림책을 보면서 다음과 같이 질문한다.

- 평소에 언제 화가 나나요?
- 화로 인해 곤란했거나 불편한 상황이 있었나요? 그때 마음은 어땠나요?
- 화를 풀기 위해 선택한 행동이 어떤 영향을 주었나요? 그때 주변 사람들의 반응은 어땠

나요? 그리고 나의 마음은 어땠나요?
- 소피아가 찾아낸 방법 중 사용하고 싶은 방법이 있나요? 나라면 어떻게 했을까요?

　화를 내서 벌어진 상황 때문에 화 자체가 잘못되었고 화는 참아야 하는 것으로 인식하는 경향이 많다. 소피아가 찾은 방법을 보면서 화라는 감정 자체를 느끼는 것은 괜찮으며, 그 화를 인식하고 지혜롭게 푸는 방법을 찾아보자고 이야기하며 책 이야기를 마무리한다. 『소피아의 화를 푸는 방법』처럼 우리 반 친구들이 화를 어떻게 푸는지 알아보고 그 방법을 평소에 잘 사용하고 있는지 이야기를 나눠 본다. 긍정적인 화풀이 방법을 같이 실천해 보자는 의미에서 화풀이 테이크아웃 놀이를 시작한다.

2단계 화풀이 방법 4가지 정하기

❶ '화풀이 테이크아웃'을 하기 위해서 우리 반 친구들의 긍정적 화풀이 방법을 브레인스토밍한다. 자신이 화가 났을 때 평소에 사용하는 화풀이 방법들을 생각나는 대로 포스트잇에 매직으로 쓴다. 이때 한 장에 한가지씩 쓴다.

> **참고** 화풀이 방법이 다양하면 상황이나 공간에 구애받지 않고 자신의 분노를 잘 다스릴 수 있기 때문에 초 단위로 할 수 있는 방법, 분 단위로 할 수 있는 방법, 시간 단위처럼 넉넉한 시간이 주어질 때 할 수 있는 방법들을 생각해 보라고 안내한다.

❷ 학생들은 적은 포스트잇을 같은 기준이나 관련이 있는 것끼리 분류하여 칠판에 붙인다. 어떤 방법이 있는지 함께 살펴보고, 궁금한 점이 있으면 그것을 쓴 학생에게 질문한다.

❸ 학생들이 많이 사용하는 방법 중에서 장소에 구애받지 않고 언제 어디서든지 할 수 있는 화풀이 방법을 정한다. 이때 '합리적인가?', '관련성이 있는가?', '서로를 존중하는 방법인가?', '도움이 되는 방법인가?' 등의 4가지 기준으로 화풀이 방법을 정한다. 예를 들어, 화풀이 방법을 숨 쉬기, 책 읽기, 노래 듣기, 멍 때리기 4가지로 정했다면 이것들을 표현하는 동작을 만들어 함께 연습한다.

화풀이 방법 브레인스토밍

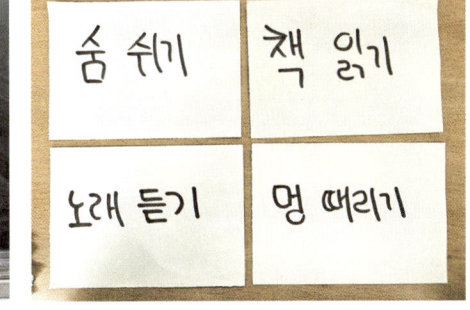
우리가 고른 4가지 방법

3단계 화풀이 테이크아웃 카페 만들기

❶ A4 용지를 4등분으로 자른다. 자른 종이에 반에서 협의한 화풀이 방법을 각자 적는다. 4명이 한 모둠일 경우, 4세트가 나온다. 이때, 놀이 시간을 고려하여 2세트나 3세트로 줄여서 놀이를 할 수 있다.

❷ 모둠에서 화풀이 카드를 나눠 주고 관리할 화풀이 테이크아웃 카페 점장을 정한다. 이때, 모둠원 중에서 희망자를 받거나 가위바위보를 통해서 정한다.

❸ 화풀이 카드는 모두 점장에게 주고 점장은 모든 카드를 잘 섞어서 책상 위에 엎어 놓는다. 나머지 모둠원들은 손님이 되어 점장에게 화풀이 카드 1장을 받아서 가지고 있는다.

4단계 화풀이 테이크아웃 카드 교환하기

❶ 모둠마다 3명의 손님이 있다. 이 손님들은 1장의 화풀이 카드를 자신만 볼 수 있도록 뒤집어 배에 붙이고 두 손을 포개 배 앞에 놓은 상태로 다른 모둠의 손님을 만난다.

❷ 두 사람이 만나면 "안녕하세요?" 하고 인사를 한 뒤 가위바위보를 해서 이긴 사람이 먼저 진 사람이 가지고 있는 카드가 무엇인지 함께 정한 기준(예를 들어, 숨쉬기, 노래 듣기, 멍 때리기, 책 읽기 등) 중에서 추측하여 말한다.

• **이긴 사람이 진 사람의 카드를 맞힌 경우:** 두 사람이 함께 함께 정한 동작을 하고 이긴 사람이 진 사람의 카드를 받아서 헤어진다.

- **이긴 사람이 진 사람의 카드를 틀린 경우:** 진 사람이 이긴 사람의 카드를 추측해서 맞히면 그 카드의 정해진 동작을 하고 카드를 받아서 헤어진다.
- **두 사람 모두 서로 카드 추측이 틀린 경우:** 카드 교환 없이 "고맙습니다." 하고 헤어진다.
- **카드를 빼앗긴 손님:** 자신이 속한 카페의 점장에게 가서 "화가 났습니다. 화풀이 테이크아웃 해 주세요."라고 말하며 새 카드를 받아 간다. 이때 대사를 실감나게 해야 놀이가 더 재미있고 몰입감을 준다.
- **카드를 획득한 손님:** 자신의 카드를 두고 획득한 카드만 점장에게 가져다주면서 "점장님. 화풀이 방법을 획득했습니다." 하고 기쁘게 말하며 점장에게 획득한 카드를 반납한다. 점장은 손님이 획득한 카드는 따로 보관해 둔다. 점장이 가지고 있는 카드가 모두 사라지고 자신이 가지고 있는 카드를 빼앗긴 손님은 자리에 앉는다.

손님들이 다른 손님을 만나 카드 추측하기

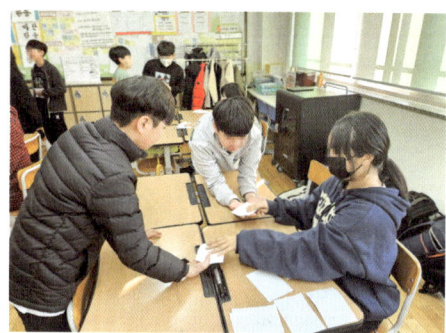

점장에게 화풀이 카드 받기

❸ 맨 마지막 손님까지 모두 카드 교환이 끝나면 점장은 획득한 카드의 수를 세어 본다. 이때 가장 많은 수를 가진 팀이 승리한다. 즉, 점장이 보유하는 카드가 모두 사라지고 손님이 더 이상 교환할 카드가 없으면 놀이가 끝난다. 모둠별로 획득한 카드가 가장 많은 팀이 승리한다.

❹ 놀이가 끝나면 소감을 나눈다. "친구들과 찾은 방법은 평소에 써 보지 않은 방법이어서 다음에 꼭 써 보고 싶다.", "놀이를 하면서 긍정적으로 화풀이 방법을 알게 되어 자기 조절이 필요할 때 자동으로 기억날 것 같다."라는 소감을 나눴다.

· 추가 놀이 : 화풀이 눈뭉치 놀이 ·

❶ 화가 날 때 사용한 자신의 방법을 A4 용지 1/4장에 적는다.
❷ 원으로 둘러앉아서 가운데에 바구니를 둔다.
❸ 적은 종이를 눈뭉치처럼 만들어서 바구니 안으로 던져 넣는다.
❹ 학급 전체가 모두 던지고 난 뒤, 술래가 바구니를 들고 원을 돌면서 눈뭉치를 하나씩 고르게 한다.
❺ 한 명씩 돌아가면서 "나는 화가 날 때."라고 하면서 종이에 적힌 문장을 읽는다. 자신이 생각해 보지 않은 새로운 화풀이 방법을 알아볼 수 있다.

· 같이 읽으면 좋은 그림책 ·

제라드의 우주 쉼터
제인 넬슨 글, 빌 쇼어 그림,
김성환 옮김, 교실어린이

꿀오소리 이야기
쁘띠삐에 글 · 그림,
씨드북

**소피가 화나면,
정말 정말 화나면**
몰리 뱅 글 · 그림, 박수현 옮김,
책읽는곰

자기 주도성

눈물이 나도 괜찮아

눈물바다

서현 글·그림 | 사계절

『눈물바다』의 주인공은 오늘따라 시험을 망치고, 점심 급식에는 싫어하는 음식만 나오고, 오후 수업 시간에는 다른 친구 때문에 억울하게 선생님께 혼이 난다. 그런데 이게 끝이 아니고, 집에 가려니 우산도 없는데 비까지 내린다. 혼자 비를 맞고 왔는데 집에서 엄마와 아빠는 싸우고…. 이렇게 우울한 하루가 또 있을까? 이 책은 아이들의 하루를 위로해 주고 눈물을 긍정적으로 생각하게 해 주는 그림책이다. 아이들도 머피의 법칙처럼 모든 일이 뜻대로 되지 않아 슬픈 날이 있다. 그래서 아이들도 때로는 울고 싶을 때가 있다. 이럴 때 "그래, 네 맘 알아. 울고 싶으면 실컷 울고 잊어." 이렇게 말하면서 등을 토닥여 주는, 그래서 아이들 스스로 좋지 않은 감정을 씻어 내고 다시 웃을 수 있도록 도와주는 그림책이다. 실컷 울고 나면 언제 그랬냐는 듯 기분이 좋아지니까. 그리고 문제를 어떻게 해결하면 좋을지 생각해 보는 기회를 갖게 해 준다.

· 인성 만나기 ·

자기 주도성이란?

자기 주도성은 자기 삶에 대해 스스로 책임을 지고 모든 행동은 자신의 의사에 따라 결정한다는 개념이다. 자신에게 주어진 일이나 과제, 상황 등을 구체적으로 계획하고 실행해 나가고 그 안의 어려움을 극복해 나가는 능력이 자기 주도성이라고 할 수 있다.

우리는 살면서 싫어하거나 꺼려지는 것, 부끄러워서 망설여지는 것 등 여러 어려움을 겪는다. 이런 때에 자기 주도성을 가진 사람이라면 다른 사람에게 의지하지 않고 스스로 해결책을 생각하며 그 어려움을 헤쳐 나갈 수 있다.

· 놀이 즐기기 ·

눈물이 나도 괜찮아

'눈물이 나도 괜찮아'는 학생들에게 자기 주도성의 중요성을 재미있고 유의미하게 배울 수 있는 놀이이다. 놀이를 통해 학생들은 자신의 감정을 파악하고 힘든 감정을 해소하기 위한 방법을 찾을 수 있다. 이를 위해 먼저 자신의 감정에 대해 생각해 본다. 요즘 가장 힘든 것, 눈물 나게 하는 것들을 생각해 보고 눈물바다에 빠뜨리고 싶은 것을 학습지에 적거나 그린다. 그리고 그것들을 타폴린 천으로 만든 눈물바다에 빠뜨리고 감정을 해소하는 놀이이다. 더불어 어떻게 해결하면 좋을지 스스로 또는 친구와 함께 생각해 보는 시간도 갖는다.

※**준비물**: 학습지, 필기도구, 느낌 카드, 바구니, 파란색 타폴린 천(2×3m) 또는 큰 보자기

1단계 그림책 읽고 이야기 나누기

그림책을 읽고 그림책 속 주인공의 하루 생활과 그때의 감정을 생각해 보게 한다. 예를 들면 주인공이 눈물이 바다가 될 만큼 운 이유를 같이 찾아보고, 주인공의 눈물이 집을 가득 채우고 마을까지 잠기게 했을 때 어떤 감정을 느꼈을 것 같은지 자기 생각을 발표한다. 그리고 마지막에 눈물바다에 빠져 힘들어하던 사람들을 주인공이 구해 준 이유와 학생들이라면 주인공처럼 행동했을지 생각을 나눈

다. 생각의 결과를 살펴보면 그림책의 주인공은 하루 동안 어떤 감정을 가졌는지 확인해 볼 수 있다.

2단계 나의 감정과 문제 표현하기

❶ 느낌 카드를 펼쳐 보고 앞면의 표정을 보면서 다양한 감정의 종류를 알아보고 예를 들어 본다.

예) 시험에서 100점을 맞아서 기쁘다.

느낌 카드(학토재)　　　느낌 카드 앞면　　　　　　　　느낌의 종류

❷ 『눈물바다』의 주인공의 표정을 보고 어떤 감정인지 알아본다. 이어서 요즘 나의 감정에 대해 생각해 본다. 요즘 가장 힘든 것이나 눈물 나게 하는 것들을 생각해 보고 그것들을 학습지에 낱말 또는 문장으로 적거나 그림으로 그린다. 글이나 그림을 다시 한번 살펴보고 스스로 문제를 해결할 수 있는 방법을 찾아 쓴다.

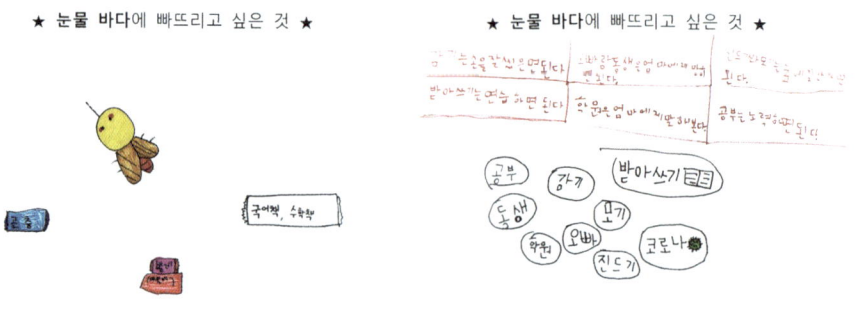

요즘 나를 힘들게 하는 것 쓰거나 그리기　　　스스로 해결 방법 찾아 쓰기

스스로 해결 방법을 찾기 어렵거나 도움이 필요한 경우에는 자신의 이름을 쓰지 않고 공 모양으로 뭉친 후 바구니에 넣는다.
❸ 교사는 바구니 안의 학습지를 섞은 후 하나씩 골라 읽는다. 해결 방법을 알고 있는 친구가 있다면 발표한다. 또는 힘내라고 격려해 준다. 다 읽고 나면 다시 바구니 안에 모아 둔다.

3단계 눈물바다 파도 만들기

❶ 한 모둠씩 학습지를 들고 칠판 앞으로 나온다. 2단계에서 바구니에 학습지를 넣은 학생이 있다면 바구니의 학습지 중에서 아무거나 한 개를 가지고 간다.
❷ 교사는 칠판 앞에 파란색 타폴린 천(또는 보자기)을 펼쳐 놓는다. 타폴린 천을 눈물바다라고 생각하고 자신의 학습지를 힘껏 던진다. 학습지를 그대로 또는 공 모양으로 만들어서 던져도 된다.
❸ 네 명이 천을 한쪽씩 잡고 선다. 교사의 지시에 따라 파도를 1단계~3단계의 강도로 흔든다. 1단계는 가장 약하게 살살 흔든다. 3단계는 가장 강하게 파도가 친다고 생각하고 힘껏 흔든다. 안쪽에 있는 학습지가 바깥으로 튕겨 나가도록 한다.
❹ 안에 있는 학습지가 다 밖으로 떨어지면 파란색 타폴린 천을 바닥에 내려놓는다. 떨어진 학습지는 쓰레기통에 넣어 치운다. 다음 모둠이 나와서 활동한다.

학습지를 타폴린 천 위에 놓고
파도 만들어 날리기

학습지를 보자기 위에 놓고
파도 만들어 날리기

4단계 나의 마음 이해하기

학생들은 놀이를 하면서 자신의 힘든 마음을 파악할 수 있고, 힘들 때 그 문제를 어떻게 스스로 해결할 수 있을지 생각해 보는 자기 주도성을 키울 수 있다. 예를 들어, 받아쓰기가 힘들었다면 받아쓰기를 더 연습하거나, 코로나나 감기가 걱정이면 "손을 잘 씻는다."처럼 좋은 방법을 스스로 찾아볼 수 있다. 그리고 힘든 마음을 눈물바다의 파도에 날려 보내면서 후련함을 느낄 수 있다. 마지막에 각자 느낀 점을 돌아가면서 순서대로 발표하면서 생각을 나눈다.

· 추가 놀이: 우리는 눈물 해결사(천이 없을 때) ·

❶ 학습지에 이름을 쓰지 않고 교사가 한꺼번에 걷어서 섞는다. 교실 곳곳에 학습지를 배치한다.
❷ 학생들이 연필을 들고 천천히 걸어 다니면서 학습지 전체를 읽어 보고 문제의 해결 방법을 학습지 아래에 적는다. 격려하는 말도 좋다.

· 같이 읽으면 좋은 그림책 ·

하나를 고르긴 너무 어려워	싫다고 해도 돼	나는 나니까
루 피콕 글, 니콜라 슬레이터 그림, 민유리 옮김, 사파리	김주현 글, 정하진 그림, 을파소	김현례 글·그림, 바우솔

자신감

그림자 찾기

그림자는 어디로 갔을까?
이주희 글·그림 | 한림출판사

『그림자는 어디로 갔을까?』의 주인공 아이는 자신의 그림자가 어느 날 사라진 것을 알고 잃어버린 그림자를 찾으러 간다. 놀이터, 학교, 가로수 나무 뒤, 수영장, 집 거실, 식탁에서 사라진 그림자를 발견한다. 그림자는 왜 사라졌을까? 살면서 우리는 여러 일에 도전하고 성공과 실패를 경험한다. 실패한 경험으로 떨어진 자신감은 다시 도전하기를 망설이게 한다. 실패 후 건네지는 격려와 위로가 자신감을 다시 심어 주는 작은 씨앗이 될 수 있길 바란다. 『그림자는 어디로 갔을까?』의 주인공처럼 학생들이 자신의 잃어버린 그림자를 찾아보며 괜찮다는 위로와 힘내라는 격려를 통해 자신감을 찾기를 바란다.

· 인성 만나기 ·

자신감이란?

자신감은 어떤 일을 자신의 능력으로 충분히 감당할 수 있다고 믿으며 자신이 있다는 마음이다. 학생들은 어떤 일을 한 후 성공하거나 주변 사람들에게 칭찬받은 경우, 다시 같은 일에 도전하면 자신감을 가지고 참여한다. 그러나 실패하거나 실수했을 때는 자신감을 잃고, 다시 긍정적으로 도전하기 어려워한다. 모든 일을 처음부터 완벽하게 잘하는 사람은 없다. 도전할 때 실패해도 괜찮으며, 다시 도전할 수 있는 자신감을 갖게 된다면 앞으로의 삶에서 실패해도 회복할 수 있는 원동력이 된다.

· 놀이 즐기기 ·

그림자 찾기

잃어버린 그림자를 찾고, 격려의 말을 전하면서 자신감을 찾아가는 놀이이다. 자신을 돌아보며 자신감이 없어진 경험을 떠올리고, 잃어버린 그림자들을 찾아가는 놀이 과정에서 실패해도 괜찮다는 위로와 힘내라는 격려를 받는다. 그리고 다시 도전할 수 있는 자신감을 가질 수 있다.

※**준비물**: 접착 종이, 마커펜, 활동하기 넓은 장소

1단계 그림책 읽고 이야기 나누기

『그림자는 어디로 갔을까?』를 함께 읽는다. 그림자가 사라진 이유를 학생들과 이야기 나눈다. 학생들은 경험에 비추어 "주인공 아이가 못하는 거라 그림자가 부끄러워서 사라진 것 같아요.", "혼날까 봐 사라진 것 같아요.", "부끄러워서 도망간 것 같아요." 등의 반응을 보였다. 사라진 그림자가 돌아오게 할 수 있는 방법에 관해 묻자, "맛있는 과자를 주고 데리고 와요.", "힘내라고 말해요." 등의 의견들이 나왔다.

책의 주인공처럼 자신의 그림자가 사라진 경험이 있는지 떠올려 보고, 사라진

그림자를 찾고 응원이나 격려의 말을 해 주고 데리고 오는 놀이를 제안한다.

2단계　그림자와 아이 역할 정하기

학생들을 그림자를 찾는 아이 역할(이하 '아이')과 그림자 역할(이하 '그림자')로 나눈다. 한 시간 동안 모든 학생이 '아이'와 '그림자' 역할을 한 번씩 하기 위해서는 1회 놀이 시간이 10분 이내, 아이와 그림자의 인원수가 1:2 비율이면 적당하다. 예를 들어, 학급 학생 수가 21명이면 아이 7명, 그림자 14명으로 나눈다.

3단계　그림자 이름 정하기

❶ 학생들에게 포스트잇을 2장씩 나누어 준다.
❷ 학생들은 포스트잇에 잘하지 못해 자신감이 떨어졌던 일(줄넘기, 수영, 공부, 그림 그리기, 달리기, 줄서기 등) 2가지를 각각 종이에 적는다.
❸ 학생들이 적은 종이는 무작위로 그림자 역할을 맡은 학생에게 하나씩 나누어 준다. 그림자 역할을 맡은 학생은 받은 종이를 자기 몸 앞쪽에 붙이는데, 이것이 그림자 자신의 이름이 된다. 예를 들어, '줄넘기'라고 쓴 종이를 붙인 그림자는 '줄넘기 그림자'가 된다.

아이들이 지은 그림자 이름 예시

그림자 역할을 맡은 학생들

4단계　격려와 응원으로 잃어버린 그림자 찾기

❶ 아이가 그림자를 격려하고 응원하는 말로 찾아 데리고 오는 놀이임을 교사가 먼저 설명한다.
❷ 그림자는 놀이 공간으로 흩어지고, 자신의 이름을 표현하는 동작을 하면서 자

유롭게 돌아다닌다. '수영'이라고 쓴 종이를 붙인 그림자는 수영 동작을 하며 돌아다닌다.

❸ 아이가 3단계에서 적은 그림자를 찾으러 간다. 3단계에서 수영과 야구를 적었다면 수영과 야구 그림자를 찾으러 간다. 아이가 그림자를 만나면 "안녕!" 하고 말하고 가위바위보를 한다. 아이가 이기면 "그림자야, 힘내!(격려의 말) 같이 가자!"라고 말하고, 그림자는 아이 뒤에서 함께 따라다니며 움직인다.

❹ 아이가 가위바위보를 지면 다른 그림자를 찾는다. 그림자 한 명을 찾아 함께 움직인 뒤, 두 번째 찾던 그림자를 만나면 아이는 그림자와 가위바위보를 한다. 아이가 이기면 응원의 말을 건네고, 그림자는 아이가 찾은 다른 그림자와 함께 다닌다. 아이가 지면 10초 후에 다시 그림자를 찾으러 갈 수 있다. 10분 동안 자신이 적은 그림자를 찾는다.

그림자를 만나 가위바위보 하기

두 번째 그림자를 만나 가위바위보 하기

5단계 서로 격려하며 자신감 회복하기

아이가 그림자를 모두 찾으면, 그림자는 몸에 붙은 종이를 아이에게 준다. 아이는 그림자가 준 종이를 자기 몸에 붙인다. 아이와 그림자는 정해진 자리에 동그란 모양으로 앉고, 모두 함께 손을 들어 "모두 파이팅!"을 외치고 놀이를 마무리한다.

아이는 놀이 과정을 통해 자신이 잃어버린 그림자에게 "힘내!"라는 격려의 말을 전하고, 자신이 잘하지 못한 일에 대해 다시 도전해 볼 수 있는 자신감을 가질 수 있다. 아이 역할을 한 학생은 다음 놀이에서 그림자를 하고, 그림자를 맡은 학생 중 일부는 아이 역할을 한다. 학급의 모든 학생들이 아이와 그림자 역할을 하면 놀이가 끝난다.

파이팅 외치기

· 추가 놀이: 교실을 돌아다니며 자신감 올리기 ·

  모든 학생이 자신감이 떨어진 일을 2가지씩 종이에 적고 몸에 붙인다. 모두 준비가 되면 자유롭게 교실을 돌아다니다가 친구를 만나면 가위바위보를 한다. 진 학생은 이긴 학생의 몸에 붙어 있는 종이 중 하나를 보며 "○○아, ○○○을 잘할 수 있을 거야. 힘내!"라고 말한다.

  이긴 학생은 진 학생이 말한 종이를 몸에서 뗀다. 학생은 다른 친구를 만나 가위바위보를 한다. 친구에게 격려의 말을 들으며 자기 몸에 붙어 있는 종이를 모두 뗀 학생은 자리로 돌아간다.

· 같이 읽으면 좋은 그림책 ·

점	치킨 마스크	너는 내 친구야, 왜냐하면…
피터 레이놀즈 글 · 그림, 김지효 옮김, 문학동네	우쓰기 미호 글 · 그림, 장지현 옮김, 책읽는곰	권터 야콥스 글 · 그림, 윤혜정 옮김, 나무말미

자존감

꾸물꾸물 장점 댄스

할 수 있어, 클로버!
홀리 휴즈 글 | 닐라 아예 그림 | 그림책사랑교사모임 옮김 | 교육과실천

『할 수 있어, 클로버!』의 주인공 클로버는 나비로 변하는 것을 두려워하는 애벌레이다. 지금 자신의 모습과 행복한 생활을 벗어나 새로운 변화를 맞는 것이 두려워 나비가 되는 것을 망설인다. 그러나 친구 나비인 바실의 격려를 통해 변화에 대한 두려움을 이겨 내고 당당히 도전하고 마침내 내 안의 새로운 나인 나비로 멋지게 변신한다. 클로버는 애벌레 시절에 꾸물꾸물 애벌레 걸음, 친구들과의 건전하고 좋은 관계, 행복하게 삶을 살아가는 태도 등 자신 있는 장점을 많이 갖고 있었다. 책 속 주인공을 통해 내 안의 숨겨진 새로운 나를 발견하고 내가 가진 잠재력, 장점을 찾아보면서 나에 대한 긍정적인 자존감, 나와 함께 생활하는 친구들의 소중함을 느낄 수 있다.

· 인성 만나기 ·

자존감이란?

자아 존중감(self-esteem)이란 자신을 존중하고 가치 있는 존재라고 인식하는 마음을 말한다. 즉 자기 자신을 긍정적으로 바라보고 자신을 사랑하는 마음이다. 종종 자존감은 자존심과 혼동해서 쓰는 경우가 있다. 자존감은 자기 자신을 그 자체로 존중하고 사랑하는 감정이지만, 자존심은 다른 사람이 자신을 존중하거나 받아 주길 바라는 감정, 이기적 이미지로 사용된다. 자아 존중감은 학업, 리더십, 위기 극복 능력 등 삶의 많은 영역에 영향을 끼치며, 특히 대인 관계에서 매우 중요하다. 건전한 자존감은 경청, 존중하는 말, 실수나 실패 등을 인정하고 수용하는 과정을 통해 발달된다. 자존감은 나의 부족한 부분을 인정하고 받아들이며 긍정적으로 자신을 바라볼 수 있도록 한다. 이를 통해 나뿐만 아니라 다른 사람의 가치를 제대로 인정하며 상호 존중하는 관계를 통해 조화롭고 행복한 삶을 누릴 수 있다.

· 놀이 즐기기 ·

꾸물꾸물 장점 댄스

'꾸물꾸물 장점 댄스'는 자신이 가진 장점을 찾아 그 장점을 동적 이미지로 표현한 후 댄스 동작으로 표현하는 놀이이다. 이때 자신의 장점뿐만 아니라 친구의 장점과 나의 장점을 함께 표현함으로써 나와 다른 사람의 장점에 대해 서로 격려하고 그 가치를 인정한다. 아울러 반 전체가 자연스럽게 긍정적인 자존감을 세울 수 있다.

※**준비물**: 붙임 종이, 신나는 음악

1단계 그림책 읽고 이야기 나누기

그림책을 읽고 나와 통한 그림책 한 장면, 나의 마음을 울린 명대사 등을 찾아본다. 학생들은 특히 나비로 변한 클로버가 큰 날개를 활짝 펼친 장면을 가장 많이 꼽는다. 또 명대사의 경우 "변화란 참 멋진 거야. 내 안의 새로운 나를 만날 수 있거든."라는 문장이 가장 많이 언급되었다. 그림책을 읽기 전 '변화'에 대한 나의 생각을 발표해 보고, 책을 읽은 후 나의 생각이 어떻게 바뀌었는지 이야기를 나눈 후 '변화란 이런 거야. 왜냐하면' 활동을 한다.

많은 학생들이 주인공 클로버의 용기 있는 모습에 박수를 보내고 격려하면서 내가 가진 장점, 미래에 하고 싶은 일, 도전하고 싶은 과제에 대해 표현한다.

"변화란 이런 거야. 왜냐하면~"

2단계 꾸물꾸물 애벌레 동작 표현하기

'꾸물꾸물 장점 댄스'는 애벌레 클로버의 가장 큰 장기인 꾸물꾸물 애벌레 걸음에서 착안한 놀이이다. 먼저 애벌레 클로버의 꾸물꾸물 애벌레 걸음을 모둠별로 표현하게 한다. 저학년의 경우 진짜 교실 바닥을 애벌레처럼 기어다니는 학생들이 많다.

활동 시 안전을 위하여 교실의 책상을 밀어 공간을 넓게 한다. 또한 교실 바닥을 기어다니는 것도 좋지만 꾸물꾸물 동작을 표현하며 돌아다니고 친구와 동작을 서로 비교하며 표현하도록 한다.

꾸물꾸물 애벌레 걸음 　　　　　　친구와 함께 표현하기

3단계 꾸물꾸물 장점 댄스

❶ 먼저 붙임 종이에 나의 장점을 적는다. 공책 또는 A4 용지에 자신의 장점 붙임 종이를 붙인다. 의외로 자신의 장점을 찾지 못해서 고민하는 학생이 많다. 이때는 "나의 장점을 찾고 있습니다."라고 적는다. 돌아다니며 친구의 장점을 적어 주면 장점을 많이 찾아 줄 수 있다. 스스로 단점이라고 생각했는데 친구들에게 장점이라고 듣는 경우도 많다. 예를 들어 소심하고 조용한 친구의 경우 "자신을 자랑하지 않고 겸손하다.", "조용해서 편안하다."라는 말을 듣는다.

> **예시** 다른 사람의 장점을 적을 때 외모보다 그 사람의 성격, 행동 등에 집중하라고 안내하는 것이 좋다. 고학년의 경우 "얼굴이 예쁘다.", "키가 크고 다리가 길다." 등 눈에 보이는 외모에 집중하기 쉽다. 이때 미리 "장점이란 무엇일까?"라는 질문을 던져 내면의 아름다움도 생각해 보도록 한다.

❷ 교실을 돌아다니며 다른 친구의 장점을 읽고 빈 여백에 친구의 장점을 적게 한다. 자신의 자리에 돌아와 친구들이 적어 준 장점을 읽고 마음에 드는 것을 고른다.

❸ 각자 자신의 장점을 고른 후 모든 학생들이 둥글게 원으로 선다. 무용실을 사용할 경우 두 줄로 거울을 보고 서도 좋다.

❹ 첫 번째 학생부터 자신의 장점을 크게 말하며 그것을 동작으로 표현한다. 이때 신나는 음악을 틀어 주면 좋다. 반 전체가 친구의 장점을 크게 외치며 동작도 따라 한다. 이렇게 모든 학생이 자신의 장점을 동작으로 표현하고 친구들 모두 동작을 따라 하는 댄스 놀이를 반복한다.

❺ 순서가 끝나면 가장 기억에 남는 장점 댄스 주인공에게 가서 '하이파이브'를 하고 칭찬 샤워(서로 칭찬과 격려의 말 나누기)를 한다.

장점 댄스

칭찬 샤워

· 추가 놀이: 릴레이 장점 댄스 ·

앞사람의 동작을 넣어 가면서 릴레이식으로 계속 동작을 추가할 수 있다. 이때는 반 전체가 할 수도 있고 모둠별로 원을 나누거나 남학생, 여학생 등 원의 개수를 늘려 활동한다.

❶ 6~8명씩 모둠을 나눈다. 그 정도면 모든 학생들의 동작을 기억하는 데 어려움이 없다. 또는 다른 사람의 장점을 말하면서 동작을 만든다. 예를 들어 모둠별로 순서를 정하고 친구의 이름을 부르며, "○○이는 마음이 착하고 친구를 잘 배려합니다."라고 장점을 말하며 동작으로 장점을 표현하게 한다.

❷ 동작을 표현한 후 장점의 주인공은 원 안으로 들어가 "감사합니다."라고 말하며 크게 한 바퀴 돈다. 이때 장점 주인공의 세리머니 동작을 각자 정하면 기발하고 재미있는 동작이 많이 나온다. 모둠별로 환호성이 나오기도 한다.

· 같이 읽으면 좋은 그림책 ·

주름 때문이야
서영 글·그림,
키다리

브로콜리지만 사랑받고 싶어
별다름·달다름 글, 서영 그림,
다(키다리)

평범한 식빵
종종 글·그림,
그린북

욕망의 풍선 터트리기

절제

세상에서 가장 맛있는 무화과
크리스 반 알스버그 글·그림 | 이지유 옮김 | 미래아이

『세상에서 가장 맛있는 무화과』는 인간의 욕심, 욕망에 대해 잘 보여 주는 책이다. 어떤 꿈이든 현실로 만들어 주는 무화과를 갖게 된 비보 씨가 세계 최고의 부자가 되기 위해 꿈꾸는 연습을 한다. 하지만 마침내 원하는 꿈을 꾸게 되었을 때는 안타깝게도 꿈을 현실로 바꿔 주는 무화과를 눈앞에서 잃고, 비참한 현실과 마주하게 된다는 이야기이다. 이 이야기는 인간이 쫓고 있는 물질적인 풍요에 대한 욕심, 욕망을 잘 보여 줄 뿐 아니라, 예상치 못한 반전을 통해 욕망의 끝을 보여 주는 책이다.

· 인성 만나기 ·

절제란?

절제란 정도에 넘지 않게 알맞게 조절한다는 뜻이다. 인간이 가진 기본적인 욕구나 욕망을 조절할 수 있는 능력으로 스스로 마음을 다스리는 것이다. 인간은 태어날 때부터 생존, 사랑, 성취, 자유, 즐거움 등의 기본 욕구를 가지고 그것을 충족하기 위해 말하고 행동한다. 또한 스스로 부족함을 느껴 욕구 이상으로 더 많은 것을 원하는 욕망을 갖기도 한다. 하지만 인간은 적절하게 절제하면서 삶을 살아가고 더불어 타인과의 관계를 맺으며 살아간다. 아동기에 나의 욕구나 욕망을 인식하고 이를 절제하는 것은 삶을 균형 있게 만들기 위한 필수 덕목이다.

· 놀이 즐기기 ·

욕망의 풍선 터트리기

'욕망의 풍선 터트리기'는 인간의 욕구와 욕망을 마주하고 그것을 스스로 터트리면서 절제의 필요성을 생각해 보는 놀이이다. 그림책 속 무화과가 인간의 욕심을 보여 주는 상징이었다면 놀이에서는 풍선을 불어 욕망의 무화과를 만들어 본다. 욕망을 절제하지 못하여 결국 사라져 버리는 것들을 풍선이 터지는 과정으로 보여 주어 인간이 가진 욕구나 욕망을 절제하는 것의 중요성을 간접적으로 느끼게 하는 놀이이다.

※준비물: 풍선, 매직

1단계 그림책 읽고 이야기 나누기

그림책 속 비보 씨처럼 자신이 가진 욕구나 욕망에 대해 생각해 본다. "무화과 열매가 있다면 어떤 꿈을 꾸고 싶은지 생각해 보세요."라고 말하면 아이들이 자신의 욕망을 구체적으로 드러낸다. 꿈을 현실로 바꿔 주는 무화과가 있다고 상상하고, 아이들의 마음을 들어 본다. "내게 꿈을 현실로 바꿔 주는 무화과가 있다면, ~한 꿈을 꾸고 싶어요. 그 이유는~ "라는 형식으로 돌아가며 이야기한다. "공부를 잘하고 싶어요.", "내 꿈을 이루고 싶어요.", "가족 모두 건강하게 하고 싶어요." 등의 자아실현이나 행복을 위한 욕구를 말하는 아이들이 있는 반면, 책 속 비보 씨처럼 "부자가 되는 꿈을 꾸고 싶어요.", "멋진 집을 짓고 부모님과 사는 꿈을 꾸고 싶어요.", "내가 원하는 최신 폰을 갖는 꿈을 꾸고 싶어요."처럼 물질과 관련된 욕망을 이야기하는 경우도 많다. 이야기를 계속하다 보면, "게임을 실컷 하고 싶어요.", "유튜브 마음껏 보고 싶어요." 등의 생활 습관과 관련하여 조절이 어려운 욕구 등도 떠올린다.

그림책의 주제와 작가의 의도도 생각해 본다. 아이들은 "욕심이 과하면 벌을 받아요."처럼 비보 씨의 과도한 욕심이 결국 화를 부른다고 생각하는 경향이 있다. 여기서 무화과의 의미도 함께 생각해 본다. 무화과는 절제하기 힘든 인간의 욕심이나 욕망으로 짐작해 볼 수 있다. 이 과정을 통해 과도한 욕심이나 욕망은 화를 부를 수 있음을 알게 된다.

2단계 욕망의 무화과 풍선 만들기

❶ 내가 가진 욕구나 욕망을 떠올리며 '욕망의 무화과 풍선'을 만든다. 풍선을 하나씩 나누어 가지고 모둠별로 둘러앉는다.

❷ 모둠원끼리 돌아가며 자신의 욕구나 욕망을 한 가지씩 말하고, 말할 때마다 풍선에 숨을 한 번 불어넣는다. 예를 들어 "나는 옷을 자꾸 사고 싶어."라고 말하고 풍선에 숨을 한번 불어넣는다. 이런 방법으로 반복하면 서로의 욕구나 욕망을 들을 수 있으며, 욕망의 수나 정도에 따라 풍선은 더 크게 부푼다.

❸ 충분한 시간을 주고 이야기가 끝나면 풍선의 입구를 묶는다. 부푼 풍선이 나의 '욕망의 무화과 열매'가 되는 것이다. 여기에 내가 풍선을 불며 말했던 욕구와 욕망들을 떠올리며 그것을 풍선에 적는다. 옷, 잠, 게임, 스마트폰, 놀기, 친구, 돈, 로또, 건강, 행복, 욕 등 아이들의 다양한 욕망을 엿볼 수 있다.

 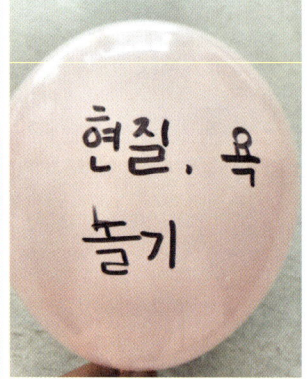 

욕망의 풍선

3단계 욕망의 풍선 터뜨리기

자신이 적은 욕망 중에서 무엇을 절제해야 하는지 생각한다. 먼저 내가 가진 욕망이 조절되지 않았을 때를 상상해 본다. 예를 들어 "옷을 계속 산다면?", "계속 게임만 한다면?" 등을 생각하며 내 마음속에 있는 가장 큰 욕망 중 하나를 골라 상상해 본다. 이 과정을 통해 아이들은 자신의 욕망을 스스로 통제해야 함을 자연스레 알게 된다.

❶ 남녀 또는 모둠별로 나의 욕망의 풍선을 들고 출발선에 각각 한 줄로 선다.
❷ 출발 신호가 울리면 모둠별 한 명씩 나의 욕망 풍선을 들고 출발한다. 반환점에 도착하면 조절하고 싶은 욕구나 욕망을 큰 소리로 말하고 욕망 풍선을 터트린다. 예를 들어 "나는 스마트폰을 정해진 시간만 사용할 수 있어요."라고 다짐을 외치고(반드시 소리를 내어 다짐한다), 신체의 일부분(발, 엉덩이 등)을 이용하여 풍선을 터트린다.

> 참고 풍선을 터트리는 행동이 두려운 학생은 풍선의 배꼽 부분을 시침핀 등의 뾰족한 도구로 찌르게 한다. 그러면 풍선 바람이 자연스레 빠져나간다.

4단계 절제를 위한 구체적 계획 세우기

이번에는 자신에게 필요한 절제를 구체화하고 이를 실천하기 위해 계획한다. 예를 들어 스마트폰 사용 시간의 절제가 필요하다면, 그것을 위한 계획을 구체적으로 세운다. 대다수의 학생들이 스마트폰 사용 시간 조절을 어려워하기 때문에 숙제를 못하거나 잠자리에 늦게 들어 부모와 갈등을 겪는다. 이에 스마트폰 사용 시간 조절을 학급 목표로 설정하고 함께 약속을 정해 본다.

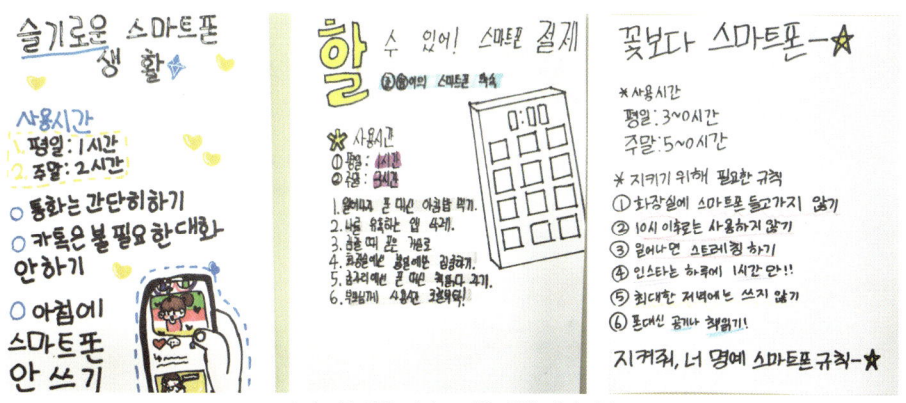

스마트폰 사용 시간 조절을 위한 절제 약속

· 추가 놀이: 무화과 열매 그리기 ·

욕망의 무화과 열매를 그려 그것을 모으는 놀이를 추가한다. 학생들이 4단계에서 세운 절제를 위한 약속을 지킬 때마다 나의 무화과나무에 열매를 붙이는 방식이다. 나무에 많은 무화과 열매가 달릴수록 나의 욕망을 조절하기 위한 절제를 실천한 셈이다. 이러한 시각화 과정을 통해 절제를 위한 실천을 독려한다.

· 같이 읽으면 좋은 그림책 ·

어머, 이건 꼭 사야 해
이현진 글·그림,
노란돼지

앵커 씨의 행복 이야기
남궁정희 글·그림,
노란돼지

스마트폰에 갇혔어
엘리센다 로카 글,
크리스티나 로산토스 그림,
김정하 옮김, 노란상상

정의

정의의 주사위를 굴려라!

해치
임어진 글 | 오치근 그림 | 도토리숲

해치는 밝고 정의로운 세상을 바라는 수호신이다. 하늘에서 땅으로 내려온 해치는 옳고 그름을 판단해 억울한 사람이 생기지 않게 한다. 누군가를 괴롭히는 나쁜 사람들을 보면 달려가 뿔로 들이받는다. 다툼이 있을 때면 약한 이와 의로운 사람들의 편이 되어 준다. 해치 덕분에 사람들은 마음 놓고 살게 된다. 착한 사람을 돕고 악을 응징하는 해치를 통해 정의로운 행동이 무엇인지 알려 준다. 이 그림책은 해치가 정의롭고 평화로운 세상을 만든 것처럼 학생들이 정의의 지킴이가 되어 모두가 행복한 공동체를 만들어 나갔으면 하는 바람을 담고 있다.

• 인성 만나기 •

정의란?

정의는 사람 사이의 올바른 도리다. 정의로운 사회를 위해 법이 있듯이 학교에도 규칙이 있다. 그러나 규칙을 지키지 않고 다른 사람에게 피해를 주는 학생들이 있다. 친구의 옳지 못한 행동을 따라 하는 학생들도 있다. 자신이 하는 행동이 옳은 행동인지, 옳지 않은 행동인지 분별하는 힘이 필요하다. 정의로운 사회란 모든 사람이 평등하게 존중받고, 공정한 기회를 누리며, 인권과 자유가 보장되는 사회다. 학교는 작은 사회다. 학생들이 학교 구성원으로서 옳은 행동을 선택하고, 옳지 못한 행동에 당당히 맞설 수 있도록 정의로운 마음을 길러 주어야 한다.

• 놀이 즐기기 •

정의의 주사위를 굴려라!

해치는 옳고 그름을 분별하고 정의의 편에 선다. 학교에서 경험한 정의로운 행동과 정의롭지 못한 행동을 찾아 구분한다. 해치로 만든 주사위를 정의로운 행동과 정의롭지 못한 행동이 적힌 놀이판에 던지며 정의로운 행동을 선택하는 태도를 기른다. 정의롭지 못한 행동은 정의로운 행동으로 바꾸어 말하면서 옳고 그름을 분별할 수 있다. 놀이를 통해 자기의 행동을 돌아보고 정의로운 행동을 실천하는 다짐을 한다.

※**준비물**: 5X5 놀이판, 포스트잇, 해치 주사위

1단계 그림책 읽고 이야기 나누기

그림책을 읽고 소감을 나눈다.

> **예시** 소감 나누기
> - 해치처럼 정의로운 사람이 되고 싶다.
> - 정의롭게 살아야겠다.
> - 세상에 해치 같은 사람이 많으면 좋겠다.
> - 약한 친구를 도와줄 때 용감하고 강해진 느낌이 들었다.

- 다친 친구를 일으켜 주거나 혼자 있는 친구에게 먼저 다가갔을 때 뿌듯함을 느꼈다.
- 친구가 싫다는 행동을 하지 않겠다.
- 친구를 괴롭히는 친구를 보면 "하지 마!"라고 말할 것이다.
- 위험에 처한 친구를 돕겠다.
- 뒷말을 하지 않겠다.

2단계 옳고 그른 행동 구분하기

❶ 학교에서 경험한 정의로운 행동과 정의롭지 못한 행동을 떠올린다. 그중 가장 정의롭다고 생각하는 행동과 가장 정의롭지 못하다고 생각하는 행동을 포스트잇에 쓴다. 포스트잇은 정의로운 행동과 정의롭지 못한 행동을 구분할 수 있도록 색깔이나 모양을 달리하여 나누어 준다. 글씨는 친구들이 잘 알아볼 수 있도록 또박또박 크게 쓴다. 포스트잇 한 장에는 한 가지 내용만 쓴다.

❷ 정의로운 행동과 정의롭지 못한 행동으로 칠판을 나눈다. 모둠별로 나와 포스트잇에 쓴 내용을 발표한 후 칠판에 구분하여 붙인다. 학생들이 무엇을 쓸지 고민한다면 교사가 몇 가지의 예시를 들어 준다. 정의로운 행동으로는 혼자 노는 친구에게 말 걸기, 다친 친구 도와주기, 정직하게 말하기 등이 있다. 정의롭지 못한 행동에는 거짓말을 한다, 친구에게 욕을 한다, 친구를 따돌린다 등이 있다.

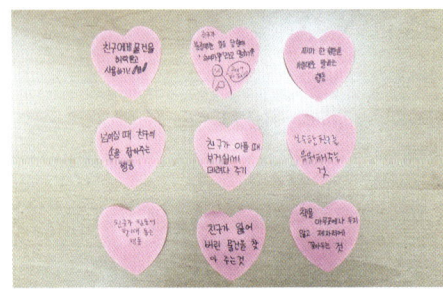

정의로운 행동

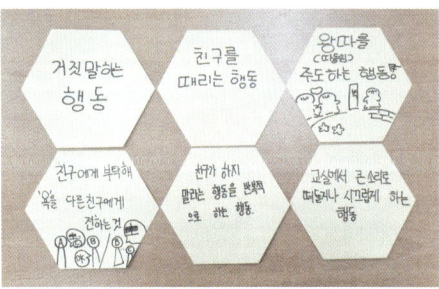

정의롭지 못한 행동

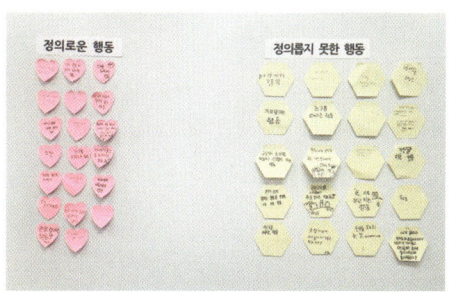

정의로운 행동과 정의롭지 못한 행동 나누기

3단계 주사위와 놀이판 만들기

'정의의 주사위를 굴려라' 놀이판을 만든다. 전지에 5×5 표를 만든다. 표 한 칸에 포스트잇을 한 장씩 붙인다. 정의로운 행동 포스트잇은 15장, 정의롭지 못한 행동 포스트잇은 10장을 붙여 놀이판을 완성한다. 학생들이 쓴 포스트잇 중에서 강조하고 싶은 내용의 포스트잇으로 중복되지 않게 고른다. 저학년의 경우 표를 4×4 칸으로 줄여 활용해도 된다.

> **참고** 정의로운 행동 포스트잇과 정의롭지 못한 행동 포스트잇을 붙이는 비율은 학급 상황에 맞게 조절한다. 꽝을 넣어서 재미 요소를 더할 수도 있다. 정의 주사위는 해치 사진을 넣어 가로세로 5~7㎝로 미리 만들어 둔다. 정육면체의 전개도 수업과 연계하여 주사위 전개도를 나누어 주고 각자 만들어도 좋다.

정의의 주사위

완성 놀이판

4단계 정의 주사위 굴리기

❶ 모둠별로 나와 한 사람씩 해치 주사위를 놀이판에 던진다. 나오는 모둠 순서는 가위바위보로 정하거나 조용히 기다리는 모둠 순으로 한다.

❷ 주사위를 던져 나온 포스트잇의 내용을 큰 소리로 읽는다. 만약 정의롭지 못

한 행동이 나오면 정의로운 행동으로 바꾸어 말한다. 던진 사람은 주사위를 주워 다음 사람에게 건네고 줄의 맨 뒤로 간다. 모둠 전체가 활동을 마치면 자기 자리로 들어간다.

| 주사위 칸별 점수 |

- **정의로운 행동**: 10점을 준다.
- **정의롭지 못한 행동**: 정의로운 행동으로 바꾸어 말한다. 예를 들어 포스트잇 내용이 '왕따를 주도하는 행동'이라면 "친구를 따돌리지 않고 왕따당하는 친구를 돕겠다."라고 말한다. 정의로운 행동으로 바꾸어 말하면 5점을 준다. 정의로운 행동으로 바꾸어 말하지 못하면 점수를 받지 못한다.
- **여러 칸에 걸쳐 있을 때**: 주사위가 차지한 면적이 넓은 칸으로 정한다.
- **표가 아닌 곳**: 점수를 받지 못한다.

❸ 모둠원의 점수를 합하여 모둠 점수를 계산한다. 점수를 많이 얻는 모둠이 승리한다. 1~3회까지 놀이의 횟수를 정한다. 3회까지 놀이를 한다면 3회까지 얻은 점수를 합산한다.

참고 협력 점수와 질서 점수를 추가하여 경쟁 요소를 줄일 수 있다. 팀 대항이 아니라 개인전으로 진행해도 재밌다. 정의로운 행동이 나오면 간식을 받는다. 정의로운 행동이 나오지 않는 경우는 정의로운 행동이 나올 때까지 다시 도전할 수 있다.

· 추가 놀이 1: 정의 보물을 찾아라 ·

'정의 보물을 찾아라'는 정의가 소중한 가치라는 것을 알려 주는 놀이다. 정의로운 마음과 행동은 학생들에게 보물과 같다. 정의로운 행동이 적힌 보물 쪽지를 찾아 발표하면서 정의로운 사람이 되기 위한 실천 약속을 할 수 있다.

❶ 학생들은 4등분 한 A4 용지에 정의로운 행동을 쓴다. 다 쓴 종이는 2번 접어 '정의 보물'을 만든다. 한 사람이 여러 장의 보물을 만들어도 된다.
❷ 학급을 두 팀으로 나눈다. 한 팀이 밖에 나가 있는 동안 다른 한 팀은 '정의 보물'을 교실 곳곳에 숨긴다. 숨기는 보물 개수는 같게 한다. 교사의 책상 주변을 제외하고 숨기도록 당부한다.
❸ 정해진 시간 안에 다른 팀은 쪽지를 찾는다. 제한 시간이 끝나면 보물을 찾은 사람은 앞에 나와 쪽지 내용을 발표한다. 보물 하나에 10점을 준다. 역할을 바꾸어 보물을 숨기고 찾는다.

· 추가 놀이 2: 정의 빙고 놀이 ·

❶ 3×3 빙고판 한 칸에 자기 이름을 쓰고 정의로운 행동 하나를 쓴다.
❷ 교실을 돌아다니며 8명의 친구를 만나 나머지 칸에 친구 이름과 친구가 쓴 정의로운 행동을 쓴다. 빙고판을 다 채우고 모두 자기 자리로 돌아가면 빙고 놀이를 시작한다.
❸ 교사는 미리 한 학생이 쓴 내용을 기억해 두었다가 발표한다. 교사가 말한 내용에 해당하는 학생은 빙고판을 들고 앞으로 나간다. 빙고판 중에서 정의로운 내용을 말하고 그 내용을 쓴 친구를 부른다. 릴레이로 빙고 놀이를 이어 간다.

· 같이 읽으면 좋은 그림책 ·

정의 씨는 용감해!
김성은 글, 김소희 그림,
책읽는곰

정의가 필요해
강정연 글, 박재현 그림,
미세기

나는 반대합니다
데비 레비 글,
엘리자베스 배들리 그림,
양진희 옮김, 함께자람

정직

진진가 놀이

솔직하면 안 돼?
도나 W.언하트 글 | 안드레아 카스텔라니 그림 | 김경연 옮김 | 풀빛

'정직'이라고 하면 거짓말을 하지 않고 어려운 상황에 처해도 스스로에게 떳떳해야 한다는 도덕적 관점에서만 이야기하는 경우가 많다. 이 책은 정직을 말하고 있으나 좀 더 사회적 관계 속에서 정직을 어떻게 표현하고 사용할지에 대해서 이야기하고 있다. "정직은 우리 집 가훈이거든."이라고 말하는 프랭크는 자신이 생각한 대로 솔직하게 말해서 대인관계에 문제가 있는 아이다. 그래서 주변에 친구가 없다. 심지어 경찰 아저씨에게 자기 엄마의 과속까지 일러바치는 정도다. 무조건 정직한 것이 좋다고 생각하는 프랭크처럼 상황이나 관계를 전혀 고려하지 않은 정직은 주변을 불편하게 만든다. 솔직하고 정직하게 말함에도 불구하고 주변 사람들과 잘 지내는 할아버지의 모습과 프랭크의 모습을 대비시켜서 보여 준다. 개인의 정의 차원의 정직과 주변 사람들과 어울려 살아가야 하는 사회적 관계 안에서의 정직의 차이를 생각해 보게 하는 책이다.

· 인성 만나기 ·

정직이란?

정직은 마음을 옳고, 바르고, 곧게 가지는 것이다. 사전적 의미로는 남을 속이지 않으며 스스로에게 정당할 수 있는 행위를 하는 것으로 선행과 악행을 가리지 않는다고 한다. 정직은 생각하고 말하고 행동하는 것에 거짓이 없어야 한다. 정직에 대한 인식이 마비가 된다면 사람으로서 마땅히 지켜야 할 바르고 착한 마음과 사물의 옳고 그름을 판단할 기준이 사라진다. 정직은 개인의 인격을 결정하는 중요한 요인이며 사회가 건전하게 유지되고 발전하는 데 기본이 된다. 정직은 넓은 의미에서는 사회적 질서 유지의 기준이며, 좁은 의미에서는 상대의 상황을 고려하여 자신의 생각을 거짓 없이 솔직하게 표현하는 것이다. 이때 중요한 것은 상대방을 배려하는 사회적 기술을 익혀 다른 사람과 잘 지내는 것이다.

· 놀이 즐기기 ·

진진가 놀이

'진진가 놀이'는 진짜와 가짜를 섞어서 제시하고 그중에서 진짜와 가짜를 맞히는 놀이다. 진짜 문장 2개와 그럴듯한 가짜 문장 1개를 섞어 놓고 맞히는데, 모둠원 4명끼리 진행할 수도 있고, 반 전체로 범위를 넓혀 1:1로 진행할 수 있다. 진진가 놀이로 정직하지 않은 상황을 말하는 사람을 만나 진짜와 가짜를 찾아보는 경험을 한다. 또한 스스로 거짓을 진짜인 것처럼 말해 보는 경험을 하여 삶에서 참과 거짓을 구분하기가 쉽지 않으며 다른 사람을 속이거나 늘 정직만 말하기가 쉽지 않음을 놀이를 통해 자연스럽게 알아차린다.

※**준비물**: 원을 만들 의자, 필기도구, 포스트잇, A4 용지

1단계 그림책 읽고 이야기 나누기

그림책 『솔직하면 안 돼?』를 한 장씩 넘기며 읽어 준다. 질문을 하기 전에 책 속의 주인공 프랭크가 친구들과 어른들을 만날 때 하는 행동과 대화를 보면서 학생들은 "눈치도 없나?", "그건 팩트 폭력 아니냐?" 등의 반응을 한다. 프랭크의 어떤 말과 행동에서 눈치가 없거나 팩트 폭력이냐고 묻는 교사의 질문에 학생들의 대

답은 다음과 같았다.

"친구가 노래를 못 부르는 것이나, 교장 선생님의 가발이 족제비 같다는 것은 프랭크 개인의 생각 같아요.", "생각하는 것을 상황을 신경 쓰지 않고 그대로 말하는 것은 잘못일 수 있다.", "프랭크의 말과 행동은 상대에 대한 배려가 없기 때문에 폭력 같다."고 말했다.

정직이 중요하다고 상대방이 받아들일 준비가 되어 있지 않은 상태에서 다 말하면 서로 감정이 상한다는 이야기도 나왔다. 상황과 상대를 봐 가면서 자신의 마음을 잘 전달해야 한다는 의견도 나왔다. 학생들은 그림책을 보고 놀이를 하면서 정직은 사회적 관계의 맥락 속에서 말해야 한다는 것을 경험했다.

2단계 진진가 문장 만들기

❶ 진진가 놀이 양식이 있는 A4 용지를 준비한다. 자신과 관련된 경험 중에서 진짜 상황 2개와 가짜 상황을 1가지 정한다. 상황은 하나의 완결된 문장으로 작성한다. 예를 들면, "나는 지난여름에 사과를 먹다가 이빨이 빠져 본 적이 있다."처럼 작성한다. 학생들이 문장을 작성하기 쉽도록 교사가 작성한 예를 보여 주거나 여행, 특별한 경험, 사소한 일상생활, 즐거운 경험 등의 다양한 상황 목록을 제시한다.

❷ 설명이 끝나고 나면 3분의 시간을 주고 3개의 진진가 문장을 완성한다. 문장을 완성하고 나면 판정표에 우리 반 친구의 이름을 모두 써서 놀이를 준비한다. 이때 가지고 다니기 편하도록 진진가 놀이 카드를 A4 용지 절반 크기로 만들어서 앞에는 진진가 내용을 쓰고, 뒤에는 판정표로 작성하여 활용할 수도 있다. 진진가 문장 3개를 완성하고 판정표에 친구들의 이름을 다 썼는지 확인하고 놀이를 시작한다. 이때, 반 친구들의 이름을 쓰는 데 시간이 걸린다면 번호만 써도 된다. 정답은 포스트잇이나 손으로 가리고 놀이를 시작한다. 답을 맞히고 난 뒤에 함께 확인이 가능하도록 준비한다.

| 진진가 판정표 |

인성 덕목: 정직	진진가 놀이	학년 반
		이름:

※나와 관련된 3개의 문장을 씁니다. 진짜 상황 2개와 가짜 상황 1개를 쓰세요.

구분	내용	정답
여행		
특별한 경험		
사소한 일상 경험		
즐거운 경험		

※나의 진짜와 가짜를 맞힌 친구는?

이름				
정답 여부 (O, X)				
이름				
정답 여부				
이름				
정답 여부				
이름				
정답 여부				

인성덕목 - 정직	진.진.가.놀이	제 6학년 7 반 7 번
		이름 (홍길순)

※ 나와 관련된 3개의 문장을 씁니다. 진짜 사실 2개와 가짜 사실 1가지를 써 주세요.

구분	내용	정답
여행	나는 섬나라로 여행을 가본적이 있다. (어릴때)	O
특별한 경험	나는 시내에서 반나절을 보낸적이 있다 (1년전)	O
사소한 일상생활	나는 2-3년전에 학원쌤이랑 같은 시간에 출퇴근했다	X
즐거운 경험		

나의 진짜와 가짜를 맞춘 친구는?

이름	김똘똘	홍정미	박철이	김가이	홍두깨
정답여부(O,X)	O	X	X	X	X
이름	이둘리	김또이	박철기	왕오똠	박미리
정답여부(O,X)	O	X	O	O	X
이름	김왕미	최미리	김마리	지혀니	우소미
정답여부(O,X)	X	X	O	X	X
이름	신나용	강대수	강최고	이태동	진가진
정답여부(O,X)	O	X	X	X	X

정답율: 30%. 6/20 생각보다 많은 애들이 못맞춘것 같다 마음만 먹으면 거짓말을 잘할수 있을거 같다.

3단계 진진가 맞히기

❶ 학생들은 자신의 진진가 학습지를 가지고 두 사람씩 1:1로 만난다. 두 사람이 만나서 "안녕하세요?" 하고 인사를 나누고 가위바위보를 한다. 진 사람이 먼

저 자신의 진진가 학습지를 보여 주면서 하나씩 읽는다.

❷ 이긴 사람은 들으면서 진 사람의 학습지에서 진짜와 가짜를 맞힌다. 진 사람이 가짜를 맞힌 경우, 판정표에 맞힌 친구의 이름에 O 표시를 하고, 틀린 경우, 친구의 이름에 X 표시를 한다. 이긴 사람이 진 사람의 진진가를 맞히든 틀리든, 진 사람은 이긴 사람에게 정답과 그 이유를 설명한다. 이유를 말해 주어야 놀이에서 상대방이 납득하고 자신도 거짓에서 벗어나 정직한 도덕적 마음 상태로 회복되기 때문이다. 정답과 설명을 해 주는 것이 놀이의 재미를 배가시켜 준다.

❸ 진진가 맞히기가 끝나면 두 사람은 서로 "고맙습니다." 하고 헤어져서 다른 친구를 만나서 놀이를 진행한다.

❹ 반 전체 모두를 만날 때까지 반복한다. 1:1로 반 전체 친구들을 만나서 놀이를 하고 그 결과를 판정표에 다 표시한 학생들은 자기 자리에 앉는다.

진진가 말하기

진진가 맞히기

4단계 진진가 평가하기

❶ 진진가 학습지를 가지고 자기 자리에 앉아서 판정표를 살펴본다. 전체 학생 수 중에서 맞힌 사람의 비율을 계산한다. 또는 맞힌 사람이 몇 명인지 기록하고 그 결과 알게 된 사실을 적게 한다. 이때 교사는 가짜를 못 찾은 수를 파악한다. 예를 들어 20명이라면 그중 절반인 10명, 9명, 8명의 순으로 카운트를 해서 손을 들게 한다.

❷ 진진가 평가표를 보고 든 생각을 나눈다. 돌아가면서 모든 학생들의 의견을 듣는다. 거짓을 찾은 경우인 O가 많은 학생들에게도 손을 들게 하고 소감을

물어본다. 진진가 놀이도 중요하지만, 놀이가 끝난 뒤에 반드시 소감을 나눈다. 놀이 후에 서로의 배움을 나눌 수 있어 더욱 풍성한 놀이가 된다.

> **예시** 소감 나누기
>
> - 남을 속이는 일이 생각보다 어려웠다.
> - 가짜를 진짜처럼 쓴 친구가 평소에 교실에서 착하고 성실했다는 점이 충격적이었다. 거짓말과 외모는 상관없다는 사실을 알았다.
> - 나는 남을 잘 속일 것이라고 예상했는데, 생각보다 거짓말을 잘 못했고 친구들의 말이 그럴듯하게 들려서 거짓말을 더 찾기가 어려웠다.

이 놀이를 통해 학생들은 마음만 먹으면 거짓으로 상대방을 속일 수 있다는 것, 또는 거짓으로 살기가 쉽지 않다는 것을 경험했다. 상대의 모습과 행동을 보고 거짓과 진실을 판단하는 것이 어려워서 자신이 생각하는 옳고 바른 것에서 매 순간 잘 선택해야 한다는 말로 놀이를 마무리했다.

· 추가 놀이: 광고 진진가 ·

6학년 2학기 국어 수업에서 '광고의 표현의 적절성'에 대해 배울 때 허위 과장 광고 만들기로 수업을 할 수 있다. 여러 가지 제품에 대한 허위 과장 광고를 만들 때 진진가 놀이를 이용할 수 있다. 예를 들어 가방을 선전하는 광고라면 제품의 좋은 점과 우수성에 대한 진실과 거짓을 섞어 진진가 놀이를 활용할 수 있다.

· 같이 읽으면 좋은 그림책 ·

빈 화분	내가 안 그랬어요!	재채기 때문이에요
데미 글 · 그림, 서애경 옮김, 사계절	박수연 글, 신현정 그림, 키즈엠	맷 하비 글, 미리엄 래티머 그림, 노피너피 옮김, 한국슈바이처

존중

TOR
(A Tree Of Respect)

왜, 먼저 물어보지 않니?
이현혜 글 | 김주리 그림 | 천개의바람

서로에게 존경받기 위해서는 지켜야 하는 사적 영역이 있다. 이를 '경계'라고 하며 건강한 관계를 맺기 위해서는 경계 존중이 필요하다. 『왜, 먼저 물어보지 않니?』를 읽고 일상 속에서 '경계 존중'의 의미를 알아본다. 가깝다는 이유로 친구, 가족 간의 관계에서 경계를 침해당했던 경험을 생각해 보고 상대방을 존중하기 위해 우리가 실천할 수 있는 일을 나무로 꾸며 본다. 서로가 원하는 존중 방법에 대해 공감하는 놀이 시간을 가져 보자.

· 인성 만나기 ·

존중이란?

존중이란 상대를 함부로 대하지 않고 정중하게 대하는 것을 의미한다. 우리 인간의 가장 기본적이고 필수적인 가치 중 하나이며, 서로 존중하는 인간관계가 형성되면 삶의 질을 높이는 매우 중요한 역할을 한다. 존중은 인간관계에서 충돌이나 갈등을 예방하고 해결하는 데도 큰 도움을 준다. 상대방과 긴밀한 인간관계를 유지할 수 있으며 자기 삶에도 긍정적 영향을 미친다.

· 놀이 즐기기 ·

 TOR(A Tree Of Respect)

푸드 매체를 활용하여 우리가 실천할 수 있는 존중 나무를 만들고, 돌아가면서 경계 존중 실천 방법을 말하는 놀이이다. TOR의 의미는 뿌리가 깊게 잘 뻗어 내린 나무가 잘 자라듯, 상대를 함부로 대하지 않고 정중하게 대할 때 좋은 관계를 유지할 수 있다는 뜻이다.

※**준비물**: 포스트잇, 펜, 산적꼬지, 테이프, 가위, 과자, 초코파이

1단계 **그림책 읽고 이야기 나누기**

그림책을 읽고 존중받은 경험 또는 존중받지 못했다고 느낀 경험을 나눈다. "엄마가 이야기를 잘 들어줄 때", "친구들과 사이좋게 놀 때" 존중받은 느낌이 들었고, "엄마가 동생만 좋아할 때", "친구들이 놀릴 때", "상대방이 함부로 말할 때" 존중받지 못한 기분이 든다고 말했다. 상대방과 긴밀한 관계를 유지하기 위해 서로에게 말과 행동에서 존중이 필요하다는 것을 알게 된다.

2단계 **존중 나뭇잎 만들기**

❶ 4명씩 한 모둠을 이루고, 모둠별로 10장의 포스트잇을 나눠 준다.
❷ 교사가 '경계 존중'의 의미를 설명한다.

> **참고** 사람과 사람 사이에는 친한 정도에 따라 지켜야 하는 사적 영역이 있는데 이를 '경계'라고 한다. 건강한 관계를 맺기 위해서는 서로의 경계를 존중해야 한다. 경계 존중은 가정, 학교, 어디에서나 필요하다.

❸ 일상 속에서(가정, 학교, 인터넷, 휴대전화) 실천할 수 있는 경계 존중을 10개 적는다. 나눠 준 포스트잇을 그대로 사용해도 되고, 가위를 이용하여 우리 모둠만의 나뭇잎을 만들어 사용해도 된다.

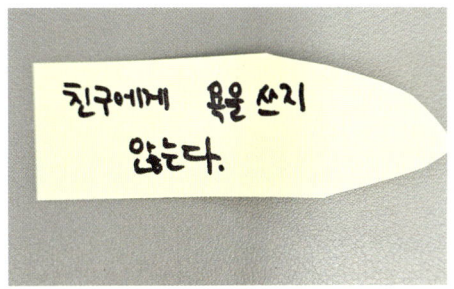 

> **예시** 일상에서 실천하는 경계 존중
> - 친구에게 욕을 하지 않는다.
> - 물건 사용 전에 허락을 구한다.
> - 노크를 하고 방문을 연다.
> - 친구 머리나 엉덩이를 툭툭 치지 않는다.
> - 친구를 무시하거나 욕을 쓰지 않는다.
> - 허락 없이 친구의 사진을 다른 사람에게 전달하지 않는다.
> - 친구 휴대전화를 마음대로 가져가서 보지 않는다.
> - 모르는 사람에게 자신의 사진을 보내지 않는다.
> - 이름, 학교 명 등 개인 정보를 알려 주지 않는다.
> - 인터넷에서 상대방에게 욕을 하지 않는다.

3단계 존중 나무 만들기

뿌리가 깊게 잘 뻗은 나무가 잘 자라듯 관계에 있어서 상대를 함부로 대하지 않고 정중하게 대할 때 좋은 관계가 유지되는 존중 나무를 만든다.

❶ 산적꽂이 10개를 준비하여 위에 3cm 정도를 남기고 존중 나뭇잎을 테이프로 붙인다.

❷ 3cm 남긴 곳에 존중 열매(과자)를 하나씩 끼워서 10그루의 나무를 만들고 토양(초코파이)에 꽂는다. 존중 열매는 산적꽂이에 꽂을 수 있는 과자, 포도, 방울토마토 같은 다양한 푸드를 활용해도 된다.

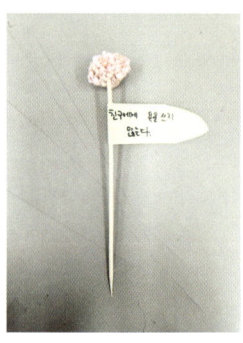

4단계 함께 TOR 놀이 하자!
❶ 한 모둠을 4명씩 하고, 가위바위보로 순서를 정한다.
❷ 순서에 따라 작성한 1개의 실천 방법을 말하고, 적힌 존중 열매(과자)를 먹는다. 상대방 모둠들은 자신의 순서가 아니더라도 같은 내용의 실천 방법이 적힌 나무가 있다면, 존중 열매(과자)를 먹을 수 있다.
❸ 10그루의 나무에 달린 존중 열매를 다 먹은 모둠원 전체가 존중왕이 되며, 토양(초코파이)을 조원들이 나눠 먹을 수 있다. 다른 모둠들은 남은 나무에 적힌 우리가 일상 속에서 실천할 수 있는 경계 존중에 대해 이야기하고 남은 존중 열매(과자)를 먹는다.
❹ 교사는 우리 모두가 소중한 생명이기 때문에 서로의 영역을 존중하면서 관계를 맺어야 함을 알려 주고 마무리한다.

· 추가 놀이: 경계 존중 찢기 빙고 ·

❶ 종이를 8칸이 되도록 접는다.
❷ 우리가 실천할 수 있는 경계 존중 내용을 8칸 안에 적는다.
❸ 한 명씩 돌아가면서 종이 양끝에 적힌 경계 존중 중에 1개를 말한다. 친구가

말한 내용이 내 종이의 맨 위 혹은 맨 아래 있으면 찢어 낼 수 있다.

❹ 마지막 남은 한 장까지 불리면 빙고가 완성된다. 여러 번 같은 내용이 반복되어서 서로가 원하는 존중 방법을 기억하는 경험을 준다.

── · 같이 읽으면 좋은 그림책 · ──

좋아서 그런 건데
황진희 글, 조아영 그림,
교육과실천

나도 존중해 주면 안 돼?
클레어 알렉산더 글 · 그림,
홍연미 옮김, 국민서관

똑똑똑 선물 배달 왔어요
허혜경, 박희순 글 · 그림,
한그루

즐거움

동물 이어달리기

신 나게 노는 것도 중요해요

채인선 글 | 황보순희 그림 | 신남식 감수 | 한울림어린이

놀이는 학생들의 몸과 마음을 쑥쑥 자라게 해 주는 즐거운 활동이다. "놀이가 밥이다."라는 말처럼 학생들은 놀면서 배우고 성장한다. 놀이를 통해 재미와 즐거움을 느낀다. 그림책 속에는 여러 동물이 놀며 배우는 이야기가 소개된다. 동물들이 신나게 노는 이야기를 통해 즐거움의 가치를 알려 준다. 치타는 형제들과 씨름하며 놀고 근육도 만든다. 논병아리는 물에 동동 뜨는 놀이를 하면서 헤엄치는 법을 배운다. 원숭이는 여럿이 어울려 노는 것이 재밌다는 것을 안다. 노는 방법은 저마다 다르지만 모두 신나게 놀면서 성장한다. 공부하는 것만큼 놀면서 즐거움을 느끼는 것도 중요하다는 것을 이야기해 주는 그림책이다. 즐거움이 있을 때 나쁜 기분도 사라지고 새로운 생각도 많아지며 우리 몸은 건강해진다.

· 인성 만나기 ·

즐거움이란?

'즐거움'이란 재미와 만족을 느끼는 기분 상태를 말한다. 즐거움은 학생들의 학업 스트레스를 해소하고 마음 건강을 돌보는 데 꼭 필요하다. 여가를 즐기지 못하고 공부만 하는 학생들은 공부에 더 집중하지 못한다. 공부에 대한 압박감으로 공격성을 드러내기도 한다. 학생들의 균형 잡힌 생활을 위해서는 공부도 중요하지만 즐거운 시간을 갖는 것도 중요하다. 행복한 삶을 누리기 위해 재미와 즐거움을 소홀히 하지 말아야 한다. 학생들은 즐거운 경험을 통해 새로운 생각과 창의성을 발휘한다. 즐거움은 학생들에게 기쁨, 만족, 행복과 같은 긍정적인 정서를 갖도록 도움을 준다.

· 놀이 즐기기 ·

동물 이어달리기

학생들은 동물을 좋아하고 동물에 대한 호기심도 높다. 반려동물을 애지중지 키우는 학생들도 많다. 동물 사진만 보아도 즐거워한다. 달리기는 학생들이 즐겨하는 대표적인 놀이 중 하나이다. 시작 신호만 주면 친구들과 신나게 달린다. '동물 이어달리기' 놀이는 학생들에게 인기 있는 동물과 달리기를 결합한 놀이다. 그림책 속 동물을 흉내 내면서 달린다. 동물을 흉내 내는 활동도 달리는 활동도 재미있게 참여한다. 동물 이어달리기를 하는 내내 웃음이 터져 나온다. 여러 동물의 흉내를 내면서 체력도 기르고 친구들과 어울려 즐거움을 나눌 수 있는 놀이다.

※**준비물**: 동물 카드, 포켓 주사위, 반환 고깔

1단계 그림책 읽고 이야기 나누기

『신 나게 노는 것도 중요해요』라는 책 제목을 읽으면서 학생들에게 "신 나게 노는 것이 왜 중요할까요?"라고 질문한다. 스트레스를 풀려고, 에너지를 충전하려고, 화난 마음이 사라져서, 재밌고 기분이 좋아져서, 머리가 맑아져서 공부가 더 잘되기 때문에, 다람쥐 쳇바퀴 같은 삶을 살기엔 우리의 인생이 너무 아까우니까

등 다양하게 이야기가 나온다. 펭귄의 미끄럼 타기, 가창오리의 비행, 홍학의 군무 등 그림책 속에서 동물들이 즐거워하는 일이 무엇인지 살펴본다. 동물들처럼 언제, 무엇을 할 때 가장 즐거운지 물어본다. 친구들과 함께 놀 때 즐겁다는 의견이 가장 많다. 학생들이 자신에게 즐거움을 주는 것을 찾아 재밌고 만족스러운 삶을 가꾸기를 바란다.

2단계 동물 흉내 내기

❶ 그림책에는 15종류의 동물이 등장한다. 그림책 부록에 실려 있는 동물 카드를 스캔하여 한 마리씩 가위로 잘라 준비한다.

❷ 학생들은 원을 만들어 앉는다. 15장의 카드를 뒤집어 쌓아 두고 위에 있는 카드부터 뒤집어 나온 동물을 흉내 낸다. 또는 동물 카드를 뒤집지 않고 자기가 흉내 내고 싶은 동물도 된다. 준비되지 않았다면 "패스."라고 말하고 마지막에 참여해도 된다. 나머지 학생들은 동물 흉내를 보고 어떤 동물인지 알아맞힌다.

> **참고** 동물 흉내 내기를 부끄러워하는 학생도 있으니 먼저 희망하는 학생들에게 기회를 준다. 친구들이 흉내 내는 모습을 보면 좀 더 적극적으로 참여한다. 몸짓뿐만 아니라 소리를 함께 흉내 내도 좋다. 친구들이 동물 흉내 내는 모습을 보고 흉내를 잘 낸다는 칭찬을 많이 하며, 흉내 내는 동작을 재미있어한다.

3단계 주사위에 있는 동물 동작 연습하기

학생들의 선호도가 높고 다양한 동작을 보여 줄 수 있는 동물 카드로 6장을 고른다. 아델리펭귄, 치타, 오소리, 꽃게, 원숭이, 프레리도그 카드를 넣어 동물 포켓 주사위를 완성한다. 이어달리기를 하기 전에 먼저 포켓 주사위에 있는 여섯 동물의 동작을 다 같이 흉내 내 본다. 흉내를 잘 내는 친구의 동작을 보고 따라 해도 된다.

아델리펭귄은 양팔을 펭귄 날개처럼 몸통에 붙이고 뒤뚱뒤뚱 걷는다. 치타는 네 발로 달리지만 가장 빠른 동물이라서 두 발로 최대한 빨리 달린다. 오소리는 양팔을 바닥에 짚고 네 발로 달린다. 꽃게는 두 손가락으로 집게를 만들어 옆으로 걷는다. 원숭이는 어미가 새끼를 업고 있으므로 친구를 업고 달린다. 프레리도그는 다리를 구부리고, 양팔을 구부려 몸통 앞에 붙이고 두 손을 아래로 내린다.

동물 포켓 주사위

동물 동작 연습하기(오소리)

4단계 동물 이어달리기

❶ 학급을 2~4팀으로 나눈다. 팀 이름을 동물로 정하고 그 이름을 외치며 응원하도록 한다.
❷ 호루라기 신호와 함께 맨 앞사람이 주사위를 던진다. 던져서 나온 동물을 흉내 내며 반환점(반환 고깔을 둔다)을 돌아온다.

❸ 앞 주자가 출발선 안으로 들어오면 두 번째 주자가 주사위를 던지고 릴레이로 동물 흉내를 내며 달린다.
❹ 모든 주자가 먼저 들어오는 팀이 승리한다.

> **참고** 지나친 승부욕으로 동물을 흉내 내기보다 빨리 달리기만 하려는 학생들이 있다. 이럴 때는 먼저 들어오는 것으로 승패를 결정하는 대신 동물 흉내 내기를 잘하는 팀이 승리하는 방법으로 경기를 진행할 수 있다. 예를 들어, 여자 2팀, 남자 2팀, 총 4팀으로 나눈다. 남자 2팀이 경주할 때는 여자 2팀이 경기를 관람한다. 경기가 끝난 후 관람한 학생들은 흉내를 잘 냈다고 생각하는 팀에 손을 들어 승부를 정한다. 같은 방법으로 여자 2팀이 경주할 때는 남자 2팀이 관람하고 승부를 정한다.

이어달리기로 승부 정하기(3팀)

동물 흉내 내기로 승부 정하기(4팀)

· 추가 놀이: 동물 이름 전래 놀이 ·

동물 이름이 들어간 전래 놀이로 닭싸움, 돼지 씨름, 게 씨름이 있다. 동물의 모습을 흉내 내어 힘을 겨루는 놀이다.

- **닭싸움:** 한쪽 다리를 양손으로 잡아 올려서 한 발로 선다. 들어 올린 다리로 몸과 무릎을 맞부딪혀 상대를 공격한다. 양손 모두 잡은 다리를 놓치거나 쓰러지면 패한다.
- **돼지 씨름:** 엉덩이를 바닥에 붙이고 앉은 다음, 무릎 밑으로 손깍지를 낀 다음 다리를 사용해서 상대방을 넘어뜨리는 놀이다. 손깍지가 풀리거나 넘어지거나 놀이하는 영역 밖으로 나가면 패한다.
- **게 씨름:** 누운 상태에서 다리를 세우고 두 손으로 바닥을 짚고 엉덩이를 든다. 게처럼 기어다니면서 상대방을 넘어뜨린다. 친구들과 즐겁게 몸으로 놀면서 균형과 평형감각, 근력을 기르는 놀이다.

· 같이 읽으면 좋은 그림책 ·

뒤죽박죽 쇼
에릭 칼 글 · 그림, 홍연미 옮김,
시공주니어

비밀의 정원
이루리 글, 박형진 그림,
북극곰

뜨개질하는 라마
마이크 커 글,
레나타 리우스카 그림, 손시진 옮김,
에듀앤테크

그림책
인성 놀이
41~50

지혜	정전이 되면?
창의성	토크(talk) 박스
책임	책임공 패스 패스!
친절	친절 끼리끼리
평온	천천히 천천히 더 천천히
평화	싸움은 안 돼
행복	종족 번식 놀이
협력	함께 컵 쌓기
호기심	열 고개 수수께끼
효	덕분에 고마워요

지혜

정전이 되면?

앗, 깜깜해

존 로코 글·그림 | 김서정 옮김 | 다림

더운 여름날 밤에 아이는 가족과 보드게임을 하려고 하지만 모두 바쁘다. 그런데 갑자기 전기가 나가서 집과 동네가 깜깜해진다. 불도 안 들어오고 전화도 안 되는 상황에서, 가족들은 손전등을 가지고 그림자놀이를 해 본다. 하지만 덥고 끈적거리는 여름밤이라 옥상으로 올라갔는데 별 관찰도 하고 모여든 다른 가족도 만난다. 길거리에 나가 보니 파티가 벌어진 듯 사람들끼리 이야기도 나누고 아이스크림도 나누어 먹는다. 이 사건 이후 가족에게는 작은 변화가 생긴다. 이 책은 가족과 함께 시간을 보내고 싶어 하는 아이의 마음이 잘 드러난 그림책이다. 그리고 텔레비전이나 게임기가 없어도 얼마든지 신 나게 놀 수 있으며, 가족과 함께 시간을 보내는 다양한 방법을 생각하게 한다.

· 인성 만나기 ·

지혜란?

지혜란 사물의 이치를 깨닫고 사물을 정확하게 처리하는 정신적 능력이다. 따라서 사람, 사물, 사건이나 상황을 깊게 이해하고 깨달아서 자신의 행동과 인식, 판단을 이에 맞출 수 있는 것을 의미하기도 한다. 비슷한 말로는 통찰(insight), 안목(discernment)이 있다.

고대로부터 지혜는 매우 중요한 덕목으로 여겨졌다. 그리스에서는 지혜를 의인화한 신인 아테나와 메티스가 있었고, 철학을 뜻하는 'philosophy'에는 '지혜를 사랑한다'는 의미가 있다. 지혜란 정확한 정보와 인식에 바탕을 두어 먼저 많은 양의 지식을 얻고 그것을 제대로 정리하여 올바른 판단을 내리는 힘으로도 정의할 수 있다.

· 놀이 즐기기 ·

정전이 되면?

우리는 생활의 많은 부분을 전기에 의존한다. 특히 스마트폰이 발달하면서 정보를 얻거나 휴식을 취할 때, 놀이할 때 스마트폰은 필수품이 되었다. 그런데 갑자기 정전이 되고 스마트폰도 할 수 없다면 우리는 무엇을 할 수 있을까? 가족과 무엇을 하며 시간을 보내면 좋을까 생각해 본다. 자신이 생각한 것을 친구들에게 퀴즈 형식으로 문제를 내고 알아맞히면서 흥미를 높일 수 있다.

※**준비물**: OHP 투명 필름 1장, A4 검정 도화지, 손전등 도안, 투명 테이프, 12색 네임펜, 12색 색연필

1단계 **그림책 읽고 이야기 나누기**

학생들과 그림책 속 주인공이 겪은 일을 생각해 본다. 정전이 되고 스마트폰도 할 수 없을 때 이 가족은 무엇을 했는지 찾아본다. 그림책 속의 가족처럼 그림자놀이, 별 관찰, 밤거리 나들이 등을 학생들도 경험해 봤는지 이야기를 나눈다. 그때의 감정은 어떠했는지도 이야기한다. 또 학생들의 가족이 모이는 시간은 언제

인지, 가족이 모이면 보통 어떤 놀이나 게임을 하는지도 이야기를 나눈다. 요즘처럼 바빠서 가족이 모이기 힘든데도 시간을 내서 모이는 가족이 있다면 격려해 주고, 모이지 못하는 가족은 그 상황을 듣고 이해할 수 있도록 도와준다.

그리고 그림책처럼 갑자기 정전이 되고 스마트폰도 할 수 없다면 학생들은 무엇을 할 수 있을지 생각하고 발표한다. 가족이 다 함께 모여 할 수 있는 것은 무엇인지 지혜를 나눈다. 친구들의 다양한 생각을 들어 보고 우리 가족에게는 어떤 놀이나 활동이 알맞을까 궁리해 본다. 공기놀이, 딱지치기, 끝말잇기, 말놀이하기 등 생각보다 다양하게 가족과 즐길 놀이를 생각할 수 있다. 나에게 가족이란 어떤 의미인지도 생각해 본다.

2단계 OHP 투명 필름에 그림 그리고 사랑의 손전등 만들기

❶ 정전이 되었는데 스마트폰도 할 수 없을 때 가족과 함께 하고 싶은 일, 놀이 등을 생각해서 OHP 투명 필름에 색깔 네임펜으로 밑그림을 그리고 색칠한다.

❷ 까만 도화지 위에 OHP 투명 필름 그림을 놓고 투명 테이프로 한쪽 면을 붙인다. 손전등 모양을 색연필, 네임펜 등으로 예쁘게 꾸민다. 손전등을 다 만든 후 가위로 오린다.

OHP 투명 필름에 가족과 함께 하고 싶은 일을 네임펜으로 그리고 색칠하기

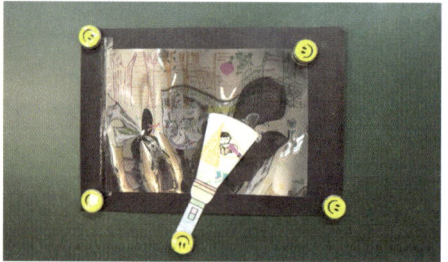
OHP 투명 필름 아래에 검은 도화지 놓고 손전등 모양을 만들기

3단계 가족과 함께하는 시간 퀴즈 풀기

❶ 한 사람이 자신의 작품을 들고 나온다. 짝이 도우미로 같이 나온다. 짝은 작품을 잘 들고 있고, 퀴즈를 내는 사람이 손전등을 조금씩 움직이면서 가족들이 어떤 놀이나 활동을 하는 장면인지 문제를 낸다. 이때 손전등을 투명 필름

과 까만 도화지 사이에 넣으면 그림의 일부가 보인다. 친구들이 잘 모르면 초성 힌트를 준다.

❷ 친구들이 문제를 맞히면 흰색 도화지를 투명 필름과 까만 도화지 사이에 넣어서 전체 그림이 어떤지 보여 준다.

> **예시** 공원 산책하기, 가족과 게임하기, 가족과 보드게임하기, 손전등으로 그림자 놀이하기, 가족과 별 구경하기 등 다양한 그림이 나왔다.

친구들 앞에서 무엇을 하는 모습인지 퀴즈 문제 내기

OHP 투명 필름 아래에 흰 종이를 놓고 전체 그림 보여 주기

공원 산책하기

가족과 게임하기

가족과 손전등으로 그림자 놀이하기

4단계 서로의 지혜 나누기

학생들은 놀이하는 중에 곰곰이 생각하면서 자신의 지혜를 발휘할 수 있다. 다른 사람의 이야기를 들으면서 자신의 가족에게 알맞은 놀이나 활동을 찾아보는 지혜를 성장시키는 기회가 될 수 있다. 마지막에 각자 느낀 점을 돌아가면서 순서대로 발표한다. 정전이 되었을 때 가족이 함께 할 수 있는 놀이나 활동이 생각보다 많다. 실제로 가족과 함께 해 보도록 격려해 준다.

· 추가 놀이: 몸으로 표현하기 ·

갑자기 정전이 되고 스마트폰도 할 수 없는 상황에서 가족과 함께 시간을 보낼 수 있는 모습을 도화지에 그린다. 그리고 작품을 칠판에 뒤집어 붙여 놓고 몸으로 표현한다. 소리는 내지 말고 몸으로만 표현하면서 어떤 상황인지 친구들이 알아맞히도록 한다. 친구들이 정답을 맞히면 자신이 그린 그림을 친구들에게 보여 준다.

· 같이 읽으면 좋은 그림책 ·

펭귄 탐험대의 모험
사이토 히로시 글,
다카바타케 준 그림, 김숙 옮김,
미디어창비

거울을 든 아이
안나 회글룬드 글 · 그림,
최선경 옮김, 곰곰

딸에게 아빠가 필요한 이유
그레고리 랭 · 수재너 레너드 힐 글,
시드니 핸슨 그림, 최은숙 옮김,
책연어린이

창의성

토크(talk) 박스

박스 놀이터

서석영 글 | 조은비후·유치환 그림 | 바우솔

주인공은 집 안에 넘쳐 나는 박스를 활용하여 만들기 놀이를 한다. 박스는 팽이가 되기도 하고 살포시 박스 안에 들어가면 작은 내 집이 되기도 한다. 추운 겨울엔 썰매가 되어 주고, 박스에 구멍을 뚫어서 탈을 만들어 놀며 다양한 재미를 준다. 『박스 놀이터』는 박스 안에 무엇이 들어 있는지 궁금증도 가지면서 머릿속으로 상상하던 것을 손으로 실현하는 멋진 경험을 선사해 주는 동시에 창의력을 키워 주는 그림책이다.

· 인성 만나기 ·

창의성이란?

창의성은 새로운 관계를 지각하거나 비범한 아이디어를 산출, 또는 전통적 사고 유형에서 벗어나 새롭게 사고하는 능력을 말한다. 우리는 이전에는 없었던 방법을 새롭게 떠올려서 문제를 해결하거나 상황에 대처할 때 그 사람을 창의적이라고 말한다.

창의성을 발휘하기 위해서는 먼저 해당 분야의 지식과 경험이 필요하다. 여기서 지식이란 학습된 교육뿐만 아니라 해당 분야의 경험을 기반으로 남들이 발견하지 못하는 새로운 문제나 가능성을 찾아내는 것으로, 창의성에서 필수적이다. 그 다음 일하는 경험 그 자체를 통해 즐거움과 성취감을 얻을 때 평범함을 뛰어넘는 창의성을 발휘할 수 있다. 창의성은 특별한 재능을 가진 사람만 가진 능력이 아니다. 즐거운 경험을 통해 누구나 창의성을 발휘할 수 있다.

· 놀이 즐기기 ·

토크(talk) 박스

아이들의 창의성을 높이려면 스스로 자유롭게 구성하고 활용할 수 있는 놀이가 필요하다. '토크(talk) 박스'는 집에서 쉽게 구할 수 있는 크기와 모양이 다양한 박스를 활용하여 할 수 있는 놀이다. 아이들은 배운 지식과 경험을 바탕으로 새로운 문장을 만들고 다양하게 박스를 변신시키면서 즐거움과 성취감을 얻는다. 친구들이 쓴 문장을 보며 새로운 아이디어를 얻고, 친구들이 만든 박스를 보면서 창의성 기법을 설명하지 않아도 자연스럽게 익힐 수 있다.

※**준비물**: 여러 종류의 박스, 색종이, 테이프, 풀, 종이, 가위

1단계 **그림책 읽고 이야기 나누기**

택배가 오면 쌓이는 박스를 어떻게 활용하는지 이야기를 나눈다. 택배 상자를 잘 펼쳐서 분리수거함에 버리기, 집에 물건을 정리할 때 활용하기, 다른 택배를 부칠 때 사용한다고 말했다. 그림책을 읽은 뒤, 다른 방법으로 박스를 활용할 수

있는 방법을 나눈다. 음료 포장 박스로 신발장 정리하기, 책꽂이로 쓰기, 꽃바구니로 활용하기 등 다양한 의견이 나왔다.

2단계 물건을 활용하여 문장 만들기

❶ 작은 상자에 손을 넣을 수 있도록 토크(talk) 박스를 만든다. 박스 안에는 학생들이 각자 1개의 물건을 넣는다. 박스가 작기 때문에 작은 물건이 아닌 경우에는 종이에 물건 이름을 적은 후 접어서 넣는다. 또한 날카롭거나 위험한 물건도 종이에 적어서 넣는다. 같은 물건 또는 사물이 중복될 수 있으므로 다양한 물건을 넣거나 적도록 설명한다.

❷ 2명이 한 팀이 되어 물건 또는 사물이 적힌 종이를 한 개씩 뽑도록 한 후 선택된 2개의 물건을 연결하여 문장을 만든다.

예) 형광펜+테이프=형광펜이 망가져서 테이프로 붙였다.

> 참고 창의성 훈련 기법인 시넥틱스 기법을 활용한 단계이다. 시넥틱스 기법은 서로 관련이 없는 요소들 간의 결합을 통해 새로운 아이디어를 내며 확산적 사고를 자극하는 방법이다. 놀이를 통해 아이디어를 내며 다양한 문장을 만들 수 있다.

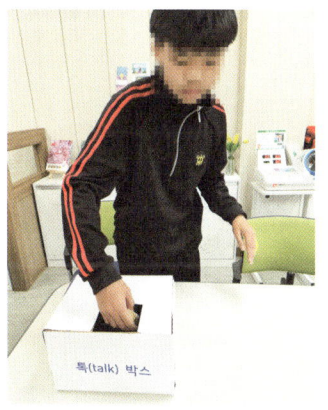
토크(talk) 박스 뽑기

1개씩 뽑아 문장 만들기

3단계 새롭게 해석하기

❶ 한 팀이 된 두 사람은 토크(talk) 박스에서 꺼낸 물건과 박스를 활용한다. 개수는 상관없이 필요한 만큼 사용한다. 만들기에 필요한 가위와 풀은 이용할 수 있다.

학생들에게 아래 7가지 질문을 해 본다.

- **대체하기**: 박스와 같은 기능을 하는 다른 물건이 있다면?
- **결합하기**: 박스에 새로운 기능을 추가한다면?
- **응용하기**: 박스의 원리를 적용한 것이 있다면?
- **수정 및 확대·축소하기**: 박스의 모양이나 크기를 다르게 한다면?
- **다른 용도로 사용하기**: 박스를 다른 용도로 사용한다면?
- **제거하기**: 박스에서 불필요한 부분이 있다면?
- **재배열하기**: 박스의 생김새나 구조를 바꿔 본다면?

> **참고** 창의성 활용 기법인 스캠퍼(SCAMPER) 기법을 활용한 놀이이다. 7가지 핵심 질문을 통해 대상에 대한 새로운 아이디어를 내는 기법이다. 대체하기, 결합하기, 응용하기, 수정 및 확대·축소하기, 다른 용도로 사용하기, 제거하기, 재배열하기의 7가지 핵심 질문이 있다.

❷ 질문을 통해 같은 팀 친구와 답을 이야기한 뒤, 박스에서 꺼낸 물건을 활용하여 새로운 용도의 물건을 만든다. 그림책에서처럼 썰매, 꽃가마, 배, 왕관처럼 다양한 물건을 활용해 박스를 새롭게 만들 수 있다.

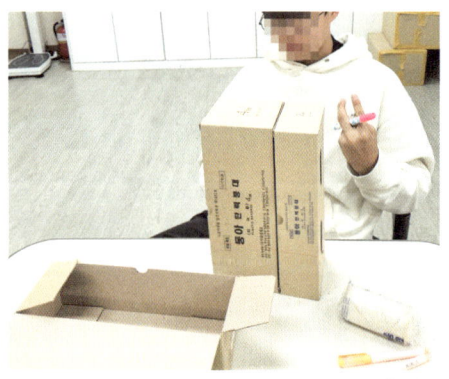

새로운 물건 만들기

4단계 새롭게 만든 박스 맞히기

한 팀씩 나와서 만든 것을 보여 주고, 나머지 친구들은 새롭게 만든 박스가 무엇인지 맞힌다. 친구들이 맞히지 못하면 힌트를 준다. 친구들이 새롭게 만든 박스를 맞히면서 박스가 다양하게 활용되고 재미있게 변신됨을 볼 수 있다.

· 추가 놀이: 박스 터널 놀이 ·

그림책에서 본 '박스로 터널을 만든 장면'을 활용한 '박스 터널 놀이'를 해 보자.

❶ 마스킹 테이프로 길을 만들어서 박스를 접어 바닥에 고정시킨다.
❷ 두 팀으로 나누고 두 개의 터널을 만들어서 팀별로 터널을 지나간다. 박스 터널 속에는 다양한 단어가 적혀 있다.
❸ 한 단어를 기억하여 칠판에 적는다. 팀별로 마지막 학생까지 다 통과하고 적힌 단어를 한 번씩만 활용하여 5개의 문장을 먼저 만든 팀이 승리한다.

· 같이 읽으면 좋은 그림책 ·

파란 의자
클로드 부종 글 · 그림,
최윤정 옮김, 비룡소

**낙서가 예술이 되는
50가지 상상**
세르주 블로크 글 · 그림,
김두리 옮김, 문학동네

아트와 맥스
데이비드 위즈너 글 · 그림,
박보영 옮김, 시공주니어

책임

책임공 패스 패스!

끝까지 제대로

다비드 칼리 글 | 안나 아파리시오 카탈라 그림 | 엄혜숙 옮김 | 나무말미

『끝까지 제대로』의 주인공 카스파는 많은 에너지와 호기심을 가지고 있다. 하지만 하고 싶은 것이 너무 많아서 끊임없이 마음을 바꾸고 새로운 것을 계속 시도하지만 끝까지 마무리하지 못한다. 하고 싶은 게 너무 많아서 뭐든 시작하기는 잘하지만 어떤 일을 끝까지 해내지 못하는 주인공의 모습에서 시작과 끝맺음의 중요성을 깨닫는다. 또한 좋아하는 일을 찾아 이것저것 시도하며 마무리하는 것은 작은 성공 경험들이 쌓여 자기 효능감, 자아 존중감이 높아지기 때문이다. 평범한 주인공에게 동화되는 느낌으로 책을 읽으며 책임 있는 끝맺음이 큰일의 시작임을 배울 수 있는 그림책이다.

· 인성 만나기 ·

책임이란?

책임은 자신과 자신이 속한 공동체를 위해 자신이 해야 할 역할과 의무를 알고 이를 실천하는 것을 말한다. 먼저 솔선수범하고 앞장서서 행동하여 다른 사람의 본보기와 모범을 보이는 적극적인 책임 행동이 있고, 개개인이 실천한 행동의 결과에 도덕적, 법적인 책임을 지는 것도 책임의 한 단면이다. 그림책을 통해 내가 하는 행동이 다른 사람에게 영향을 미칠 수 있고, 나에게 돌아올 수 있다는 것을 배울 수 있다. 유쾌한 이야기를 통해 책임 있는 행동을 제대로 하는 것이 어떤 의미인지 생각해 보자.

· 놀이 즐기기 ·

책임공 패스 패스!

'책임공 패스 패스!'는 여러 명이 마음을 모아 협력하여 여러 가지 방법으로 공을 전달하는 놀이이다. 이때 공에 책임 있게 맺어야 하는 과제를 적고 친구와 마음을 모아 책임공을 함께 넘기는 활동을 통해 책임감 있는 행동에 대한 실천 의지를 다진다. 또한 개인적 과제뿐만 아니라 학급 전체가 협력하여 꾸준히 노력해야 할 과제를 적고 놀이에 참여함으로써 책임감 있는 공동체를 만들려는 태도를 내면화할 수 있다.

※**준비물**: 말랑말랑한 고무공, 붙임 종이, 네임펜

1단계 그림책 읽고 이야기 나누기

그림책을 읽고 주인공 카스파와 비슷한 경험을 한 친구들의 생각을 나눈다. 생활하면서 책임감 있게 끝맺음했던 경험 또는 의지가 부족하여 끝맺음하지 못한 경험을 이야기하며, 그림책에서 가장 마음에 남는 한 장면을 찾아본다. 학생들은 "매일 일찍 스스로 일어나기로 결심했는데 잘 안 됐다.", "강아지 산책과 목욕을 시키기로 약속했는데 잘 안 해서 엄마가 대신 해 주셨다.", "내 책상을 잘 치우는 게 어렵다." 등의 이야기를 나누었다. 반면 내가 끝까지 마무리를 잘한 부분에 대

해서는 "학교 급식을 남기지 않고 끝까지 잘 먹는다.", "학급에서 내가 맡은 역할을 잘하려고 노력한다."라는 의견이 많았다.

나는 이런 것을 책임 있게 잘해

2단계 책임공 및 놀이 좌석 준비하기

'책임공 패스 패스!'는 팔이나 다리를 가까이 모아서 공을 넘기는 단순한 놀이이다. 간단하지만 함께 노력하여 공을 넘기는 과정에서 집중력과 협력, 공을 다루는 능력 등이 필요하다.

❶ 학생들과 우리 반이 협력하여 책임 있게 해야 할 행동을 나눈다. 우리 반에 꼭 필요하지만 잘 안 되는 행동 3가지를 생각해 본다. 놀이에 사용할 공에 행동을 적는다.
❷ 교실 책상을 정리하고 학생들을 두 팀으로 나눈다. 의자의 간격을 붙여 앉아 놀이를 준비한다.

책임 행동 적기   놀이 좌석 준비하기

> **3단계** 놀이 즐기기

'책임공 패스 패스!' 놀이는 신체 활용에 따라 팔모아와 발모아 2가지 단계가 있다.

◆ 팔모아 패스 패스!

❶ 먼저 모둠별로 의자를 붙여서 앉은 후 나란히 서서 팔을 길게 내린다.
❷ 시작 학생을 정하여 모둠별로 시작하는 학생의 두 팔 위에 공을 놓아 준다.
❸ 출발 신호에 맞춰 시작하는 학생은 팔을 이용하여 공을 끝까지 전달한다. 이때 중간에 공이 떨어지면 떨어진 자리에서 다시 하거나 처음부터 다시 시작할 수 있다. 학급별로 규칙을 다르게 하여 정할 수 있다.
❹ 성공한 팀은 자신의 팀 구호를 외치며 자리에서 일어나 서로 하이파이브를 한다.

팔 모아 패스 패스!

◆ 발모아 패스 패스!

❶ 모둠별로 의자를 붙여서 앉은 후 다리를 쭉 뻗는다.
❷ 시작 학생을 정하여 모둠별로 그 학생의 두 발 위에 공을 놔준다. 출발 신호에 맞춰 시작 학생은 발을 모아 다음 학생의 발에 공을 놓아 준다.
❸ 순서대로 공을 가장 끝 학생까지 전달한다. 중간에 공이 떨어지면 떨어뜨린 학생이 공을 주워 자신의 발에 놓고 다시 놀이를 시작한다.
❹ 모둠별로 성공을 경험하고 학습 전체가 모여 느낌 나누기 시간을 갖는다.

발 모아 패스 패스!

· 추가 놀이: 학생들이 만든 패스 패스! ·

학생들에게 '책임공 패스 패스!'를 변형하여 놀도록 하면 더욱 재미있는 놀이를 만든다. 좌석을 앞뒤로 옮겨 앉은 후 공을 뒤로 넘기거나 등에 공을 올리고 서로 등을 대어 옮기는 등 다양한 방법으로 놀이를 변형한다.

뒤로 패스하기   등 연결하여 패스하기

· 같이 읽으면 좋은 그림책 ·

누구 잘못일까?
다비드 칼리 글,
레지나 루크 툼페레 그림,
엄혜숙 옮김, 나무말미

3 2 1
마리 칸스타 욘센 글·그림,
손화수 옮김, 책빛

포기가 너무 빠른 나비
로스 뷰랙 글·그림,
김세실 옮김, 위즈덤하우스

친절

친절 끼리끼리

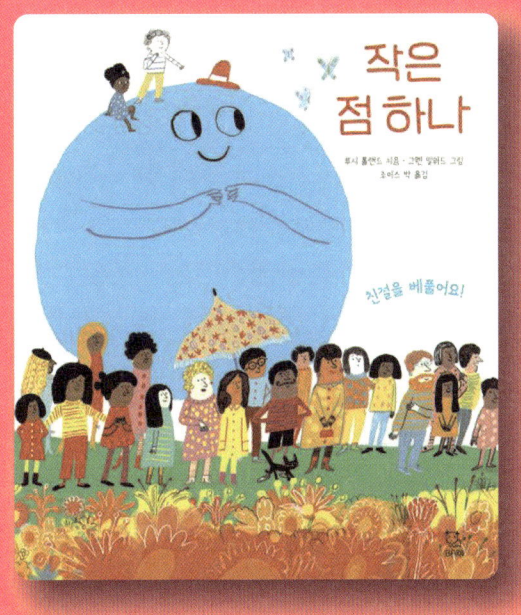

작은 점 하나

루시 롤랜드 글 | 그웬 밀워드 그림 | 조이스 박 옮김 | BARN

아주 작고 약한 파란색 점 '친절'이 등장한다. 처음에는 눈에 띄지 않을 정도로 작았던 친절이는 친구들의 미소와 도움으로 어느새 공만큼 커진다. "넌 정말 친절하구나!", "우리가 도와드릴게요." 이렇게 말하는 사람들이 많아질수록 미소가 커지고, 고마움도 커지고, 친절이도 계속해서 커진다. 그리고 거칠고 무서운 화와 함께 나타난 소녀에게도 친절을 베풂으로써 화의 불꽃을 꺼뜨리는 힘을 보여 준다. 『작은 점 하나』는 '친절'을 캐릭터화하여 눈에 보이지 않는 인성 덕목과 친숙해지도록 한다. 물방울만큼 작았던 '친절'이 점점 더 커져서 모두에게 행복을 주는 이야기를 통해 친절이 무엇이고, 왜 필요한지, 어떠한 힘을 가졌는지 깨닫는다.

· 인성 만나기 ·

친절이란?

친절은 타인을 배려하고 도움을 주는 행동을 할 수 있게 한다. 학생들은 친절을 배우고 실천함으로써, 주변 사람들에게 도움을 주는 즐거움과 만족감을 느낀다. 친절한 행동을 하면서 타인의 기분이나 필요를 존중하고 이해하는 경험을 하면서 상황에 맞는 대처와 공감 능력을 키우고, 좋은 대인관계를 형성할 수 있다. 친절한 행동을 하고 상대에게 칭찬과 감사의 말을 들으면, 자신에 대한 긍정적인 인식과 자신감을 얻게 된다. 이처럼 친절은 사회적인 규칙과 예절을 배우고 타인과의 상호작용에서 존중과 배려를 기반으로 한 긍정적인 관계를 형성하도록 해 준다.

· 놀이 즐기기 ·

 친절 끼리끼리

'친절 끼리끼리'는 친절한 말과 행동을 떠올리고 표현하면서 모둠 친구들과 배려와 우정을 쌓아 가는 보드 놀이이다. 그림책에서 작은 점 하나가 사람들의 친절과 도움으로 점점 힘을 얻고 커졌듯, 보드 놀이를 완주하는 동안 경쟁만을 앞세우지 않고 친절을 베풀며 코끼리 말을 쌓아 올려 함께 이동한다. 학생들이 작성한 친절한 말을 나누다 보면 자칫 경쟁적으로 흐르기 쉬운 놀이도 순화되어, 재밌고 따뜻하게 즐길 수 있다. 느낀 소감을 한 줄로 작성하여 친절의 가치를 다시 생각하고 전하는 기회로 만들어 보자.

※**준비물**: 끼리끼리 보드게임(다각형 말판, 코끼리 말, 주사위), 붙임 종이, 도화지, 꾸미기 도구

1단계 그림책 읽고 이야기 나누기

학생들과 작은 점이 어떤 의미인지 서로의 생각을 나눠 본다. 처음엔 작았던 점이 어떤 상황에서 큰 변화를 겪는지 그림책을 다시 살펴본다. 학생들은 작은 점이 친절과 배려의 힘을 상징한다는 것을 찾아낸다. 작은 점 하나는 작고 보잘것없는 것처럼 보이지만, 세상을 바꾸는 힘을 지니고 있다는 것을 발견한다. 작은 점의 의미를 통해 친절한 행동이 얼마나 중요한지를 깨닫고, 자신의 작은 점도 생각해

볼 수 있다. 각자가 어떤 행동으로 친절함을 표현할 수 있는지 이야기를 나누며, 자신이 가진 작은 힘이 다른 사람들에게 영향을 줄 수 있다는 자신감도 느낀다.

2단계 친절 끼리끼리 준비하기

1. 학생 4~5명이 한 모둠이 되어 일상생활에서 나눌 수 있는 친절한 말이나 행동을 작은 붙임 종이에 작성한다. 함께 읽은 그림책 내용을 참조하거나 경험했던 것을 떠올려 보아도 된다. 제한된 시간 안에 모둠별로 많은 사례를 작성해야 놀이할 수 있는 말판을 획득할 수 있다고 안내한다.

2. 모둠별로 '끼리끼리' 보드게임의 말판, 코끼리 말, 주사위를 나눠 준다. 말판은 다각형 말판으로 되어 있고, 모둠별로 개수가 달라도 놀이를 이어 갈 수 있다. 하지만 놀이를 충분히 즐기기 위한 말판을 얻기 위해서는 친절한 말을 많이 적어야 하며, 내용이 비슷한 것은 하나의 사례로 분류한다. 예를 들어, 고마워, 고맙습니다, 고맙다 등은 비슷한 내용이므로 말판 1개를 가져간다. 다양한 사례가 나온 모둠일수록 많은 말판을 가져간다.

3. 모둠은 획득한 말판을 일렬로 놓아 길을 만든다. 낱개로 된 말판 양쪽에는 분류했던 친절한 말 붙임 종이를 붙여 놀이를 준비한다.

친절한 말 적기

획득한 말판 옆에 붙이기

3단계 친절 끼리끼리 놀이하기

1. 4~5인의 모둠원끼리 놀이 순서를 정하고 코끼리 말 중에서 하나를 선택한다. 7가지 색깔의 코끼리 말 중에서 원하는 색으로 3개씩 가져 간다.

❷ 주사위를 던져 나온 수만큼 코끼리가 말판을 이동하며, 차례는 시계 방향으로 돌아간다. 자기 차례가 되면, 움직일 코끼리를 정하고 주사위를 굴려 나온 수만큼 코끼리를 앞으로 움직인다. 나의 코끼리가 놓인 말판을 잘 살펴본다. '두 칸 앞으로', '처음부터' 등 발판에 적힌 미션도 확인한다.

❸ 주사위에 나온 숫자에 맞춰 자기가 가진 3개의 코끼리 말이 결승점을 가장 먼저 모두 빠져나가면 우승이다. 주목할 점은 말판에 다른 코끼리가 먼저 자리 잡고 있으면 코끼리 위로 올라탈 수 있다. 이렇게 놀이를 진행하다 보면 두 마리 이상의 코끼리가 쌓이는 경우가 생기는데, 이를 '끼리끼리'라고 한다. 코끼리를 태운 아기 코끼리가 움직이면 그 위에 올라탄 코끼리들도 모두 같이 움직일 수 있다. 이때, 학생들은 붙임 종이에 적어 놓은 친절한 말과 행동을 활용하여 먼저 도착한 친구에게 허락을 받아야 한다.

> 참고 예를 들어 "고마워."라는 붙임 종이가 붙은 칸이라면 학생은 해당 말을 넣어서 친절한 문장을 완성하여 표현해야 한다. "네가 나를 태워서 결승선까지 가 준다고 하면 고맙겠어.", "무거운 나를 업어 준다면 고맙겠어."처럼 말할 수 있다.
> 그리고 태워 주는 친구도 '고마워'를 넣어서 화답해야 끼리끼리를 만들 수 있다. "너희들이 나를 심심하지 않게 해 주니 나도 고마워."처럼 표현하며 서로에게 친절을 연습한다. 자칫 경쟁으로 흐르기 쉬운 놀이를 친절한 말과 행동을 통해 순화하여 놀이를 즐길 수 있다.

친절 끼리끼리 놀이 모습

4단계 친절은 ○○이다

모둠별로 놀이를 하면서 친절한 말을 연습해 보니 어떤 느낌이 들었는지 소감을 나눈다. "놀이하면서 친절한 말을 반복하다 보니 이겨야 한다는 경쟁심보다 친구들과 함께 놀이한다는 즐거움과 배려하고 존중받는 느낌이 들어 기분이 좋았다." 등의 의견이 나온다. 도화지를 가로로 길게 잘라 준비하여 학생들에게 나눠 준다.

"친절은 ○○이다."처럼 한 문장으로 쓰고 이유를 덧붙인다. "친절은 기분이다.", "친절은 배려이다." 등 인성 단어의 가치를 스스로 정리하고 예쁘게 꾸민다. 학급에 전시하거나 친절 실천 캠페인에 활용해도 좋다.

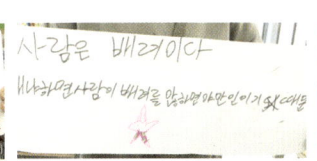

소감 나누기 활동 모습

· 추가 놀이: 친절한 이야기 만들기 ·

학생들에게 코끼리 말을 하나씩 나눠 준다. 교사가 친절한 이야기를 준비한다. 예를 들어, "어느 날 친절한 코끼리가 여행을 떠납니다."로 시작하며 코끼리 말을 학생에게 건넨다. 받은 학생은 코끼리의 친절한 행동을 추가하여 이야기를 이어 간다. 이때 코끼리 말을 얹어 끼리끼리를 만들고 다음 친구에게 이어 가도록 건넨다. "주인공이 다른 동물에게 도움을 주는 장면", "코끼리가 인사를 하는 장면" 등의 친절한 행동을 이야기에 포함시킬 수 있다. 친절한 이야기를 이어 가며 친절한 행동에 대한 상상력과 창의력을 발휘할 수 있다.

· 같이 읽으면 좋은 그림책 ·

행복을 선물해요:친절
안젤라 발세키 글,
조샤 드지에르자브스카 그림,
이현경 옮김, 라임

하나의 작은 친절
마르타 바르톨 글 · 그림,
소원나무

작은 친절
팻 지클로 밀러 글, 젠 힐 그림,
이정훈 옮김, 북뱅크

평온

천천히 천천히
더 천천히

천천히 천천히

케이트 도피락 글 | 크리스토퍼 실라스 닐 그림 | 김세실 옮김 | 나는별

우리는 대부분 더 빠르고 더 많은 것을 얻기 위해 경쟁한다. 다른 사람보다 빨라야 하고 앞서야 하고, 더 많은 것을 가지기 위해 '빨리빨리'를 외치며 서두른다. 하지만 서두르고 빠른 것만 쫓다 보면 오히려 잃는 것도 있기 마련이다. 살아가는 과정에서 중요한 것은 속도가 아니라 방향이며 과정이라는 것을 깨닫게 해 주는 그림책이다. 그림책에서처럼 '빨리'보다 '천천히' 하며 평온함을 느낄 수 있는 시간이 많아지길 바라본다.

· 인성 만나기 ·

평온이란?

평온의 의미는 조용하고 평안하다는 뜻이다. 가만히 있다고 평온하다는 뜻은 아니다. 평온이란 몸과 마음이 안정되어 어떤 것에도 휘둘리지 않는, 자신의 몸과 마음을 조절할 때 느끼는 마음이다. 늘 에너지 넘치는 학생들이 있다. 그들에게는 스스로 자신의 몸과 마음의 상태를 돌아보고 잠시 머물러 보는 시간이 필요하다. 힘든 몸과 마음을 평온한 상태로 유지할 수 있는 활동을 통해 마음에 평온함을 갖도록 해 보자.

· 놀이 즐기기 ·

☆ 천천히 천천히 더 천천히

'천천히 천천히 더 천천히'는 빨리빨리 하는 것이 아니라 천천히 더 천천히 움직이며 마음의 평온을 찾는 일종의 명상 놀이이다. 수많은 생각과 감정의 소용돌이에서 벗어나 오로지 한곳에만 정신을 집중해서 평온함을 느끼는 상태에 이르게 하는 놀이이다. 편한 자세로 앉아 머리 위에 종이컵을 올려놓고 떨어지지 않게 오래 견뎌 봄으로써 자신의 몸과 마음을 스스로 조절하는 힘과 성취감을 맛본다. 또한 몸과 마음의 평온을 찾아야 할 상황에서 혼자서도 해 볼 수 있는 놀이이다

※준비물: 종이컵, 명상 음악(조용한 클래식 음악)

1단계 그림책 읽고 이야기 나누기

속도 표지판을 무시하고 빠르게 달리는 자동차, 주위를 살피지 않고 앞만 보고 가다 일어난 일들, 자신의 경험 속에서 빨리 서두르다 오히려 늦게 된 경험을 자유롭게 나눈다. 풀밭에 엎드려 손에 앉은 나비를 바라보는 아이의 모습에서 느껴지는 감정에 대해 이야기 나눈다. 제목『천천히 천천히』와 표지 그림에서 펼쳐질 내용을 미루어 짐작해 본다. "풀밭에 엎드려 손에 앉은 나비를 바라보는 아이의 모습이 평화로워 보여요.", "'천천히 천천히'라는 제목이 서두르지 말라는 뜻 같아

요. 서두르면 안 된다는 것을 알려 주는 것 같아요."라고 말한다. 서두르다가 일을 그르치거나 어려움을 겪은 일을 묻는 질문에는 "서두르다 시험 문제를 잘못 읽어서 알고 있는 것을 틀려서 엄마한테 야단 맞았어요."라고 답했다.

2단계 마음 집중하기

두 팀으로 나누어 모두 가장 편한 자세로 마주 보고 앉거나 한 방향을 보고 앉는다. 심호흡으로 자신의 몸과 마음을 정돈한다. 이때 배경 음악을 잔잔하게 들려주는 것도 좋다. 그런 다음 자신의 머리 위에 종이컵을 하나씩 얹는다. 이때 종이컵이 떨어지지 않는 곳을 찾을 수 있는 충분한 시간을 주도록 한다. 종이컵을 올리고 난 뒤 자신의 마음에 집중할 수 있도록 눈을 감아도 좋다고 한다.

마음 집중하기

3단계 천천히 천천히 더 천천히 놀이하기

❶ 선생님의 신호(싱잉볼이나 차임벨 활용)에 따라 종이컵을 머리 위에 올린다. 모두 다 안정되게 종이컵을 올렸다면 오로지 자신의 호흡에 집중한다. 완전히 몰입하면 머리 위에 올려진 종이컵의 존재도 잊게 되는 단계까지도 이를 수 있음을 알린다.
❷ 모두 준비되었다면 교사의 시작 신호와 함께 타이머로 시간을 잰다.
❸ 마지막까지 종이컵을 떨어뜨리지 않은 사람이 많은 팀이 승리한다.

종이컵을 머리에 올리고 앉아 명상하기

◆ 릴레이 놀이

머리 위에 종이컵을 올린 채 반환점을 돌아오는 릴레이 놀이이다. 빨리하는 것이 아니라 종이컵을 떨어뜨리지 않고 반환점을 돌아오는 것이 중요하다.

❶ 팀별로 한 줄로 서서 머리 위에 종이컵을 올린다. 첫 주자부터 출발해서 종이컵을 떨어뜨리지 않고 반환점을 돌아오면 다음 사람이 출발한다.
❷ 종이컵을 적게 떨어뜨린 팀이 승리한다. 좀 더 높은 수준으로 양손에 종이컵을 올리고 하는 방법도 있다.

릴레이하기

· **추가 놀이: 진로 방해하기** ·

릴레이할 때 다른 팀 중 한 명이 몸짓, 소리 등으로 진로를 방해하는 것을 추가할 수 있다. 예를 들면 조용한 배경 음악이 아니라 조금 시끄럽거나 활발한 음악을 들려 주어 어떤 상황에서도 평정심을 잃지 않고 평온을 찾을 수 있는 상황을 제공한다. 한 단계의 놀이가 끝나고 소감을 나누며 오로지 자신의 마음에 집중하는 방법을 공유하고 다시 도전하는 것도 좋다.

─── · 같이 읽으면 좋은 그림책 · ───

나쁜 기분이 휘몰아칠 때
루이즈 그레이그 글,
훌리아 사르다 그림, 한성희 옮김,
키즈엠

물고기가 댕댕댕
유미정 글·그림,
웅진주니어

곰처럼 숨 쉬어 봐
키라 윌리 글, 애니 베츠 그림,
김선희 옮김, 담앤북스

평화

싸움은 안 돼

안 돼 삼총사

나카야마 치나쓰 글 | 하세가와 요시후미 그림 | 장지현 옮김 | 천개의바람

'안돼'라는 이름의 주인공과 그의 친구들, '안된다'와 '안된당께'가 부모님께 혼나고 함께 여행을 떠난다. 그들은 여행을 하면서 갈등을 조정하며 평화와 조화를 실현한다. 이 그림책은 서로를 이해하고 조화롭게 지내야 한다는 메시지를 담고 있으며, 친구들 간의 갈등을 해결하는 중요성을 강조한다. '안돼'와 그의 친구들이 세계 곳곳의 '안돼'들과 함께 노래하며 평화를 실현하는 모험을 통해 이러한 가치를 전달한다.

· 인성 만나기 ·

평화란?

사람들이 문제를 해결하려고 할 때 때로 불평과 싸움이 일어난다. 이러한 싸움은 때로 상처와 손해를 일으킨다. 반면에 '평화'는 갈등을 피하고 함께 협력하여 문제를 해결하도록 한다. 예를 들면, 친구와 갈등을 풀기 위해 대화하고 타협하는 것이 평화적인 방법이다. 평화는 우리 모두에게 안전하고 행복한 삶을 제공해 주는 중요한 요소이다. 그래서 싸움보다는 평화를 택하고, 갈등보다는 대화와 협력을 선택하는 것이 중요하다. 이렇게 하면 우리가 모두 행복하게 지낼 수 있고, 세상은 더 나은 곳이 된다.

· 놀이 즐기기 ·

싸움은 안 돼

그림책을 읽으며 평화를 위해서 싸우는 것은 옳지 못하다는 것을 배운다. 더불어 〈안 돼, 안 된다, 안 된당께〉 노래와 율동을 하며 싸움이 부정적인 결과를 가져올 수 있음을 깨닫는다. 이를 통해 평화적인 해결책을 선호하고 강조하는 중요성을 이해하게 된다. 학생들은 '싸움은 안 돼' 주사위 놀이에 몰입함으로써 놀이의 목적을 이해하며 평화의 중요성을 배운다.

※**준비물**: 타이머, 주사위, A4 용지

1단계 그림책 읽고 이야기 나누기

그림책을 읽고 나서 친구들과 평소에 싸우는 이유와 싸우면 안 되는 이유를 생각해 본다. 다양한 이야기를 나눈 뒤, 학급이 평화롭기 위해서 함께 지켜야 할 약속을 "안 돼"라는 말을 넣어 1가지씩 쓴다. A4 용지 반 장에 크게 쓴다.

학생들이 평화 약속을 다 썼다면 교실을 돌아다니며 친구들이 쓴 평화의 약속을 읽는다. 모두 읽은 뒤 가장 적합한 것들을 선택하여 '우리 반 평화 약속'으로 정한다.

평화 약속 써 보기

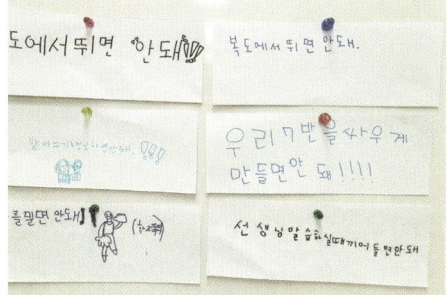
'안 돼' 평화 약속

2단계 안 돼 노래와 율동 배우기

'싸움은 안 돼' 주사위 놀이에서 사용할 노래와 율동을 다 함께 배운다. 노래 가사는 그림책에서 반복적으로 사용하는 대사를 활용하고, 학생들이 부르기 쉬운 멜로디에 가사를 붙여 사용한다. 율동은 '안 돼'의 의미를 다양한 동작에 넣어 학생들이 따라 할 수 있도록 만든다. 학생들과 함께 배운 '안 돼, 안 된다, 안 된당께' 노래와 율동은 주사위 놀이를 할 때 벌칙으로 활용한다.

이봐 이봐 싸움은
안 돼. 안 된다. 안 된당께
사이좋게 지내야지
안 돼. 안 된다. 안 된당께
이기든 지든
안 돼. 안 된다. 안 된당께
어쨌든 싸움은
안 돼. 안 된다. 안 된당께

노래 가사

노래와 율동 배우는 모습

3단계 '싸움은 안 돼' 주사위 놀이

'싸움은 안 돼' 놀이는 교실보다 자유롭게 움직일 수 있는 다목적실이나 강당이 좋다. 교사는 놀이 전에 1부터 6까지 적힌 6장의 종이를 벽에 붙인다. 종이는 최대한 거리를 두고 붙인다. 그리고 모든 학생이 볼 수 있는 큰 대형 주사위를 준비한다.

❶ 학생들은 교실의 중앙에 모인다. 교사가 10초를 세는 동안 벽에 붙은 숫자 중 하나를 골라 그 앞에 선다.

❷ 학생들이 선택한 숫자 앞에 모두 섰다면 교사는 갖고 있는 주사위를 굴린다. 굴린 주사위가 멈췄을 때 나온 숫자 앞에 선 학생들이 '안 돼, 안 된다, 안 된당께' 노래를 부르면 율동을 한다.

❸ 노래와 율동이 모두 끝나면 교사는 다시 10초를 세고 학생들은 새로운 숫자가 적힌 곳 앞에 선다. 계속해서 주사위를 굴려 같은 방법으로 놀이를 진행한다.

학생들은 '안 돼, 안 된다, 안 된당께' 노래와 율동을 하면서 평화를 위해서 싸우는 것은 좋지 않음을 계속 생각해 볼 수 있는 기회를 갖는다.

놀이용 주사위

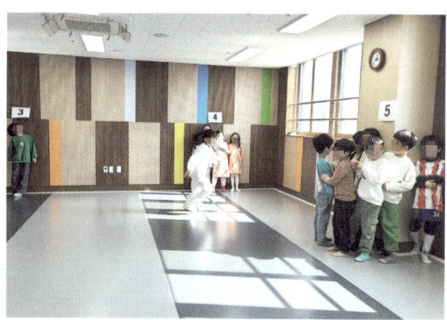
원하는 숫자로 이동하기

술래가 주사위를 굴리기

· 추가 놀이: **평화의 땅따먹기** ·

'평화의 땅따먹기'는 평화의 의미를 생각하며, 늘 생활하는 교실에서 지켜야 할 다양한 평화 약속을 이야기하고 그것을 다짐하는 놀이이다.

❶ A4 용지에 7×10으로 표를 만들어 출력한다.
❷ 학생들은 땅따먹기를 하기 위해 사용할 개인 말(작은 지우개 또는 바둑알)과 색연필을 준비한다.
❸ 가위바위보를 하여 순서를 정한다.
❹ 자신의 순서가 되면 말을 시작 위치에 올려놓고 손가락을 튕겨 네모 칸 위에 들어가게 한다. 네모 칸에 자신의 말이 들어갔을 경우 우리 반이 평화롭게 되기 위한 한 가지 약속을 이야기한다. 올바르게 말했다면 자신의 말이 들어간 칸에 자신의 땅임을 색연필로 표시한다.

만약 자신의 말이 네모 칸 안에 들어가지 않았다면 다른 친구에게 순서가 돌아간다. 또는 평화 약속을 이미 다른 친구가 말한 내용을 말하거나 말하지 못한 경우에도 순서가 바뀐다.
❺ 놀이가 끝났을 때 가장 많은 평화의 땅을 가지고 있는 학생이 승리하는 놀이이다.

· 같이 읽으면 좋은 그림책 ·

전쟁의 이유
하인츠 야니쉬 글,
알료샤 블라우 그림, 김경연 옮김,
풀빛

평화 책
토드 파 글·그림, 엄혜숙 옮김,
평화를품은책

이건 내 나무야
올리비에 탈레크 글·그림,
이나무 옮김, 이숲아이

행복

종족 번식 놀이

매일매일 행복해

프란체스카 피로네 글·그림 | 오현지 옮김 | 피카주니어

『매일매일 행복해』는 "모두 함께 행복하려면 무엇을 해야 할까요?"라는 질문으로 시작된다. 그리고 그것은 어렵지 않고, 아주 작은 것부터 한번 해 보자고 제안한다. 다정하게 "안녕하세요?"라고 인사해서 기분이 좋지 않은 친구를 웃게 만들기, 친구에게 미안한 점이 있을 때는 "미안해."라고 말하기, 나의 도움이 필요한 친구가 있다면 작은 도움 주기, 사용한 물건을 제자리에 두기, 다른 사람의 이야기를 들어 주기 등 생활에서 실천할 수 있는 작은 것들로 친구들을 웃게 만들고 행복하게 해 주자는 내용이다. 주인공 돼지가 친구들을 어떻게 행복하게 하고, 행복을 퍼뜨리는지 살펴볼 수 있다. 마지막 페이지에는 각자 동물들이 행복의 씨앗을 뿌려 행복 꽃이 피어난다.

· 인성 만나기 ·

행복이란?

행복은 만족과 기쁨을 느껴 흐뭇한 상태를 의미한다. 기쁨과 만족이 주어져서 행복하기보다는 각자에게 주어진 환경이나 상황을 기쁨의 상태로 인식하면서 행복을 느낄 수 있다. 웃을 일이 있어서 웃는 것이 아니라 웃으니 행복해진다는 말처럼 말이다. 그리고 행복한 기운을 서로에게 불어넣고 행복을 널리 퍼뜨리는 것이 진짜 행복이다. 이런 과정에서 우리가 속한 학급, 학교, 가족, 주변 등이 행복할 수 있고, 우리 모두가 행복하다고 느끼는 경우가 늘어날 것이며, 삶을 긍정과 희망으로 인식할 것이다.

· 놀이 즐기기 ·

종족 번식 놀이

'종족 번식 놀이'는 우리를 행복하게 하는 말과 동작들을 교실에 울려 퍼지게 하는 놀이다. 우리를 행복하게 하는 말과 그에 어울리는 동작을 모둠끼리 정하고, 같은 모둠은 같은 종족이 된다. 같은 종족은 같은 말과 동작을 하며 다니다가 다른 말과 동작을 하는 다른 종족을 만나면 1:1로 가위바위보를 한다. 가위바위보에서 진 사람은 이긴 사람의 종족으로 번식되어 이긴 사람의 말과 동작을 해야 한다. 같은 방식으로 이긴 사람의 동작으로 번식되었다면 이긴 사람의 동작을 하며 다른 사람을 만나 가위바위보를 한다. 이때 동작과 말을 하면서 다니므로 자신의 현재 종족과 다른 종족을 만날 수 있다. 일정한 시간을 두고 가위바위보를 하며 종족을 번식시킨다.

※준비물: 없음

1단계 그림책 읽고 이야기 나누기

책의 처음에 있는 "모두 함께 행복하려면 무엇을 해야 할까요?"라는 질문을 "모두 함께 행복하려면 나는 무엇을 할 수 있을까요?"로 바꾸어 각자가 실천할 수 있는 행복을 제안해 보도록 한다.

웃으며 인사하기, "할 수 있어!"라고 말하기, "그럴 수도 있지."라고 말하기, "같이 놀자."라고 말하기 등의 의견이 나왔고 "친구에게 들었을 때 기분 좋은 말들이 행복을 전하는 말이다."라고 한 학생도 있다. "치킨 먹자.", "최신 폰으로 바꿔 줄게."라는 의견에 "그것은 실제로 이루어지지 않으면 실망할 수 있으니 거짓말이 될 수 있는 말은 제외하자." 하고 말하는 학생도 있었다. "재미있게 놀기.", "장난 치기가 우리를 행복하게 한다."라고 말하기도 했다. "친구들의 장난 때문에 마음이 힘든 친구도 있으니 장난은 넣지 말자."는 의견도 있었다. 이때 교사가 "장난하는 친구는 재미로 하지만, 당하는 친구는 재미를 느끼지 못하는 경우가 있기 때문에 우리 반 모두가 행복한 것을 찾자."라고 덧붙여도 좋다.

2단계 종족별 행복 정하기

❶ 모둠별로 우리를 행복하게 기분 좋게 하는 말을 정한다.

❷ 그 말에 어울리는 동작을 정하고, 모둠원들끼리 말과 동작을 맞추어 연습한다. 말과 동작은 2번 반복한다. 예를 들어 "파이팅!, 파이팅!"이라고 말하며 양팔을 돌리다가 주먹을 불끈 쥐며 몸쪽으로 당기는 동작을 두 번 반복하는 것이다. 어떤 모둠은 "넌 할 수 있어! 넌 할 수 있어!"라는 말과 그에 어울리는 동작을 정해 2번 반복하고 연습했다.

> **참고** 우리를 행복하게 하는 말이나 동작을 정할 때 생각하지 못하는 아이들이 있다. 그럴 경우를 대비해 먼저 반 전체가 '우리를 기분 좋게 하는 말'에 대해 생각을 나눈다. 그것들을 추첨하여 말을 나눠 가져도 좋다.
> **예)** 파이팅, 고마워, 사랑해, 미안해, 그럴 수도 있지, 넌 할 수 있어, 같이 하자, 같이 놀자, 우린 친구야, 넌 멋져! 등

3단계 종족별 행복 소개하고 익히기

모둠별로 정한 말과 동작을 모든 친구들에게 소개한다. 모둠별로 일어나 종족의 말과 동작을 발표하면 다른 친구들도 함께 연습한다. 다른 종족의 말과 동작을 연습하는 이유는 각 모둠의 말과 동작을 다른 종족에게 번식시켜야 하고, 내가 다른 종족으로 번식되었을 때 다른 종족의 동작과 말이 정확히 무엇인지 알고 있어야 말과 동작을 할 수 있기 때문이다(그 말과 동작의 행복으로 번식되었을 때 그 말과 동

작을 해야 한다). 모둠별로 발표하면 다른 모둠의 말과 동작도 익힌다. 어려운 동작과 말은 여러 번 익혀서 익숙해지도록 한다.

종족별 행복 만들어 소개하기
(우리 모두 파이팅! 우리 모두 파이팅!)

말	동작
괜찮아! 그럴 수도 있어!	양손 가슴에 크로스! 양 손바닥 앞으로 보이며 아래로 내리기
같이 놀자! 같이 하자!	양손을 옆으로 잡으며 앞뒤로 흔들기
모두 함께 행복하기	팔을 머리 위로 동그라미 모양, 가슴 앞에서 양손 하트
멋진 친구! 다정한 친구!	양손 엄지 척! 양손 가슴에서 크로스

4단계 행복 번식시키기

① 종족의 행복(말과 동작)을 크게 크게 표현하며 교실을 다닌다.
② 말과 동작을 하며 교실을 다니다가 자신과 다른 동작과 말을 하는 친구를 만나면 잠시 멈춰서 가위바위보를 한다.
③ 가위바위보에서 진 친구는 이긴 친구의 행복(말과 동작)을 하며 다닌다. 또 다른 말과 동작을 하는 친구를 만나 '가위바위보'를 한다.
④ 일정한 시간(2~3분) 동안 행복을 번식시키다가 시간이 다 되었을 때 교사가 "그만!"이라고 하면 마지막에 자신이 가지고 있었던 행복이 무엇이었는지 기억하고 자리에 앉는다.

행복 번식시키기

5단계 종족 번식력 확인하기

모둠 하나 하나를 짚어 가며 마지막에 자신이 가지고 있던 행복(말과 동작)이 무엇이었는지 발표하는 시간을 갖는다. 예를 들어, "'파이팅! 파이팅!' 행복을 가지게 된 친구들이 모두 일어나 함께 행복을 나눠 주세요."라고 하면 그에 해당하는 친구는 모두 일어나 행복을 표현한다. 그리고 다른 모둠의 행복을 하나씩 확인한다. 어떤 종족의 행복은 멸종(모두 다른 행복으로 전이)되기도 한다.

하지만 우리 종족의 행복이 없어졌다는 것에 실망하기보다는 우리가 정했던 행복들이 우리 교실에 울려 퍼졌다는 것에 중점을 두어 놀이한다.

종족 번식력 확인하기

· 추가 놀이: 행복 양동이 채우기 ·

❶ A4 용지에 양동이 모양의 그림을 프린트해 준다. 양동이 안쪽에는 일정 간격으로 줄이 그어져 있다.

❷ 용지를 받은 학생들은 행복했던 경험의 순간들을 떠올려 양동이 아래쪽부터 글을 적어 올라간다. 행복했던 순간을 잘 기억하지 못하는 학생을 위해 잘 떠올리도록 안내한다.

> **참고** 자신에게서부터 시작된 행복의 경험, 가족과 친구, 친척 등 주변인들이 나를 행복하게 했던 경험 등으로 확장해 가면서 기억하게 한다. 또는 장소나 시간(성장 시기별)에 따른 행복의 경험을 떠올리도록 해도 좋다.
> 양동이를 채울 수 있도록 하는 것이 놀이의 목표지만, 상황에 따라 행복했던 경험이 별로 없다는 학생들이 있을 수 있으므로 "미래에 어떤 경험을 하면 자신이 행복할 것 같은가요?"라는 질문을 주어 양동이를 채우도록 한다. 미래에 자신이 그런 경험을 한다면 행복해진다는 것이므로 실제 했던 경험이 아니라도 행복감을 느낄 수 있기 때문이다.

❸ 다른 사람들을 행복하게 할 수 있는 말과 행동을 양동이 바깥쪽에 적게 하는 것도 의미가 있다. 이렇게 하면 주변 사람들에게 행복을 퍼뜨릴 수 있기 때문이다. 행복했던 경험과 미래에 다가올 행복 떠올리기, 다른 사람에게 나누어 줄 행복들로 양동이와 양동이 주변을 채워 보는 것이 놀이의 목표이다.

· 같이 읽으면 좋은 그림책 ·

마녀의 매듭
리사 비기 글, 모니카 바렌고 그림, 정원경 · 박서영(무루) 옮김, 오후의소묘

돌멩이국
존 J. 무스 글 · 그림, 이현주 옮김, 달리

나오니까 좋다
김중석 글 · 그림, 사계절

협력

함께 컵 쌓기

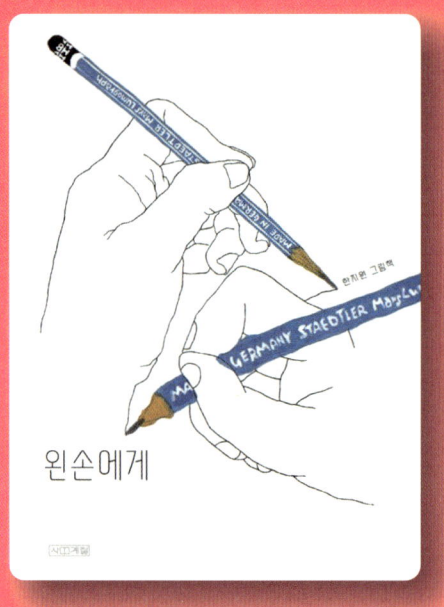

왼손에게
한지원 글·그림 | 사계절

『왼손에게』에는 왼손과 오른손의 이야기가 나온다. 평소 왼손에게 불만이 있던 오른손이 왼손과 다툼이 생겨 다치고, 그 후 불편한 여러 가지 상황들이 생긴다. 왼손은 다친 오른손을 대신해 여러 일을 처리하느라 어려움을 겪고, 결국 오른손과의 화해와 협력을 통해 일을 해결한다. 학교에서 생활하다 보면 함께 힘을 합쳐 해결해야 하는 상황들이 생긴다. 학생들이 가지고 있는 능력이 다르고, 그것이 쓰이는 상황도 다르다. 그림책을 통해 협력의 필요성을 느끼고, 놀이를 통해 즐겁게 협력을 경험한다.

· 인성 만나기 ·

협력이란?

협력은 힘을 합하여 서로 돕는 것이다. 사람은 다른 사람들과 어울려 살아가는 사회적 동물이다. 함께 살아가기 위해서는 서로 힘을 합쳐 돕는 것이 필요하다. 학교는 많은 학생이 함께 생활하고, 그 안에서 협력해서 해결해야 하는 여러 일이 있다. 서로 돕는 것에 대한 필요성을 느끼지 못하는 학생들이 점점 많아지고 있다. 학생들은 힘을 합쳐 협력하여 성공했을 때 성취감과 공동체 의식을 경험하고, 이를 통해 협력의 중요성을 배운다.

· 놀이 즐기기 ·

 함께 컵 쌓기

컵에 실을 엮어 여러 명이 잡고, 함께 협력하여 단계별로 컵을 쌓아 완성하는 놀이이다. 여러 명이 하나의 컵을 원하는 곳으로 이동하기는 쉽지 않다. 이동하는 과정에서 서로 소통하고, 양보하는 것이 필요하다. 이런 과정 속에서 힘을 합하는 협력을 경험하고, 성공을 통해 협력의 필요성을 알 수 있다.

※**준비물**: 고무줄, 고무줄이나 털실, 종이컵(또는 플라스틱 컵)

> **참고** 컵에 고무줄을 연결할 때 모둠 인원수에 따라 고무줄이나 털실의 수를 정한다. 아울러 재료를 준비할 때 학토재의 투게더패밀리 협력밴드 꾸러미를 활용할 수 있다.

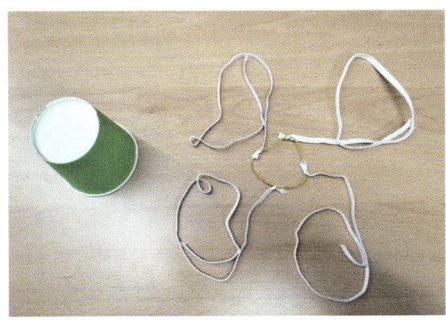
놀이 준비물

종이컵에 고무줄을 연결한 모습

1단계 그림책 읽고 이야기 나누기

『왼손에게』를 함께 읽는다. 책처럼 왼손이나 오른손이 다쳐서 불편했던 경험을 나눈다. 일상생활에서 옷 입기, 세수하기, 양치하기 등이, 학교에서 글씨 쓰기, 체육 활동, 급식 받기 등이 너무 어렵고 불편했다는 경험을 나누었다. 교사는 "학생들이 경험한 것처럼, 왼손과 오른손이 모두 필요하다. 그와 마찬가지로, 모둠이나 학급에서는 모든 친구들의 역할이 필요하다. 활동에 참여하고 협동하여 서로 맡은 역할을 잘 해내면 좋은 결과가 나올 수 있다."라고 말하며 놀이를 시작한다. 컵 쌓기 놀이는 서로의 필요성과 협력의 중요성을 경험해 보기 위함임을 안내한다.

2단계 종이컵 3단 쌓기

서로의 의견만 내세우거나 상대를 비난하지 않고, 협력하여 놀이할 수 있도록 안내한 후 놀이를 시작한다. 놀이하는 동안 고무줄로만 종이컵을 움직일 수 있고, 손으로 움직이지 않는다. 시간을 제한하지 않고 서로 협력하여 활동하고 성취감을 경험하도록 한다.

❶ 한 모둠을 4명으로 구성하여 모둠별로 종이컵을 3개씩 나누어 준다. (2명부터 모둠을 만들 수 있다).

❷ 종이컵을 옮기기 전 책상이나 바닥의 어느 부분에 쌓을 것인지 의논한다. 의논 후 각자 종이컵과 연결된 고무줄을 잡는다. 종이컵을 하나씩 움직여 그림처럼 쌓는다.

🔴 **3단계** 3층 성 모양 쌓기

❶ 교사가 모둠별로 6개의 종이컵을 나누어 준다.
❷ 6개의 종이컵을 쌓아 3층 성 모양을 만든다. 종이컵을 옮기기 전 책상이나 바닥의 어느 부분, 어디부터 쌓을 것인지를 의논한다. 사진과 같이 1층부터 쌓는다.

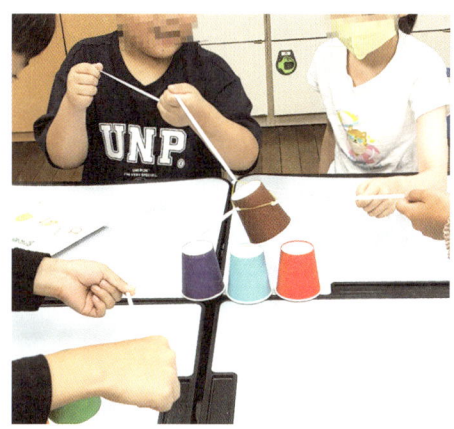

🔴 **4단계** 4층 성 모양 쌓기

❶ 교사가 모둠별로 10개의 종이컵을 나누어 준다.
❷ 10개의 종이컵을 쌓아 4층 성 모양을 만든다. 모둠 구성원들은 종이컵을 옮기기 전 책상이나 바닥의 어느 부분, 어디부터 쌓을 것인지를 의논한다.
❸ 함께 고무줄을 잡고 종이컵을 움직여 의논한 위치로 1층부터 쌓는다.

5단계 협력의 필요성과 중요성 나누기

놀이가 끝난 후 협력하여 활동한 소감을 자유롭게 이야기한다. 종이컵 쌓기가 잘된 모둠과 잘 안 된 모둠의 이야기를 들어보았다. "서로가 필요한 방향으로 계속 이야기를 나누며, 다른 사람들의 위치를 확인하고 배려하며 옮겼더니 완성할 수 있었다.", "각자 움직이기 편한 위치만을 고집했고, 실패했을 때 잘못에 대한 책임으로 다툼이 생겨 완료하지 못했다." 하고 말했다. 놀이 활동 후 소감 나누기를 통해 협력의 필요성과 중요성을 생각해 보며 놀이를 마무리한다.

· 추가 놀이: 협력 파이프 놀이 ·

협력 파이프를 이용하여 공을 떨어뜨리지 않고 멀리 보내는 놀이이다.

❶ 학급을 두 모둠으로 나눈다. 각자 협력 파이프(A4 용지를 길게 두 번 접은 것)를 들고 한 줄로 선다.
❷ 교사가 맨 앞 학생의 파이프에 탁구공을 놓는다. 맨 앞 학생은 파이프의 위치와 높이를 조절하여 다음 학생에게 공을 전달한다. 공을 전달받은 학생은 파이프를 이용하여 다음 학생에게 전달한다.
❸ 공을 떨어뜨리지 않고 빠르게 맨 마지막 학생에게 전달하면서 기록을 줄여 가는 협동 놀이이다.

· 같이 읽으면 좋은 그림책 ·

모두를 위한 케이크
다비드 칼리 글, 마리아 덱 그림,
정화진 옮김, 미디어창비

맨 앞에 뭐가 있는데?
장잉민 글, 마오위 그림,
류희정 옮김, 북멘토

줄다리기
조시온 글, 지우 그림,
씨드북

호기심

열 고개 수수께끼

나 진짜 궁금해!

미카 아처 글·그림 | 김난령 옮김 | 나무의말

두 아이가 집 밖으로 나가 아침부터 밤까지 산책을 하며 주변을 탐색한다. 아이들은 궁금한 것이 많다. "나 진짜 궁금해."라는 말을 주고받으며 "해는 세상의 전등일까?", "나무는 하늘의 다리일까?", "비는 땅이 그리워 흘리는 하늘의 눈물일까?"와 같은 질문을 던진다. 계속되는 질문은 세상을 향한 아이들의 호기심을 잘 드러내고 있다. 세상은 아이들에게 궁금증과 호기심으로 가득한 공간임을 보여 준다. 자유롭고 기발한 질문을 통해 학생들의 호기심을 자극하고 상상의 나래를 펼치게 해 주는 그림책이다.

· 인성 만나기 ·

호기심이란?

호기심은 새롭고 신기한 것을 좋아하거나 모르는 것을 알고 싶어 하는 마음이다. 뭔가를 배우려면 그것을 배우고 싶은 욕구가 있어야 한다. 호기심이 많은 학생은 질문을 통해 더 깊이 생각하고 자기 주도적인 학습 태도를 보인다. 호기심이 강할수록 궁금한 것을 적극적으로 질문하고 집중력이 높다. 호기심은 빠르게 변화하는 세상에서 새로운 것을 배우고 익히는 데 필요한 태도이자 배움의 시작이다. 질문을 던질 수 있는 사람, 문제를 창의적으로 해결하는 사람, 새로운 일에 도전하는 사람 모두 호기심을 가지고 실행하는 사람들이다. 이처럼 호기심은 미래 사회를 이끌어 갈 학생들이 지녀야 할 중요한 가치이다.

· 놀이 즐기기 ·

열 고개 수수께끼

그림책 속 아이들처럼 교실 밖으로 나가 학교 정원을 산책한다. 학교 정원에서 관찰한 동식물이나 비생물로 열 고개 수수께끼를 한다. 열 고개 수수께끼는 열 가지의 질문과 힌트를 통해 정답을 추측해 보며 궁금증을 해결해 가는 놀이다. 술래가 머릿속으로 어떤 단어를 생각하면 나머지 학생은 술래에게 질문을 던진다. 질문에 대한 답을 바탕으로 정답을 맞힌다. 열 고개 수수께끼는 술래가 정한 단어를 맞히기 위해 알맞은 질문을 하고 정답을 떠올리는 과정에서 학생들의 호기심을 불러일으킨다.

※**준비물**: 포스트잇, 학습 보드 판, 씽킹보드, 보드마커, 지우개

1단계 그림책 읽고 이야기 나누기

그림책을 읽기 전, 그림책 제목을 보고 저마다 자기가 진짜 궁금한 것은 무엇인지 생각해 본다. 포스트잇에 '내가 진짜 궁금한 것'을 쓰고 친구들에게 소개한다. 자동차 종류, 우주의 끝, 5학년 친구들의 평균 용돈, 공부 잘하는 법, 사람은 누가 만들었는지 등 아이들의 호기심은 다양하다. 그림책을 읽어 줄 때는 단어를 미리 가려 두고 퀴즈 풀 듯이 읽어 준다. "뿌리는 식물의 발가락일까?"라는 문장을 그대

로 읽지 않고, 뿌리를 가린 후 "식물의 발가락은 무엇일까요?"라고 퀴즈를 낸다. 그림책을 읽는 내내 퀴즈를 맞히려고 학생들의 호기심이 왕성해진다. 궁금한 것이 많은 주인공이 우리 아이들과 닮았다.

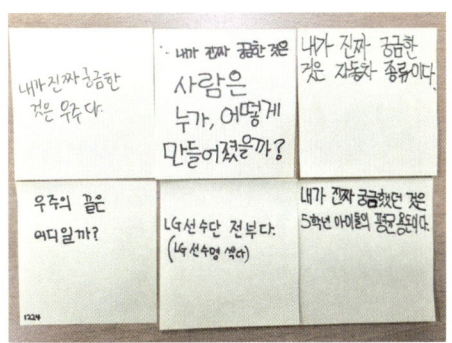

내가 진짜 궁금한 것 포스트잇에 쓰기

내가 진짜 궁금한 것 친구들과 공유하기

2단계 학교 정원 관찰하기

주인공이 밖으로 나가 산책을 한 것처럼 교실 밖으로 나가 학교 정원을 산책한다. 학교 정원에서 호기심이 가는 동물, 식물, 비생물을 관찰한다. '가을 하늘은 구름 한 점 없이 높고 파랗다, 산수유 열매는 빨갛다, 장미 줄기에는 가시가 있다, 감나무의 나뭇잎이 많이 떨어졌다, 벌이 꽃 주위를 난다, 목화 나무에 목화솜이 하얗게 피었다, 은행잎이 노랗게 변했다, 나무와 나무 사이에 커다란 거미줄이 있다, 노란 국화꽃이 피어 있다.' 등처럼 학생들의 호기심을 자극하는 학교 정원을 둘러보며 관찰한 것을 단어로 배움 공책에 기록한다.

> **예시** 학교 정원을 산책하면서 관찰한 것
> - **동물:** 거미, 나비, 개미, 소금쟁이, 참새, 올챙이, 개구리, 우렁이, 까치, 잠자리, 벌
> - **식물:** 느티나무, 동백, 꽃사과, 목화, 향나무, 철쭉, 장미, 소나무, 사철나무, 국화, 단풍나무, 앵두나무, 감나무, 모란, 비비추, 무궁화, 은행나무, 산수유나무
> - **비생물:** 물, 태양, 바람, 의자, 거미줄, 공기, 감, 구름, 흙, 돌멩이, 모래, 낙엽, 은행, 목화솜

학교 정원 관찰하기

3단계 열 고개 수수께끼

학교 정원에서 관찰한 것으로 열 고개 수수께끼를 한다.

❶ 전체 놀이로 할 때는 뽑기 막대를 이용하여 술래를 정한다. 술래는 칠판 앞에 나와 산책하면서 기록한 단어 중 하나를 정한다. 마음속으로 정한 단어를 정답 보드 판에 미리 적어 두고 놀이를 시작한다.

❷ 교사는 씽킹보드에 동물, 식물, 비생물 단어를 적어 칠판 오른쪽에 붙여 둔다. 술래는 정답이 동물이면 동물이 적힌 씽킹보드를 떼어 칠판 가운데에 붙인다. 다른 학생들은 제시어에 맞는 10가지 질문을 할 수 있다. 질문을 할 사람은 손을 들고, 술래가 질문할 사람을 정한다. 질문에 대한 술래의 대답을 듣고 정답을 알아맞힌다.

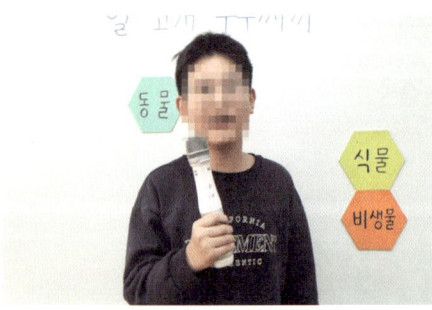

열 고개 수수께끼 문제 내기

열 고개 수수께끼 질문하기

❸ 정답을 맞힌 학생이 다음 술래가 되어 놀이를 이어간다. 정답을 맞힌 학생이 없을 경우는 다시 뽑기 막대를 이용하여 술래를 정한다.

◆ **모둠원끼리 하는 방법**

모둠원끼리 놀이할 때는 가위바위보를 하여 이긴 순서대로 술래를 정한다. 4인으로 모둠을 구성한 후, 한 사람이 술래가 되면 술래 오른쪽 사람부터 돌아가면서 질문을 한다. 이때 질문을 하지 않고 바로 정답을 말하는 학생들이 있다. 찍는 식으로 정답을 말하지 말고 힌트를 얻을 수 있는 질문을 하도록 당부한다.

> **예시**
> - 날아다니나요? 아니요, 기어다닙니다.
> - 크기가 작나요? 예, 작은 편입니다.
> - 곤충을 먹나요? 예, 주로 곤충을 먹습니다.
> - 털이 있나요? 예, 있습니다.
> - 3글자인가요? 아니요, 2글자입니다.
> - 다리가 6개인가요? 아니요, 8개입니다.
> - 거미인가요? 예, 정답입니다.

추가 놀이: 제시어 변형하기

열 고개 수수께끼는 제시어를 다양하게 변형하여 놀이할 수 있다. 동물, 식물, 비생물 외에도 인물, 나라, 음식 등 여러 가지 제시어를 섞어 두고 술래가 원하는 제시어를 고른다. 고른 제시어에 맞는 단어 하나를 마음속으로 정한다. 수업 시간에 배운 내용을 복습하는 놀이로 사용해도 좋다. 조선의 왕, 소화기관, 독립운동가, 세계 여러 나라 등을 배운 후 학급 전체 또는 모둠별로 열 고개 수수께끼 놀이를 하면 학생들이 호기심을 가지고 재미있게 참여한다. 학년 수준과 주제에 따라 열 고개 대신 다섯 고개나 스무 고개로 변형하여 놀이할 수 있다.

· 같이 읽으면 좋은 그림책 ·

이게 정말 뭘까?
요시타케 신스케 글·그림,
김정화 옮김, 주니어김영사

호두 한 알 속에는
다카오 유코 글·그림,
권남희 옮김, 토토북

무엇이든 할 수 있는 손손손
정연경 글, 김지영 그림,
책속물고기

효

덕분에 고마워요

엄마, 고마워요!

정해왕 글 | 박현주 그림 | 국민서관

『엄마, 고마워요!』는 아이가 부모에게 받은 사랑을 표현하는 책이다. 효를 주제로 한 대부분의 책은 부모의 관점에서 아이를 사랑하는 마음을 그리고 있는 데 반해, 이 책은 아이의 관점에서 내가 받은 부모의 사랑을 말로 고백하듯 표현한다. 아이가 엄마의 배 속에서 생명으로 잉태되는 순간부터 지극 정성을 다하여 기르는 장면들이 아이의 관점에서 세세하게 그려져 부모에게 감사해야 하는 마음을 구체적으로 알려 준다. 부모의 은혜를 생각해 보고 감사를 표현할 수 있게 도와주어 '효'라는 덕목을 되새기게 하는 책이다.

· 인성 만나기 ·

효란?

효는 자식이 부모를 정성껏 섬기는 마음이다. 나를 이 세상에 있게 해 준 사람도, 내가 세상에 나온 순간부터 내 곁에서 내내 함께해 준 사람도 부모이다. 그러한 부모의 정성과 사랑에 감사하며 예를 다하고 섬기는 마음이 효이다. 예로부터 우리 조상들은 효라는 덕목은 기르고 가꿔야 하는 인간의 기본 덕목으로 여기고 이를 강조하였다. 다산 정약용은 "인간이 태어나 처음 마주하는 감정은 사랑이다. 효란 그 마음에 조금이라도 닿고자 하는 정성이다."라고 말했다. 이러한 가르침을 통해 효의 의미를 되새겨 보자.

· 놀이 즐기기 ·

덕분에 고마워요

이 놀이는 '효를 실천해라.'라고 강요하는 것이 아니라, 놀이를 통해 부모님께 고마운 것을 찾아보고, 표현해 보도록 한다. 그림책을 읽고 부모님의 은혜에 대해 생각해 보고, '덕분에 고마워요' 놀이를 하면서 고마운 점을 구체적으로, 가능한 많이 헤아려 본다. 또한 다양한 고마운 상황에서 감사함을 표현하는 방법을 익혀 효를 실천하게 돕는 놀이이다.

※**준비물**: 붙임 종이, 색지

1단계 **그림책 읽고 이야기 나누기**

그림책을 읽기 전 사전 과제로 부모님이 나를 키우시면서 가장 기뻤던 순간과 속상했던 순간을 들어 보고 수업에 참여하게 한다. 그림책을 읽으면서는 부모님과 나눈 나의 성장 이야기를 바탕으로 나의 어린 시절을 되돌아본다. 내가 배 속에 있을 때 부모님은 어떻게 나를 보살피셨는지, 내가 태어나고 자라면서 어떤 사랑을 받았는지 등을 자유롭게 이야기 나눈다. 아이들은 자신의 태명과 그 의미에 대한 이야기, 걸음마를 늦게 해 걱정시킨 이야기, 엄마라고 처음 불렀을 때 부모님이 기뻐했던 이야기, 한글을 너무 빨리 읽어서 천재인 줄 알았다는 이야기, 열이 나고 많이 아파 입원했을 때 부모님이 발을 동동 굴렀던 이야기 등을 책을 보며 나눈다. 이 과정을 통해 부모님이 주신 사랑을 자연스럽게 느끼게 된다.

2단계 엄마, 아빠 고마워요

❶ 그림책을 읽고 난 후, 부모님께 고마운 일을 모은다.

그림책에는 성장 단계별 부모님께 감사하는 일들이 자세하게 나온다. 엄마 배 속에서 잉태되어 세상에 태어나고 자라는 성장 과정을 돌아보며 부모님께 고마운 일을 모은다. 성장 단계별이나 상황별로 감사한 일을 떠올리면 좀 더 구체적으로 찾을 수 있다.

❷ 모둠별로 '붙임 종이'를 활용하여 부모님께 고마운 일을 말한다. "~ 해 주셔서 ~ 고마워요."라는 형식으로 이야기한다. 모둠별로 모은 고마운 일은 붙임 종이에 기록하고 우리 모둠 종이에 붙인다. 이때 모둠별로 붙임 종이의 색을 다르게 준다.

예를 들어, 한 학생이 "엄마가 맛있는 밥을 해주셔서 고마워요."라고 말하며 그 내용을 붙임 종이에 써서 우리 모둠 종이에 붙인다. 이어 다른 아이가 "아빠가 운동을 가르쳐 주셔서 고마워요."라고 말하며 그 내용을 붙임 종이에 쓰고 우리 모둠 종이에 추가로 붙이는 방식이다.

> **예시** 아이들이 모은 고마운 일
> - 용돈을 달라고 조를 때 아무 말 안 하고 주셔서 고마워요.
> - 사소한 내 말이라도 들어 주셔서 고마워요.
> - 제 친구들까지 챙겨 주셔서 고마워요.
> - 힘들 때 묵묵히 옆에 있어 줘서 고마워요.
> - 학원 끝나고 집에 갈 때 전화해 주셔서 고마워요.
> - 소화불량일 때 엄마 손은 약손 해 주셔서 고마워요.

❸ 모둠별로 정해진 시간 동안 가능한 한 많이 고마운 일을 모으는 놀이임을 안내한다. 약 15분의 시간을 주고 활동 후, 모둠별로 모은 고마운 일의 개수를 센다. 단순히 개수를 세는 것이 아니라, 모둠별로 고마운 일을 큰 소리로 말하며 칠판에 붙여 둔 큰 종이에 모아 붙인다. 이때 다른 모둠은 전에 발표한 모둠이

말한 것과 같은 내용은 말할 수 없으므로 친구들의 발표를 잘 들어야 한다.

❹ 모둠별로 여러 바퀴 돌아가며 고마운 일을 말하고 칠판에 모으는 일을 반복한다. 칠판에 고마운 일을 가장 많이 모은 모둠이 우승한다. 모둠별로 붙임 종이의 색이 다르기 때문에 어느 모둠이 가장 많이 고마운 일을 모았는지 구분하기에 좋다.

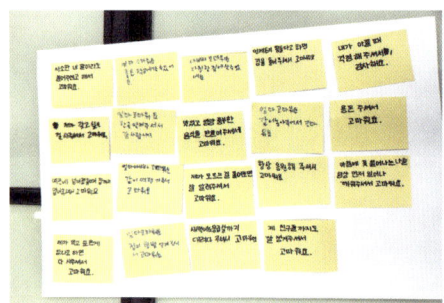 

모둠별로 부모님께 고마운 일 모으기

3단계 고마워요 패스 더 볼

모둠 활동을 통해 서로의 생각을 들으며 부모님께 감사한 일을 모으다 보면 생각보다 많다는 사실을 알게 된다. 또한 감사를 헤아리다 보면 부모님께 감사한 일은 크고 거창한 것에서부터 작고 사소한 것까지 일상에서 찾을 수 있다는 사실도 깨닫게 된다. 감사는 표현할 때 더 커지므로 감사함을 말로 표현하는 패스 더 볼 놀이를 한다. 이 놀이는 음악에 맞춰 공을 다음 사람에게 전달하며 감사를 표현하는 놀이이다.

❶ 고마움을 표현해야 하는 구체적인 상황이 담긴 PPT 화면 자료에 음악을 삽입하여 준비한다.

> **예시** 고마움을 표현해야 하는 상황
>
> 아픈 나를 간호해 주실 때, 계절에 따라 옷을 사 주실 때, 여행을 함께 갈 때, 바쁜 시간을 내어 놀아 주실 때, 책을 읽어 주실 때, 내가 갖고 싶었던 물건을 사 주셨을 때, 모르는 문제를 알려 주실 때, 잘못한 행동을 알려 주실 때, 나를 아침에 깨워 주실 때, 용돈을 주실 때, 내 그림을 보며 잘했다고 칭찬해 주실 때, 빨래해 주시고 개 주실 때, 내 방 청소를 도와주실 때, 맛있는 거 있으면 먹으라고 하실 때, 스마트폰 사용 시간을 줄이라고 친절하게 말씀해 주실 때, 비 오는 날 우산 가지고 마중 나오실 때, 꼭 안아 주실 때, 나의 실수를 용서해 주실 때, 학원 데려다주실 때 등

❷ 음악이 시작되면 공을 가진 친구가 옆의 친구에게 공을 차례로 전달한다. 이 때 친구가 공을 잘 받을 수 있게 전달해야 하며 음악이 재생되는 동안에는 공을 멈추지 말고 전달한다.

❸ 차례로 공을 전달하다가 음악이 멈추면 공을 전달하는 것을 멈추고, 공을 가지고 있는 사람이 술래가 된다.

❹ 술래가 된 사람은 교사가 화면에 제시한 상황을 보고, 상황에 어울리게 고마움을 표현하는 말을 구체적으로 한다.

> **참고** '힘들게 일하고 들어오셔서 저녁밥을 차려 주셨을 때'와 같은 상황이 제시되었다면 술래가 된 아이가 "엄마, 피곤하실 텐데 저녁 해 주셔서 고마워요."라고 고마움을 표현한다.

❺ 상황에 어울리는 고마운 말을 잘 표현했다면 다시 음악이 재생되고, 계속 공을 돌리며 놀이가 반복된다. 단, 상황에 어울리는 말을 하지 못한 경우는 간단한 벌칙(머리 위에 하트 만들기 등)을 수행한다.

❻ 위 과정을 반복하다 보면 자연스레 감사를 표현하는 연습이 된다.

· 추가 놀이: 덕목을 더 말해요! ·

덕목을 활용한 인성교육이 자주 이루어지는 학급이라면 좀 더 놀이를 업그레이드해서 부모님께 고마운 덕목을 말하고, 고마운 일을 말하는 놀이로 변형이 가능하다. 2단계 고마운 일을 말하는 놀이에서 고마운 일만 말하는 것이 아니라 '고마운 일과 관련된 덕목'도 함께 말하는 것이다. 예를 들어 "사랑! 매일 저에게 사랑한다고 말해 줘서 고마워요.", "배려! 맛있는 치킨을 저희 먹으라고 양보해 주셔서 고마워요." 등으로 말해 보는 것도 부모님께 고마운 일을 덕목으로 구체화할 수 있다.

· 같이 읽으면 좋은 그림책 ·

엄마 도감
권정민 글 · 그림,
웅진주니어

엄마의 선물
김윤정 글 · 그림,
윤에디션

나의 아버지
강경수 글 · 그림,
그림책공작소

그림책 인성 놀이 50

초판 1쇄 발행 2024년 4월 10일
초판 2쇄 발행 2024년 6월 15일

지은이 그림책사랑교사모임
펴낸이 하태민
책임편집 김유진
디자인 오성민
펴낸곳 (주)학토재
출판등록 2013-000011초
주소 서울시 송파구 법원로 114
전화 02-571-3479
팩스 02-571-3478
홈페이지 www.happyedumall.com
전자우편 haktojae@happyedumall.com

ISBN 979-11-93693-02-5 13370
ⓒ 2024, 그림책사랑교사모임 All rights reserved.

※ 이 책은 저작권법에 따라 보호받는 저작물이므로 무단 전재와 무단 복제를 금지하며,
이 책의 내용을 전부 또는 일부를 이용하려면 반드시 저작권자와 도서출판 학토재의 서면 동의를 받아야 합니다.